KB275537

후기 국가독점 자본주의론과 한국사회 성격

하권 후기 신식민지국가독점자본주의와 재벌체제

후기 국가독점자본주의론과 한국사회 성격 – 하권

펴낸날 2025년 6월 30일

지은이 김정호
펴낸이 주계수 | **편집책임** 이슬기 | **꾸민이** 이슬기

펴낸곳 밥북 | **출판등록** 제 2014-000085 호
주소 서울시 마포구 양화로 156 LG팰리스빌딩 917호
전화 02-6925-0370 | **팩스** 02-6925-0380
홈페이지 www.bobbook.co.kr | **이메일** bobbook@hanmail.net

© 김정호, 2025.
ISBN 979-11-7223-093-7 (04300)
세트 ISBN 979-11-7223-090-6 (04300)

후기 국가독점 자본주의론과 한국사회 성격

김정호

하권 후기 신식민지국가독점자본주의와 재벌체제

밥북
B·B·O·K

21세기 초, 우리는 자본주의의 새로운 변곡점에 서 있다. 세계화와 신자유주의, 금융자본의 팽창, 그리고 국가의 역할 변화 등 현대 자본주의의 복합적 변화는 우리 사회의 구조와 삶의 양식을 근본적으로 뒤흔들고 있다. 이 책은 이러한 시대적 격변 속에서 '후기 국가독점자본주의'라는 이론적 틀을 통해 오늘날 자본주의의 본질과 한국사회의 구조적 특성을 해명하고자 기획되었다.

1. 문제의식과 시대적 맥락

자본주의는 결코 정체되어 있지 않다. 20세기 중반까지 자본주의의 발전 단계는 주로 케인스주의적 국가개입과 독점자본의 결합으로 설명되어 왔다. 그러나 1980년대 이후 세계는 신자유주의라는 이름 아래 '시장'의 자율성과 '자본'의 자유로운 이동을 최우선 가치로 내세우는 새로운 질서로 빠르게 전환되었다. 이 과정에서 국가와 자본, 노동의 관계, 그리고 세계경제의 구조는 근본적으로 변화했다.

신자유주의는 단순한 경제정책의 변화가 아니라, 사회 전반에 걸친 패러다임의 전환이었다. 시장의 자율기능이 강조되고, 규제 완화와 민영화, 노동유연화, 복지축소 등이 전 지구적 차원에서 확산되었다. 이러한 흐름은 국제독점자본의 팽창과 금융업자본 중심의 '경제의제화'라는 현대 자본주의의 새로운 양상을 낳았다. 이러한 변화의 소용돌이 속에서 한국사회 역시 예외일 수는 없다.

1997년 외환위기와 그 이후의 구조조정, 한미 FTA를 비롯한 대외개방의 가속화, 그리고 재벌체제의 변화는 한국 자본주의의 구조적 변동을 단적으로 보여준다. 그러나 이러한 변화의 본질과 그 사회적, 경제적 함의에 대한 분석은 여전히 부족하다. 이 책은 바로 이 지점에서 출발한다. 후기 국가독점자본주의라는 분석틀을 통해, 신자유주의적 전환 이후 한국사회의 성격과 그 변화의 동인을 체계적으로 규명하고자 한다.

2. 이론적 배경과 연구의 필요성

'국가독점자본주의'라는 개념은 20세기 초반 독점자본과 국가의 결합, 즉 자본의 집중과 중앙집중화, 그리고 국가의 경제적 조정·개입이 결합된 자본주의의 발전단계를 설명하는 데서 출발했다. 이후 이 개념은 각국의 역사적 경험과 이론적 논쟁을 거치며 다양한 해석과 비판을 낳았다. 특히 1980년대 이후 신자유주의적 전환과 세계화, 금융화의 진전 속에서 자본주의의 새로운 질서를 설명하는 데 본서에서 제기하는 '후기 국가독점자본주의론'은 중요한 이론적 자산이 될 수 있다고 본다.

물론 신자유주의와 국가독점자본주의의 관계, 그리고 현대 자본주의의 본질에 대한 논쟁은 여전히 진행 중이다. 신자유주의가 국가의 역할을 축소한다고 하지만, 실제로는 국가의 기능과 권한이 단지 '형태'를 달리하여 더욱 공고해졌다는 점에 주목할 필요가 있다. 국가의 개입은 시장의 자유를 보장하고, 국제독점자본의 이익을 대변하며, 사회적 저항을 관리하는 방향으로 재배치되고 있다. 또한 일국 내 균형 추구에 실패한 자본주의가 국제적 차원에서 새롭게 균형을 추구하려는 변화와도 밀접한 관련을 지닌다. 이 책은 이러한 현실을 '후기 국가독점자본주의'라는 개념으로 재해석한다.

한국사회에 적용할 때, 이 이론은 더욱 중요한 의미를 갖는다. 한국은 식민지적 경험과 분단, 경제개발 국가의 등장, 재벌체제의 형성 등 독특한 역사적 경로를 밟아왔다. 1997년 외환위기 이후 신자유주의적 구조조정과 글로벌 자본의 유입, 그리고 재벌의 지배구조 변화는 한국 자본주의의 성격을 다시 묻는 계기가 되었다. 후기 국가독점자본주의론과 그 한국적 적용인 후기 신식민지국가독점자본주의론은 이러한 역사적 특수성과 세계자본주의 체제 내 한국의 위상을 동시에 분석할 수 있는 유력한 이론적 도구이다.

3. 책의 구성과 주요 논점

이 책은 현대 자본주의의 구조와 발전, 그리고 한국사회의 성격을 체계적으로 분석하기 위해 기획되었다. 본서는 '후기 국가독점자본주의론'과 '한국사회 성격'(즉, 후기 신식민지국가독점자본주의론) 2부로 나누어져 있으며, 각 부는 자본주의의 본질적 변화와 그에 대한 한국사회의 구체적 반영을 심층적으로 다룬다.

전체 10장으로 구성된 이 책은, 먼저 자본의 집중 운동과 국제 분업의 발전이라는 생산과정의 변화에서 출발해, 점차 국제독점체와 상부구조로서의 제국주의로 논의를 확장하는 방식을 취했다. 이는 레닌의 『제국주의론』의 서술 순서를 참고한 것으로, 독자들이 현상적 인식에서 출발해 현대 자본주의의 핵심 문제로 사고의 지평을 넓혀갈 수 있도록 구성하였다.

제1장에서는 신자유주의의 본질과 기원, 그리고 현대 자본주의의 발전 단계를 다룬다. 신자유주의를 단순한 경제정책이 아니라 국제독점자본의 이해와 결합된 사회적·정치적 이념 및 실천으로 파악하며, 특히 오늘날 신자유주의를 금융(업)자본의 운동에만 한정하는 경향과는 차별화된 관점을 제시한다. 이로부터 출현하는 대립각이 본서 전체를 관통하는 주된 선율이 된다.

제2장과 제3장에서는 국제독점자본과 금융업자본의 형성, 발전, 그리고 이른바 '경제의제화'(fictitious economy) 현상에 대한 이론적 분석이 이어진다. 지구화 경제 시대의 주역인 국제독점자본이 어떻게 형성되고 발전되어 왔는지, 지구적 경제 일체화의 진정한 기초인 국제 분업, 그리고 금융화와 경제의제화가 현대자본주의의 불안정성을 어떻게 증폭시키는지를 중점적으로 다룬다.

제4장과 제5장에서는 국제독점 동맹, 현대제국주의의 성격, 달러패권과 세계경제의 불균형, 그리고 제국주의의 쇠퇴 문제를 분석한다. 이 과정에서 현시기 자본주의의 성격에 대한 결론, 국가독점자본주의와 국제독점자본주의의 상호 관계, 신자유주의 하에서의 사유화와 국가 역할의 변화도 함께 조명된다.

제6장에서는 다극화와 신국제질서의 형성, 그리고 중국사회의 성격 문제를 검토한다. 세계자본주의 체제의 변동과 신흥국의 부상, 다극화의 진보성을 비판적으로 평가한다.

제2부에 해당하는 제7장, 제8장, 제9장에서는 한국사회의 구조적 특성에 초점을 맞춘다. 1980년대 사구체 논쟁의 성과를 계승하여 신식민지국가독점

자본주의론의 유효성, 재벌체제의 형성과 변화, 그리고 한국 경제의 구조적 문제와 민족문제에 대한 심층 분석을 시도한다.

여기서는 마르크스가 상품 분석에서 가치와 사용가치의 대립과 통일에 기초하여 각각을 분석하고 다시 종합하였던 방식에서 영감을 얻었다. 즉, 국가독점자본주의적 측면과 신식민지적 측면을 따로 분석하고 이를 다시 종합하는 방식이다. 이를 통해 1990년대 이후 한국사회가 경제적 하부구조와 그 필연적 반영으로서의 정치적 상부구조에서 여러 변화를 겪었음에도 불구하고, 여전히 그 본질은 신식민지국가독점자본주의로서의 성격을 간직하고 있음을 입증하고자 하였다.

마지막 제10장에서는 한국경제의 개조방안과 대안을 모색한다. 공유제기업이 주도하는 시장경제, 재벌 공기업화, 그리고 지구화 시대의 새로운 경제 질서에 대한 전망을 제시함으로써, 독자들에게 현실적 대안과 비판적 성찰의 계기를 제공하고자 하였다.

4. 독자에게 드리는 말씀

이 책은 단순한 이론서가 아니다. 현대 자본주의의 본질과 한국사회의 구조적 모순을 해명함으로써, 오늘날 우리가 직면한 현실을 비판적으로 성찰하고, 대안적 전망을 모색하려는 실천적 문제의식이 담겨 있다. 신자유주의의 지배 아래 심화되는 양극화와 불평등, 노동의 유연화와 사회적 불안정, 재벌체제의 공고화와 민주주의의 위기 등은 모두 후기 국가독점자본주의와 후기 신식민지국가독점자본주의라는 분석틀을 통해 보다 명확히 이해될 수 있을 것이다.

또한 이 책은 학문적 논의에 머무르지 않고, 현실 사회운동과 정책 대안의 모색에도 기여하고자 한다. 사회과학을 공부하는 학생, 노동운동과 시민운동의 실천가, 그리고 한국사회와 세계자본주의의 미래에 관심을 가진 모든 이들에게 이 책이 작은 이정표가 되기를 바란다.

5. 집필을 마치며

이 책은 분량이 비교적 많은 관계로 편의상 상하권으로 나누어 출판하였다. 그러나 각 권을 따로 구매하는 독자들의 사정을 고려하여 상하권이 최대한 자기 완결성을 갖도록 본문 내용과 참고문헌 등의 배치에 있어 신경을 썼다.

이 책의 집필은 오랜 시간에 걸친 자료 조사와 이론적 고민, 그리고 현실에 대한 끊임없는 질문의 산물이다. 집필 과정에서 여러 동료 연구자와 활동가, 그리고 현실의 다양한 목소리로부터 많은 자극과 영감을 받았다. 이 자리를 빌려 깊은 감사의 말씀을 전한다.

끝으로, 이 책이 던지는 문제의식과 분석이 독자 여러분의 비판적 사고와 실천적 상상력을 자극하는 계기가 되기를 소망한다. 후기 국가독점자본주의와 신자유주의, 그리고 한국사회 성격에 대한 논의는 앞으로도 계속되어야 할 과제이다. 이 책이 그 여정의 한 걸음이 되기를 바라는 마음이다.

2025년 6월

차 례

하 권

상 권

7장

한국사회 성격(Ⅰ)

앞서(상권) 세계 자본주의와 국제질서에 관한 논의를 배경으로 지금부터는 한국 사회의 문제를 살펴보도록 한다. 한국 사회와 관련해선 무엇보다 우선 그 '성격'에 관한 논의가 중요하다. 그리고 재벌 문제와 민족문제 등 주요 개별 사안에 관한 논의도 필요하다. 본 장에서는 먼저 한국 사회 성격에 대해 다루며, 개별 주제는 제8장과 제9장에서 다루도록 한다.

7.1. 신식민지국가독점자본주의론은 여전히 유효한가?

7.1.1. 문제 제기

학계와 현실 사회운동 진영 일각에서는 최근 한국 사회에서 발생하고 있는 제반 문제들을 모두 신자유주의 탓으로 돌리려는 경향이 있다. 물론 신자유주의가 현재 자본주의적 지구화를 추진하는 주요한 이념과 정책을 제공한다는 점에서, 그리고 한국 사회도 이 같은 전 세계적인 신자유주의 물결의 한가운데 있다는 점에서 전혀 잘못된 것만은 아니다. 하지만 일반 경제이론과 정책은 한 사회의 구체적인 상황을 통하여 관철되며, 그 과정에서 나름의 '특수한' 형식과 내용을 갖는다. 그 때문에 우리는 한국 사회의 현실 문제를 단순히 신자유주의 일반의 문제로만 돌릴 수는 없다. 같은 신자유주의의 피해를 입는다 하더라도 각국의 사정에 따라 그 피해 정도는 달라질 수 있다. 예컨대, 이하의 인용문은 그 일례이다.

"정리해고제 법제화의 효과는 미국과는 다른 노동시장 여건에 있는 한국 경제에서 극단적으로 나타났다. 미국은 컴퓨터소프트웨어, 컨설팅, 광고, 영화, 위락산업 등 세계 최강의 서비스 산업을 갖추고 세계 각국의 우수한 인력과 자본을 유입하여 세계 각국에 수출함으로써, 제조업에서 방출되는 인력을 꾸준히 흡수할 수 있다. 그러나 이러한 능력을 결여한 독일과 프랑스 등 유럽 각국은 해고가 까다롭고, 노동시간 단축과 임금억제를 통해 고용문제에 대처한다. 생산적 서비스 산업이 대단히 취약한 한국에서 노동시장 유연화 정책의 완성 결과, 비정규직 노동자 수가 급증하고 노동자 간 차별이 확대되었다."[001]

위의 인용된 사례에 대해 어떤 이는 미국과 유럽은 선진국이기 때문에 한국과는 사정이 다르다고 말할 수 있다. 그것은 맞는 말이다. 하지만 그렇기 때문에 이는 신자유주의가 도입되는 방식이 나라마다 다르다는 것을 뜻하며, 또 그 결과도 다르게 나타나고 있음을 보여준다. 같은 신자유주의하에서 현재 한국 사회의 심각한 '비정규직' 문제는 세계 모든 나라의 보편적인 현상이기보다는 한국의 특수한 상황을 반영한다. 그런데도 일부 신자유주의 비판자들은 이 같은 한국 사회의 구체성을 주시하지 않은 채 시종 신자유주의 탓만 하는 것은 좋지 않다.

지금 한국 사회의 고질적 문제인 대외의존도의 심화, 국내시장의 지속적인 위축, 국내 산업 연관의 파괴, 계층 간 빈부격차 심화는 비록 그것들이 신자유주의와 밀접한 관련을 갖는다고 치더라도, 단순히 신자유주의 일반의 현상으로만 파악하기에는 무리가 있다. 한편에선 삼성전자나 현대자동차와 같이

---

001 경상대학교 사회과학연구원 엮음,《한국 자본주의의 축적체제 변화:1987-2003》, pp.100-101. 이와 함께 다음 인용문도 참조. "유럽의 경우에도 우리나라보다 훨씬 덜하지만 과거에 비해 비정규직 일자리가 증가했어요. 그럼에도 한국만큼 중요한 사회문제로 부각되지 않는 이유는 복지제도가 잘 되어 있어서입니다. 직장에서 정규직만큼 대우받지 못하더라도 기본적인 시민권 차원에서 국가가 보편적 복지 혜택을 보장하니 큰 문제가 안 되죠." 장하준·정승일·이종태,《무엇을 선택할 것인가》, p.372.

세계적인 다국적기업으로 발전한 국내 기업들이 존재하는가 하면, 다른 한편에선 정규직과 비정규직의 대규모 차별화가 진행되고 있는 현실은, 선진국이나 개발도상국을 막론하고 다른 나라에선 찾아보기 힘든 한국적인 현상이다. 이 같은 현상은 현재 학계나 운동진영에서 유행하는 것처럼 단순히 '신자유주의'라는 이론 틀만 가지고선 한국 사회를 진단하는 것이 한계가 있음을 말해준다.

위의 비정규직 문제처럼, 왜 신자유주의의 탄생지인 미국보다도 유독 한국에서 신자유주의 원칙이 가장 극명하게 관철되는지를 설명할 필요가 있다. 이 같은 문제의식이야말로 비록 지금은 잠시 무대 뒷전으로 밀려나 있지만, 한때 한국 변혁운동 진영에서 유행했던 '신식민지국가독점자본주의' 이론에 대해 필자가 다시 관심을 갖게 된 이유이다. 필자는 그것이 현재 신자유주의 이론이 채워주지 못하고 있는 지구화 시대의 한국 사회 문제에 관한 인식 상의 공백을 상당 부분 메워줄 수 있으리라 기대한다.

7.1.2. 사회구성체 논쟁의 회고

1980년대 한동안 학계와 운동진영을 들끓게 했던 사회구성체 논쟁은 1985년 2·12총선 후 민주화운동청년연합(민청련) 내에서 이루어진 이른바 민주 변혁 논쟁으로부터 그 발단을 찾을 수 있다. 그것은 흔히 'CNP 논쟁'이라고도 불리는데, 시민혁명(CDR), 민족혁명(NDR), 계급혁명(PDR) 등 세 가지 운동노선을 둘러싼 논쟁을 가리킨다. 이처럼 운동진영에서 처음 구체적인 실천 문제를 둘러싸고 발생한 논쟁은 이후 차츰 학계에도 반영되어 사회구성체 논쟁으로 심화 발전하였다.

사회구성체 논쟁이 본격적으로 개막되기에 앞서, 진보학계에서는 박정희 통치 집단과 제도권의 '근대화론'에 대한 비판적 작업으로 종속이론이 먼저 도입되었으며, 다시 이에 대한 재비판이 진행되는 등 맹아적 형태의 사회구성체 논쟁이 진행되었다. 진보학계에서 운동진영의 논쟁에 영향을 받아 사회구성체 논쟁의 본격적인 단초를 제공한 것은 1985년 가을에 발행된 〈창작과 비평〉에 나란히 실린 이대근과 박현채 두 사람의 글이다. 그중 전자는 주변부 자본주의론을 옹호하였으며, 후자는 국가독점자본주의 입장에서 그것에 대한 비판을 전개하였다. 이로부터 사회구성체 논쟁의 제1단계가 정식 시작되었다.

이 두 사람의 글이 발표된 후 국가독점자본주의론과 주변부 자본주의론을 둘러싼 논쟁은 학계와 운동진영 전체로 확대되었다. 주변부 자본주의론은 일반적으로 수출주도형 경제개발에 따른 지나친 대외 의존성과 경제잉여의 유출, 그리고 그 결과로써 서구 선진국에 대한 주변화를 지적하는 등 한국의 제3세계적 특수성을 강조하는 이론으로 평가받았으며, 그에 따라 이 이론은 '중심부-주변부' 이원 구조로부터의 탈피를 변혁의 중심적 과제로 삼았다.

이에 반해 국가독점자본주의론은 자본주의에 관한 정통 맑스주의 정치경제학의 시각을 빌려 한국 사회에서 자본주의 발전과정의 보편법칙성의 관철을 강조하였으며, 한국 사회가 최종 극복해야 할 대상은 그 주변부적인 성격보다는 '자본주의 자체'임을 강조하였다. 이 같은 국가독점자본주의론에 입각한 비판은 주변부 자본주의론의 쁘띠 부르주아적인 계급성의 한계를 극복하는 데 일정 기여하였다. 하지만 이 이론은 다른 한편에선 주변부 자본주의론이 가졌던 긍정적 측면인 한국의 대외 종속성의 문제점을 간과하였다. 이리하여 한국이 정상적인 자본주의사회가 아님을 강조하는 '식민지 반봉건사회론'(약칭 '식반론')의 곧 이은 반격을 받았다. 다음 글을 보자.

“학계에서 독점자본주의론과 주변부자본주의론의 논쟁이 계속되고 있을 때 사회운동 진영 특히 학생운동권은 제국주의 문제와 종속성 문제 등 민족모순을 이론의 핵심 전제로 삼는 ‘민족해방민중민주주의 혁명론’(NLPDR)을 제출한다. 이것은 미국을 어떻게 바라보아야 할 것인가, ‘제국주의와 파쇼체제의 관계’를 어떻게 바라보고 대응해야 하는가, 그리고 궁극적으로는 사회변혁과 남북통일의 관계를 어떻게 이해해야 하는가라는 문제를 고민하면서, 민족해방을 중심과제로 설정하고 있었다.”[002]

식반론을 학계에 공식적으로 제기한 것은 1986년 ‘한신학보’에 실린 정민의 글이었다. 식반론은 한국이 기본적으로 대외종속적인 사회이므로 정상적인 자본주의 이론을 가지고서는 분석할 수 없다고 주장하고, 한발 더 나아가 이 이론은 한국 사회의 자본주의적 성격조차 부정하며 한국은 여전히 봉건적 유제가 강하게 잔존 하는 식민지 반봉건사회라고까지 주장하였다.

이 같은 식반론은 넓게 보면 맑스주의 이론 범주에 포함된다고 할 수 있겠지만 사실상 “일반적인 마르크스주의 이론 틀을 벗어나 있었다.”[003] 국가와 행위자의 능동적인 역할을 강조하면서 자본주의 객관적 발전법칙과 내부의 노자간의 계급모순보다는, 미국과 북한의 정치적 역할 등 민족모순에 주목하면서 운동의 주체를 광범위하게 형성하는데 일차적 관심을 두었다.

식반론의 이 같은 문제 제기에 대해 국가독점자본주의론은 한국 사회가 그간 상당 수준 자본주의 발전을 이루었으며 나아가 국가독점자본주의 단계로

---

002 《한국자본주의 발전모델의 형성과 해체》, pp.52-53.

003 위의 책, p.54.

까지 진입하였다는 자신의 기본적 입장을 견지하였다. 다른 한편, 국가독점자본주의론은 식반론의 긍정적 요소를 일부 수용하였다. 즉 한국 사회에서 '종속' 문제가 심각하게 존재하며, 그 때문에 한국의 국가독점자본주의는 서구의 고전적인 국가독점자본주의와는 달리 신식민지 성격을 갖는 국가독점자본주의 즉 '신식민지국가독점자본주의'(약칭 '신식국독자')라는 것이다. 이 같은 신식국독자의 기본적인 특징은 재벌과 같은 독점이 발전할수록 이에 비례하여 한국경제의 종속 또한 심화한다는 것이며, '독점 강화, 종속 심화'는 바로 이 점을 압축적으로 표현하는 테제로 유명하다. 이리하여 논쟁은 '식민지 반봉건사회론'과 '신식민지국가독점자본주의론' 양자의 대립으로 전환하면서 제2단계에 진입했다.

이 둘의 논쟁은 한국 사회의 자본주의적 발전을 비교적 잘 반영한 신식국독자론의 우세로 귀결되었으며 한때 이를 중심으로 정리되는 듯하였다.[004] 그러나 1980년대 후반 들어 식반론을 대신해 새로운 세력이 논쟁에 가담하면서 논쟁 구도는 좀 더 복잡한 양상을 띠게 되었다. 그중 하나는 한국 사회의 구조적인 '종속성'을 아예 부정하고, 한국 자본주의의 지속적인 발전 가능성을 인정하는 '중진 자본주의론'이었다. 다른 하나는 서구 사회민주주의 이론을 한국 사회에 대체로 그대로 적용하면서, 혁명이 아닌 개량적 방식에 의한 한국 사회의 개조 가능성을 제시한 '한국판 사민주의론'이었다. 이들의 등장에 따라 앞서 논쟁의 구도가 다시 바뀌었다.

여기서 '중진 자본주의론'과 사회민주주의 이론이 출현한 배경을 잠시 살펴보면, 1987년 6월 항쟁을 통해 '직선제 쟁취'라는 정치적 목표와 사회적 개혁

---

004 "어쨌든 학계에서 다수의 지지를 받은 신식민지국가독점자본주의론이 상당한 수준의 내적인 정합성과 논리적 완결성을 보였던 반면…" 김진업 편,《한국자본주의 발전모델의 형성과 해체》, p.54.

후기 국가독점자본주의론과 한국사회 성격 - 하

의 일정한 달성과, 특히 이 무렵 한국경제가 거둔 성과가 크게 작용하였다. 한국경제는 1980년대 들어 제5공화국에서 실시된 구조조정을 통해 1970년대 후반 이래 심각했던 재생산구조 상의 위기에서 일단 벗어날 수 있었다. 이후 1980년대 후반 들어 마침 '3저 호황'(저유가·저달러·저금리)의 기회를 맞아 상당한 고도성장을 이룩하게 되었다. 이로써 한국이 1960년대 초반부터 실행해온 산업화 전략은 마침내 결실을 얻고 일차적인 마무리를 지었다.

이상의 경제적 성과를 바탕으로 1990년대 들어 한국경제는 계속해서 세계적인 자유화와 개방화의 물결을 타고 다른 개발도상국에 대한 직접투자를 수행하는 수준에까지 이르렀다. 그간 서구 선진국들만 수행하는 것으로 간주했던 '자본수출'이 한국에 의해서도 이루어지게 된 것이다. 사실 이는 지금와서 보면 그리 놀랄만한 일은 아니다. 자본수출의 의미가 2차 대전 이후 크게 바뀌었기 때문이다. 세계적인 생산력 수준의 발전에 따라 그것은 과거 제국주의의 본질적인 특징에서 이제 자본주의국가의 일반적 행위로 변모되었던 것이다. 따라서 자본수출 국가의 반열에는 선진국뿐만 아니라 어느 정도 산업화를 이룬 개발도상국도 낄 수 있게 되었다. 그렇지만 당시 한국의 자본수출은 학계와 운동진영 모두에 신선한 충격을 주었다.

자본수출을 감행할 수 있게 된 한국경제는 신식국독자론이 그간 주장해온 종속성에 대해 학계와 운동진영 내 일부 인사들의 강한 의문을 불러일으켰다. 한국에서 독점자본이 발전할수록 종속이 심화하고 낮은 생산력 수준에서 결코 벗어날 수 없다고 주장해온 신식국독자론은, 예상 밖의 한국 자본주의의 발전에 대해 일시 제대로 소화해내지 못하고 적절한 이론적 해명을 주지 못했다. 업친 데 덮친 격으로 때마침 또 다른 외부로부터의 거대한 충격이 신식국독자론을 강타하였다. 그것은 소련과 동구권의 붕괴였는데, 이는 앞서 새로 출현한 이론적 도전보다 훨씬 강력하고 결정적이었다. 이 때문에 신식국독자론은 1990년대 들면서 더 이상 흡인력을 갖지 못하였으며, 점차 낡은 이론으로 취급되고 어느 사이엔가 학계와 운동진영에서 자취를 감추었다.

신식국독자론의 쇠퇴에는 이 같은 사정 외에도, 실천 활동적 측면에서 보면 그 이론에 가장 큰 힘을 실었던 현실 지지 세력인 '남한사회주의노동자동맹'(약칭 사노맹)의 붕괴도 한몫하였다. 사노맹은 해방 후 한국 사회에 출현했던 전위조직 중 가장 규모가 컸으며, 정식 조직원과 후보 조직원 및 적극적 지지자를 포함하여 전국에 1,000여 명의 회원을 두었다. 이와는 별도로 학생운동에는 민학련과 전학련 등 학생조직이 외곽조직으로 건설되어 제법 큰 대오를 형성했다. 이들은 신식국독자론에 입각한 NDR론을 자신의 변혁전략으로 채택하고, 한국 최초로 대중적인 사회주의 선전·선동을 실천하였다. 사노맹은 1989년 정식 출범한 후 1992년까지 박노해·백태웅 등 주요 지도부가 차례로 검거됨으로써 사실상 조직이 와해되었다. 이 조직의 와해로 인해 신식국독자론을 떠받들던 실천 주체가 사실상 사라진 셈이다.

그렇다면 신식국독자론은 과연 1980년대 후반 이후 한국 사회의 변화된 현실을 설명하지 못한 낡은 이론이었으며, 심지어는 애초부터 근본적 오류를 지닌 잘못된 이론이었을까? 필자는 그에 대해 다른 생각을 갖고 있다. 몇 가지 부분적인 문제점에도 불구하고, 신식국독자론은 당시뿐만 아니라 지구화 시대인 오늘날에도 한국 사회를 이해하는 데 유용한 분석 틀을 제공한다.

먼저, 신식국독자론은 1980년대 한국 변혁운동의 객관 현실에 대한 인식에서 커다란 공헌을 하였다는 사실을 지적할 필요가 있다. 정통 정치경제학적 방법론을 한국 사회에 대한 분석에 사용하였던 데서 볼 수 있듯, 신식국독자론은 '과학적 사회주의' 이론인 **맑스주의와 한국 사회라는 구체적 현실을 창조적으로 결합시킨 산물**이었다. 즉 그것은 맑스주의라는 일반이론을 한국 사회라는 구체적 현실에 적용함으로써 생겨난 이론이었다. 그리하여 그것은 서구 좌파 진영에서 유행하는 국가독점자본주의론과는 다른 '신식민지국가독점자본주의'라는 새로운 **'특수 이론'**을 탄생시켰다. 이 이론은 매우 한국적이며 독창적이라 할 수 있는데, 지금까지 세계 어느 곳에서도 한국처럼 심화한 신식국독자론을 발견하기 힘들다.

이는 어찌 보면 당연한 일이다. 왜냐하면 세계적으로 볼 때 수많은 개발도상국 중에서 한국처럼 산업화에 성공하여 국가독점자본주의 수준까지 발전한 나라는 별반 찾아보기가 힘들기 때문이다(비록 종속성을 갖긴 하지만). 어쨌든 이 이론의 등장으로 말미암아 그전까지만 하더라도 국부적 전술 차원 혹은 기껏해야 과학적 근거가 결여된 추상적 전략 차원에 머물던 한국의 변혁운동은, 처음으로 사회 전반에 대한 총체적 인식에 기반한 과학적 전략전술을 수립할 수 있게 되었다. 이러한 이론적 성과는 당연히 당시 현실 운동의 수준을 한 단계 높이는 데 기여하였다. 1987년 6월 항쟁과 그 뒤를 이은 7~8월 노동자 대투쟁의 성과는 이 같은 변혁이론의 발전과 떼어놓고 생각할 수는 없다.

다음으로, 이처럼 중요한 공헌을 하였음에도 신식국독자론이 점차 쇠퇴한 데에는 그 자체 이론적 결함 또한 적지 않았음을 부정할 수 없다. 신식국독자론은 당시 완벽한 논리체계를 갖춘 완성된 이론이기보다는, 논적인 주변부 자본주의론과 특히 식반론과의 격렬한 이론투쟁을 거치면서 막 형성되는 과정

에 있었던 '젊은이론'이라 할 수 있다.[005]

　이렇듯 '젊은이론'이었던 관계로 신식국독자론은 구 식민지 시대부터 수십 년의 역사를 지니면서 이미 충분히 체계화된 식반론과 비교할 때 아직 성숙하지 못한 여러 가지 한계가 있었다. 예컨대, 원래 신식국독자론은 한국 사회가 갖는 양 측면, 즉 한국 사회의 국가독점자본주의적 측면과 신식민지적 측면을 인식 상으로 동시적으로 포착하는 이론이다. 그 때문에 한국 사회를 인식하는 데 있어 그 국독자적 측면이 의미하는 바인 생산력 발전에서 한국이 거둔 성과를 직시하고 그 성공 원인을 밝히면서, 이후 그 같은 발전의 상당 정도 지속 가능성 또한 열어두어야만 하였다. 그와 함께 다른 한편 그 신식민지성의 기본적인 제약성 또한 올바로 해석되어야 했으며, **그 '계기'가 무엇인지 그리고 그것이 어떻게 구조화되는지**를 규명해야 했다. 즉 국독자적 측면에서의 생산력 발전의 가능성이 인정되면서도, 그 같은 과정이 현대 제국주의가 주도하는 국제 질서하에서 어떻게 왜곡이 발생할 수밖에 없었는지가 동시에 설명되어야 한

---

005 식신국독자론의 발전에 있어 중요한 사건은 1987년 〈한국 사회의 성격과 노동자계급의 임무〉(약칭 〈성격과 임무〉) 의 출간이라 할 수 있다. 이 문건은 당시 정파조직인 노동자해방투쟁동맹의 조직문건으로 작성된 것인데[후에 이정로(실명 백태웅)가 저자로 밝혀짐]당시 조건에서 비합법 팸플릿 형식으로 출간되어 널리 유포되었다. 이 문건에는 한국사회구성체 성격에 대한 신식국독자론적 입장이 비교적 체계적으로 서술되어 있을 뿐만 아니라, 그에 입각한 '2단계 연속혁명론'으로서의 NDR 전략을 담고 있다. 이 문건의 출현은 곧이어 타 정파의 이에 관한 비판 문건의 출현을 낳는 등 관련 논의를 활발하게 촉발시켰다.(편집부 엮음, 1988, 《신식민지국가독점자본주의 논쟁I》, 벼리 참조) 한편, 진보학계에서는 윤소영과 이진경 두 사람의 공헌이 컸다. 예컨대, "학계에서 초기 국독자론을 신식민지국가독점자본주의이론으로 전환시키는 데에 큰 몫을 한 이는 윤소영과 이진경이었다. 전자는 박현채의 국가독점자본주의이론을 자본주의발전의 역사적 관점으로 해석하면서 현실 상황에서의 재해석을 논의했고, 후자는 사회구성체론 자체의 방법론적 재검토를 통해서 기존 주장들의 이론적 불철저성을 비판하였다."《한국 자본주의 발전모델의 형성과 해체》, p.54.) 당시 진보학계의 신식국독자론의 이론적 진척상황과 관련해서는 다음 윤소영 교수의 글 또한 참고가 된다. "신식국독자론을 체계적으로 구성하는 데 필요한 이론적 작업들이 진행되고 있다. 이러한 이론적 작업의 성과를 집약한 최근의 성과는 아마도 《현실과 과학》 제2집(1989년-주)일 것이다. 그 책에서는 국독자론 자체와 신식국독자론에 대한 이론적·이론사적 검토, 그리고 한국사회를 신식국독자론으로 파악했을 때의 계급분석의 문제가 체계적으로 다루어져 있으며, 나아가 약간 상이한 입장을 내포하기는 하나 신식민지파시즘론을 신식국독자론과의 연관 속에서 검토하는 논문도 포함되어 있다. …위의 책은 이제 **신식국독자론이 하나의 체계적인 이론들로 구성될 수 있음을 보여준 것**이었다고 할 수 있을 것이다."(편집부 엮음, 1989, 《국가독점자본주의론 연구-제1분책 드라길레프 논쟁》, 벼리. 해설 p.9. 인용문 중 굵은 강조는 인용자에 의한 것임)

다. 당시의 신식국독자론은 아쉽게도 이 양 측면을 적절하게 결합해 내는 데까지 이르지는 못하였다. 이 때문에 신식국독자론은 본래 자신의 이론 틀이 갖고 있던 풍부한 잠재력에도 불구하고, 그 가치를 충분히 발휘하지 못한 채 중도에서 멈추고 말았다.

신식국독자론의 이 같은 문제점은 크게 보자면 당시 한국 운동진영 전반의 이론적인 한계와도 관계된다. 사실 신식국독자론이 요구하는 바인 국독자와 신식민지 양 측면을 동시에 고려한다는 것은 생각처럼 쉬운 일이 아니다. 이를 위해선 먼저 서구의 고전적 국독자에 대한 충분한 이해뿐만 아니라, 현대 제국주의에 대한 정확한 인식이 뒷받침되어야만 한다. 또 그 같은 인식을 위해서는 그와 관련된 객관 현실이 먼저 존재하고 충분히 자신을 드러내야만 한다. 하지만 2차 대전 이후 출현한 국독자와 현대 제국주의는 본서가 앞서(상권) 탐구한 바와 같이 중간에 그 전기로부터 후기로의 변모를 경험하였으며, 특히 1980년대 후반 냉전체제 붕괴 이후 새로운 국제질서의 흐름이 장기간 불투명한 상태에 있었다. 이렇게 볼 때 신식국독자론의 이론작업을 위한 주·객관적 조건은 당시 한국 운동진영에 있어선 우호적인 것만은 아니었다.

물론 이 같은 한계에도 불구하고 신식국독자론이 갑자기 진보학계와 현실 운동진영에서 용도폐기 된 데에는 앞서 지적하였듯이 무엇보다도 당시 소련과 동구 사회주의권 붕괴의 영향이 컸다. 국제사회주의운동이 1990년대 들어 역사적 퇴조기에 접어든 것이 누구의 눈에도 명확해지자, 국내의 많은 활동가와 이론가들은 자신의 신앙과 기존 입장을 믿기지 않을 만큼 쉽사리 포기했다. 이 같은 비관적인 사회적 분위기 속에서 신식국독자론이 새로운 도전자인 중진 자본주의론과 한국판 사민주의론이 제기하는 문제들에 대해 제대로 검토도 수행해보지 못한 채 무대에서 사라진 것은 매우 유감스러운 일이라 할 수 있다.

7.2. 신식민지국가독점자본주의론의 두 가지 측면

신식국독자론이 본래 지니고 있던 의미를 제대로 이해하고 또 그것이 오늘날 변화된 현실 속에서도 여전히 유용한 이론일 수 있는가를 검토하기 위해서는, 그것이 지닌 두 가지 측면, 즉 국가독점자본주의와 신식민지 양 측면의 함의와 그 상호관계에 대한 분석이 이루어져야 한다. 신식국독자론이 지니고 있는 이들 두 가지 측면 중에서 먼저 국가독점자본주의 측면이 성립하는 과정부터 살펴보도록 한다.

7.2.1. 국가독점자본주의 측면의 성립

신식국독자론에 있어 국가독점자본주의 측면이 갖는 함의는 중층적이다. 즉 그것은 한국과 같은 애초 생산력이 미발달한 개발도상국에 있어 **결과**적으로 현대적인 산업화에 성공한 현실을 인정하는 것임과 함께, 또 그것이 이루어지는 **과정**과 **방법론**까지를 담고 있다.

필자가 보기엔 이론으로서 신식국독자론은, 크게 개발도상국에서 어떻게 국독자가 성립할 수 있는지를 밝히는 '과정론', 그리고 그것이 성립한 이후 고전적 국독자와 비교하여 구조와 축적방식 등에 있어 특수성에 관한 연구, 그리고 향후의 발전 전망 이상 크게 세 부분으로 나눌 수 있다고 본다. 따라서 신식국독자론은 먼저 한국과 같은 개발도상국에서 어떻게 현대적 산업화가 가능하였는지를 밝힐 것을 요구한다. 이 문제는 오늘날에도 세계 각국 연구자들의 적지 않은 관심을 모으는 주제인데, 왜냐하면 제2차 세계대전 종식 후 구 식민지에서 독립을 쟁취한 수많은 신생 독립국 중에서 한국처럼 현대적 산업화에 성공한 나라는 극히 소수에 지나지 않기 때문이다. 그밖에 우리는 이 문제에 관한 연구를 통해 이후 '신식민지적 측면'이 어떻게 도입되는지의 실마리도 찾을 수 있다.

　한국에서 경제 발전의 성공은 직접적으로는 1960년대 들어 본격화한 경제개발로부터 그 원인을 찾을 수 있다. 이 국가 주도의 경제개발은 본질에 있어 **'국가자본주의'** 전략이라 할 수 있다. 그러나 단순히 국가자본주의 전략이 한국의 산업화를 이루도록 했다고 지적하는 것만으로는 부족하다. 왜냐하면 종전 후 수많은 신생국이 그 같은 전략을 취하였기 때문이다. 다음 인용문은 그 점을 뒷받침해 준다.

"제2차 세계대전 이후 정치적 독립을 획득한 저개발국들에서 보편화된 경제 과정에 대한 국가의 광범한 간섭, 특히 생산수단에 대한 국가적 소유의 확대와 국가경제개발계획에 기초한 경제 발전은 1956년 7-8월에 〈뉴 타임즈〉 지상에 발표한 루빈슈타의 논문을 계기로 하여 갑자기 주목을 끌기 시작하였고 국가자본주의로 파악되게 되었다."[006]

---

[006] 김석민 편저, 《신식민지국가독점자본주의 논쟁-제1분책 비자본주의적 발전의 길을 중심으로》, p.32. 인용문 중 굵은 강조는 인용자에 의한 것임.

그런데도 잘 알다시피 한국처럼 경제 발전에 성공한 국가는 별반 찾아보기가 힘들다. 그 때문에 우리는 여기서 국가자본주의의 일반적 의미보다도 좀 더 강력한 내용을 담을 수 있는 개념이 필요한데, 이 경우 다음 두 가지 사항이 고려되어야 한다. 첫째, 한국의 개발독재 정권 주도 하의 경제개발이 보여준 국가의 강력하고 효과적인 경제관리 및 **조직 능력**, 둘째 국내 자원 및 특히 외부(해외) 자원의 **동원 능력**이 그것이다. 이 두 가지는 한국의 국가자본주의를 다른 개발도상국의 그것과 구별되게 한 것들이다. 이 두 가지 사항을 고려할 경우 당시 한국의 국가자본주의는 **'준(準) 국가독점자본주의'**라 불릴 수 있을 정도로 전후 서구 선진국들이 가졌던 정교하게 잘 조직된 국독자 수준에 가까워진다. 실제로 양자는 모두 '조직된 자본주의'로서의 기능을 상당 정도 가졌다는 점에서 공통점이 있다.[007]

원래 국독자는 역사적으로 볼 때 자본주의가 상당 수준 발전한 서구 선진국에서 출현하였다. 제2차 세계대전을 전후하여 서구 선진자본주의국가를 중심으로 발전한 국독자는, 자본주의 생산방식 내에서 이루어진 생산관계의 한차례 국부적인 조정이었다. 이 같은 생산관계 측면에서의 조정이 있었기에 전후 세계 자본주의는 과학기술혁명이 가져온 생산력 발전을 나름대로 효과적으로 수렴하면서 비교적 장기간의 호황을 누릴 수 있었다.

---

007 소련의 경제학자 베스노프에 따르면 자본주의사회 하에서 국가자본주의는 역사적으로 4개의 형태로 구분할 수 있다. 즉 ①봉건제로부터 자본주의로의 이행기의 국가자본주의, ②독점 이전 단계의 국가자본주의, ③국가독점자본주의, ④제국주의 식민지 체제 붕괴기의 저개발국에서의 국가자본주의가 그것이다(《신식민지국가독점자본주의 논쟁-제1분책 비자본주의적 발전의 길을 중심으로》, p.37). 여기서 우리는 국가자본주의와 국독자 양자는 밀접한 관련이 있으며, 국독자는 넓은 의미에서 국가자본주의 개념에 포함되는 것임을 알 수 있다. 베스노프는 또 현대 저개발국의 국가자본주의가 지닌 특수성을 들면서 "자립적인 국민경제의 형성이라는 점에서 보면 바로 19세기의 후발 자본주의 나라와 공통된 과제를 갖고 있으면서도, 완전히 다른 세계사적 환경 속에서 그 과제를 해결하지 않으면 안 된다는 점에서 오늘날의 저개발국 국가자본주의의 독자적인 특징이 있다"라고 지적하였다.(위의 책, p.37.) 이렇게 볼 때 국가자본주의는 매우 넓은 의미를 갖는 개념임을 알 수 있다. 그것은 자본주의사회에서도 사용되며, 사회주의에서도 사용될 수 있는 개념이다. 후자의 경우 대표적인 것은 레닌이 신경제정책(NEP, 1921-1924) 기간 사용했던 정책을 들 수 있다.

예컨대 국독자는 전후 현대 과학기술의 발전이 한 단계 진척된 조건에서, 대규모 생산에 필요한 거액의 투자와 사적 자본이 조달할 수 있는 자본조달 능력의 한계 사이의 모순을 해소하는 데 일정 기여하였다. 또 현대 과학기술의 진보와 '생산 사회화'의 진척은 사회적 분업의 심화와 함께 국민경제 부문의 끊임없는 증가를 가져왔는데, 국독자는 이 같은 생산 사회화의 고도한 발전에 발맞추어 자칫 사적 자본 간의 맹목적인 경쟁이 초래할 수 있는 생산의 무정부 상태가 심화하는 모순을 해결하고, 국민경제에서 요구되는 사회적 생산의 계획적이고 비례적인 조절을 수행하는 데 일정 도움이 되었다. 이렇듯 국독자는 자본주의적 생산관계라는 한계 내에서나마 생산과 소비, 양 측면에서 계획적인 조절을 통하여 자본주의 고유한 과잉생산 모순을 최대한 완화시키는 일종의 '조직된 자본주의'로서의 기능을 보여주었으며, 사회적 자원의 동원과 분배 체제로서 기능을 상당 정도 수행하여 과거 자유방임적 자본주의보다 한 단계 높은 생산력 발전을 추동하였다.

당시 한국의 국가자본주의 역시 이와 유사한 능력을 보여주었다고 할 수 있다. 예컨대 박정희 개발독재 정부의 강력하고 효과적인 경제관리 능력과 국가가 대규모로 사회자원을 동원했던 것 등이 그것이다. 그 결과 한국의 국가자본주의는 서구 국독자와 같은 높은 생산력 발전을 추동할 수 있었다.

그런데 여기서 한국 개발독재 정부가 가진 위의 두 가지 능력을 다시 구분해서 볼 필요가 있다. 그 경우 보다 근본적이면서 **관건은 사회자원의 동원 능력**인데, 많은 신생국이 경제개발에서 성공하지 못했던 일차적 원인이 바로 이점에 있다. 이에 대해서 좀 더 살펴보도록 하자.

서구의 경험에 비추어 볼 때, 국가가 '정치 논리'가 아닌 '경제 논리'에 입각하여 국민경제 전반의 운행에 개입할 수 있는 능력을 갖추는 것이 국독자의 성립을 위한 기본전제이다(제5장 '보론' 참조). 이를 위해 국가는 먼저 스스로 독점자본의 일 주체가 되어야 하며, 사적 독점자본과 구분되는 '국가독점자본'을 성립시켜야 한다. 그런데 이 같은 변신은 국가 자신이 재정과 화폐 수단, 국영기업, 혼합기업 등과 같이 직접적인 물적 기반을 확보하는 것을 통해서만 가능하다. 그중에서도 국독자 성립에 있어 가장 핵심적인 것은 재정과 화폐 수단이며, 그 근저에는 국가가 화폐 발권력을 장악하는 '중앙은행제도'와 그것을 뒷받침하는 '현대적 조세제도'가 있다.

당시 한국의 국가자본주의 역시 이 같은 사회자원에 대한 동원 능력에 있어서 보자면 이 같은 국독자적 요구를 대체로 만족시켜주는 체제였다고 할 수 있다. 언뜻 보기에 한국 사회는 당시 강력한 권력을 휘두르는 권위주의적 정부가 존재함으로써, 국가는 이 같은 정치적 힘에 의지해 경제개발과정을 이끌었다고 생각하기 쉽다. 그러나 이것은 큰 오산이다. 한국의 경제 발전은 강력한 국가 주도로 진행되었으면서도, 또 이 같은 국가 주도가 가능했던 근저에는 현대적인 **재정·조세제도**와 함께 한국은행-시중은행으로 이어지는 **현대 신용체계**가 존재하였다.

후자의 경우, 한국 정부는 1950년대에 민영화되었던 모든 상업은행을 1960년대 초반에 다시 국유화함으로써, 금융자금 배분에 대한 정부개입 확대의 길을 마련해 놓았다. 또 은행주식의 보유를 통한 소유적 통제와 행정적인 은행감독권 이외에도, '금융단협정'을 통하여 은행 간 경쟁을 제한하고 정부 통제 하의 통일적인 은행경영을 실시하는 등 잘 정비된 은행신용 체계를 통해 자금을 선택적 부문에 집중적으로 제공하는 것이 가능하였다. 한국 정부는 또한 이들 외에도 또 한 가지 중요한 자금 동원 수단이 있었는데, 외환관리법(1961년)과 외채지불보증법(1962법)을 제정하여 외환 집중관리 체계를 구축하였으며, 이를 통해 해외차관과 그 사용 또한 거의 완전히 통제하였다.

이상과 같은 현대적인 조세와 신용 제도가 구축되었기에 한국 정부는 경제 발전 과정에서 관건이라 할 수 있는 자본의 조달·배분 및 운영과정에 대한 통제를 수행할 수 있었으며, 국가 스스로 많은 공기업을 설립하고 직접 그 소유 주체가 될 수 있었다(표7-1 참조). 이러한 물적 기반이 뒷받침되었기에 한국 정부는 사적 자본의 형성과 통제 및 국민경제 전반에 대한 깊숙한 개입을 수행하는 것이 가능하였다. 이 점은 선진국 국독자와 마찬가지로 당시 한국의 국가자본주의가 '조직된 자본주의'로서의 기능을 상당 정도 발휘하였음을 보여준다.

표 7-1. 공기업의 투자 (단위: %)

년도	1963	1970	1975	1980
공기업투자/총투자	40.9	34.2	42.2	35.2

출처: 《한국자본주의 발전모델의 형성과 해체》, p.140.

여기서 우리는 한발 더 나아가, 어떤 측면에서는 한국의 국가자본주의가 자원 동원과 배분체계에 있어 선진국 국독자의 그것보다 더욱 강력하였다는 점을 지적할 필요가 있다. 서구의 선진국 국독자는 사적독점이 발전한 기초위에서 국가독점이 성립하는 과정을 밟았다. 그 때문에 경제 운영에서 사적독점의 힘이 기본적으로 강력하였으며, 국가의 역할은 본질상 민간경제의 자율적인 운영의 기초위에서 그것을 보조하고 지원하는 역할에서 크게 벗어난 것은 아니었다. 이에 비해 한국의 국가자본주의는 국내에서 전반적인 사적독점이 아직 성립하지 않은 상태에서, 처음부터 국가가 경제개발을 위한 자원의 조달과 배분에서 주요한 몫을 담당하였다. 이에 따라 국민경제에 대한 국가의 통제력은 선진국 국독자와 비교할 때 더욱 강력하였으며, 이로부터 국내외의 자원을 경제개발을 위해서 우선적으로 집중시킬 수 있었다.

다음으로, 이 같은 자원 동원과 경제관리 능력이 한국의 국가자본주의로 하여금 '높은' 생산력 발전을 추동하게끔 하는 측면에 대해 살펴보자. 당시 한국의 경제개발 기간에 이룩한 높은 경제성장률은 이 같은 특성이 일정 기간 매우 극대화한 형태로 발휘되었음을 보여준다. 이 점은 선진국 국독자와 다소간의 차이이기도 한데, 그것은 각자 처한 사회적 배경과 이로부터 추구하는 목적이 기본적으로 다름으로 인해서 생겨난 것이다. 선진국 국독자는 역사적으로 생산과잉과 자본 과잉의 조건에서 그 해결과 사회적 균형의 모색 속에서 태어났다. 이에 비해 한국의 국가자본주의는 생산력이 아직 미발전하고 자본 결핍인 개발도상국의 조건에서 산업화 목표를 최대한 조속히 달성할 목적으로 출현하였다.

이 같은 배경과 동기상의 차이는 양자의 성격을 여러 측면에서 확연하게 구분하도록 만들었다. 서구의 그것은 경제 발전을 추구하는 것뿐만 아니라, 과잉생산 문제의 해결과 노동자 계급의 체제 내 포섭이라는 두 가지 주요 과제의 해결을 중시하지 않을 수 없도록 하였다. 이 때문에 그들은 경제성장뿐만 아니라 분배의 측면 역시도 중시하였으며, 일반적으로 '복지국가' 모델을 그 전형적인 형식으로 취하였다. 이와 비교할 때 한국과 같은 개발도상국에 있어선 자본 과잉보다는 '자본 결핍'이 주요한 문제인 상황이기에, 한국의 국가자본주의는 신속한 산업화 목표를 달성키 위해 사회자원에 대한 경제개발과정에의 '총동원 체제'로서의 성격을 보다 강하게 띠었다. 이를 위해 대중의 소비 욕구를 최대한 억제했을 뿐만 아니라, 더 나아가 노동자계급과 농민 등 민중 전반에 대한 초과 착취와 수탈이 국가권력의 엄호하에 이루어졌다. 이 같은 측면에서 볼 때 당시 한국의 국가자본주의에서는 서구의 선진국 국독자가 본래 갖고 있던 경제성장을 추동하는 측면이 좀 더 극단적인 형태로 나타났다고 할 수 있다.

물론 이러한 분석에 대해 다음 몇 가지 문제점이 제기될 수 있다. 먼저, 국가가 중심이 되어 자원의 동원과 분배기능을 담당할 경우 나타날 수 있는 부작용이다. 예컨대 한국 국가자본주의 동원체제의 핵심인 금융시스템의 효율성 문제, 또 지나치게 경제성장을 위해서 자원을 집중시켰을 경우 국민경제에서 소비와 생산 간의 균형이 파괴되는 것 등이 그것이다. 이렇게 되면 단기적인 경제성장의 성과를 거둘 수는 있겠지만 그것이 상당 기간 지속되기는 어렵다.

이에 대해 그간 국내외 연구 결과는 개발독재 국가에 의해 수행되는 소위 관치금융은 물론 몇몇 문제점을 야기할 수도 있지만, 그러나 적합한 보완 장치가 마련된다면 산업화 초기 단계에서는 나름의 상당한 긍정성을 가질 수 있다는 점을 입증하고 있다. 이와 관련하여 다음 인용문은 참고할 만하다.

"세계은행은 정책금융 도입 등의 정부개입이 초래할 수 있는 도덕적 해이와 관련한 비용이 실질적인 감시와 조정에 의해 상당 부분 감소하였다는 결론을 내리고 있다. 우선 사업의 성과에 대한 실질적 감시는 은행 등의 민간 금융기관에서만 담당하는 것이 아니라, 개발은행, 정부 관련 부처 등의 기관이 공동으로 행하였다."[008]

실제로 당시 한국의 개발독재 정부는 여러 가지 장치를 마련하였는데, 예컨대 자금이 유용되거나 경영이 방만해지는 등의 도덕적 해이 문제를 해결하기 위해 경제개발 계획에 참여하는 기업(집단) 간 경합이 조장되었고, 실적을 가장 중요한 평가 기준으로 삼는 것 등이 그것이다. 이렇듯 원래 경제주체들의 경제활동에 관한 정보가 충분치 않은 개발도상국들의 시장 발달이 미진한 상황에 비추어 볼 때, 이 같은 관치금융은 오히려 잘 운영되기만 하면 시장의 미성숙을 보완하는 성격이 강하다는 것이다.

---

008 《한국자본주의 발전모델의 형성과 해체》, p.157.

다음으로 경제성장에 대한 자원의 집중으로 초래될 수 있는 국민경제의 불균형 문제에 대해서 보면, 이 경우 한국의 국가자본주의는 **외부 시장**, 즉 '수출시장'의 개척을 통해 문제를 해결할 수 있었다. 한국의 경제개발은 처음에는 수입대체산업 육성과 같이 **내부시장** 전략으로 출발하였지만, 1965년부터는 점차 '수출주도형' 경제개발로 그 전략을 수정하게 된다. 이같은 전략수정은 처음에는 경제개발에 필요한 원자재와 기계설비의 수입에 쓰인 외채를 상환해야 하는 절박성이 강제한 측면이 있다. 그러나 점차 시간이 감에 따라 한국의 국가자본주의가 갖고 있던 경제성장 기능의 극대화 측면이 더욱 두드러지게 작용하였다. 즉 내부의 분배기능을 소홀히 하고 공급 측면에 지나치게 자원을 집중한 결과 국내시장의 육성이 정체되었으며, 이에 따라 해외시장의 의존도가 더욱 높아지게 되었다. 그러나 위의 관치금융의 '효율성' 문제나 협소한 국내시장 문제는, 한국에서 국가자본주의 전략의 성공 가능성을 근본적으로 부정케 할 정도의 장애는 아니었다.

여기서 좀 더 근본적인 문제를 한 가지 제기할 수 있다. 즉, **생산력 발전이 미약하고 특히 사적독점 발전이 미성숙한 한국과 같은 개발도상국에서 어떻게 애초 강력한 '동원 능력'을 갖춘 국가자본주의의 성립이 가능**할 수 있었느냐는 것이다. 일반적으로 개발도상국에서 국가자본주의에 의한 자원 동원 전략은 다음 두 가지 요인 때문에 제약을 받는다. 첫째, 제국주의 지배로부터 막 독립한 신생국으로서 전반적인 낮은 경제 발전 수준이며, 이것은 매우 근본적인 제약 요인이다. 둘째 토지개혁의 불철저한 수행, 부유 계층과 관료와의 유착 등 불철저한 사회개혁으로 인한 제약이다.

당시 한국 역시 이 두 가지 문제로부터 자유롭지는 못했다. 서구의 국독자는 앞서도 언급하였듯이 생산 사회화가 상당히 고도한 발전을 이룩한 기초위에서 성립하였다. 역사적으로 볼 때 사적독점이 충분히 발전한 기초위에서, 즉 생산력 발전이 상당 수준 이루어진 후에라야 비로소 그것이 성립하였기 때문에, 내부적으로 국가독점의 성립을 위한 물적자원을 동원하는 데 그리 큰 어려움을 겪지는 않았다. 독점자본주의와 그 내적 특성의 전면화로서의 국가독점자본주의는 기본적으로 그에 상응하는 자본주의의 높은 수준의 생산력 발전을 전제로 한다. 이 점은 이러한 전제가 필요 없는 국가자본주의와 본질적 차이를 보여준다.

국가독점자본주의 개념이 본래 높은 생산력과 긴밀한 연관을 갖는다는 사실은 다음 몇 개 인용문을 보면 알 수 있다.

"자유경쟁에서 독점으로의 이행과 동시에 생산의 사회화에서 거대한 진보가 시작되었고, 국가독점적인 과정이 가능하게 되었을 뿐만 아니라 필요불가결하게 된 조건이 나타난다.", "독점은 생산력 발전의 결과이며, 이런 의미에서 독점은 질적으로 새로운 생산력 수준을 나타내고 있다."[009]

실제 레닌 역시 자신의 〈제국주의론〉에서 대기업에서의 생산의 집적과 함께, 그 기술적 기초로서 대기업에서 '증기력과 전력'의 압도적 부분의 집중 사이의 밀접한 관계를 강조한 점을 유념할 필요가 있다.

초기 경제개발에 있어 자원의 동원 문제는 한국의 국가자본주의 전략의 성공과 이후 신식국독자로의 발전을 논하는 데 있어 매우 중요한 문제이다. 하지만 이 문제는 지금까지 별반 연구자들의 주목을 받지 못하였거나, 설령 일부

---

009 《국가독점자본주의론 연구-제1분책 드라길레프 논쟁》, p.121, p.148.

다루어진다고 하더라도 부분적인 문제로만 취급되었다. 그러나 한국의 국가자본주의가 당시 국독자 수준의 '조직된 자본주의'로서의 기능을 발휘하는 것과 관련하여 이 **동원 능력이 어디에서 비롯되었는지 '원천'** 문제는 결코 그냥 지나쳐서는 안 된다.

여기서 **생산력 발전 수준**이 관건이 된다. 예컨대 국가의 동원 능력 즉 조세와 중앙은행을 정점으로 하는 현대의 은행 신용체계도 사실상 사적독점이 충분히 발전한, 즉 생산력이 상당 정도 발전한 물적 기초 위에서라야 제대로 기능할 수 있다. 만약 생산력 발전 수준이 낮다고 한다면 국가의 조세와 재정 능력도 당연히 낮을 수밖에 없으며, 또 비록 형식상 중앙은행과 은행 신용체계를 갖추었다고 할지라도 이처럼 낮은 조세·재정 능력을 기반으로 단순히 '지폐'를 찍어 내는 것만으로는 악성 인플레이션을 유발할 뿐 경제개발에 필요한 장기 투자재원을 조달하기가 힘들다. 이렇듯 국가가 자국 내에서 스스로 이용할 수 있는 물적 토대 자체가 취약하다면, 국가는 경제 과정에 개입하는 데 한계를 가질 수밖에 없으며, '강력한 국가자본주의'의 성립은 결국 공염불에 그치게 된다. 앞서 언급했듯이 이 같은 체제의 성립은 결코 정치 논리에 의지해서는 성립할 수 없음을 명심할 필요가 있다.

한국에서 이 문제에 대한 **해결의 열쇠**는 **'외자'**에 있었다. 한국의 경제개발이 한창 진행될 무렵인 1960~1970년대는 마침 서구 선진국 국독자가 이미 성숙단계를 거쳐서 생산과잉과 자본 과잉 상태에 접어들 무렵이었다. 그 때문에 일찍이 20세기 초 구제국주의 시대의 자본수출보다도 훨씬 대규모의 자본수출이 전 세계적으로 출현하였다. 내용 면에서도 과거의 그것이 주로 '대부자본' 형식이었다고 한다면, 후자는 개발도상국의 경제개발에 필요한 생산 설비와 기술 이전을 상당 정도 포함하였다. 여기에 냉전체제에서 동북아시아에서 미국의 대 사회주의진영 포위의 최전선 기지 역할을 하는 한국에 대한 정치적 배려도 한 몫 담당하였다. 이 같은 유리한 국제상황 때문에 한국의 경제개발에 필요한 자본과 기술조달은 비교적 순조롭게 이루어질 수 있었다.

예컨대 한국의 제조업 설비 투자자금에 있어 볼 때, 국내 금융기관으로부터의 '원화 차입'은 모든 금융기관을 '개발금융기관화' 하였던 정부의 조치에도 불구하고, 1970~80년대에 걸쳐 평균 20% 정도 비중밖에 차지하지 못하였다. 이에 비해 같은 기간 외화차입은 20%~40%로 전자에 비해 훨씬 많았다. 그 이유는 국내 자본축적의 미성숙으로 인한 장기자금 조달 상의 한계와 함께, 당시 "상대적으로 손쉬운 외자도입의 확대"가 큰 영향을 끼쳤다.[010] 이는 한국과 같은 개발도상국에서 어떻게 사적독점이 발전하지 못하고 국내적 자원 동원 능력이 근본적으로 제한되는 상태임에도 그 같은 '강력한 국가자본주의'의 성립이 가능하였는지를 해명하는 중요한 열쇠가 된다.

그리고 외자도입과 관련한 이 같은 해외의존성은 다음 절에서 살펴보게 될 '신식민지성' 혹은 '종속성' 문제와 밀접한 관련을 갖는다. 즉 외자도입은 한국이 경제개발과정을 통해 **현대 제국주의와 새롭게 관계 설정**을 맺도록 함으로써, **이후 고전적 국독자가 아닌 신식국독자로 발전하는 데 결정적인 계기가** 되었다. 이 점에서 볼 때 한국과 같은 개발도상국에 성립하게 되는 국독자는 '신식국독자'라는 특수한 형식일 수밖에 없는 내적인 필연성이 존재한다. 그간 학계에선 한국의 경제개발과정의 성공과 관련하여 자원 동원체계의 역할을 총괄하였던 일명 '개발독재 국가'(혹은 '동원국가')의 존재에 관해, 수많은 다른 개발도상국과는 달리 어떻게 한국에서 그것이 성립할 수 있었는지에 대해 주로 관심을 기울여왔다. 물론 이 같은 '개발**독재** 국가'의 성립은 한국 경제개발

---

010 유철규 편, 《한국자본주의 발전모델의 역사와 위기》, p.96 참조.

의 성공에서 빠트릴 수 없는 중요한 요소이다. 하지만 그보다 앞서 해결되어야 할 과제는, 위에서 지적한 것처럼 사적독점의 미성숙이 의미하는 바인 개발도상국 내부에서 자체 동원이 가능한 자원이 취약한 한계를 보완해 줄 수 있는 외부자원의 도입 문제와 관련된다. 그 때문에 한국에서 경제개발의 기본문제는 '개발 독재국가'의 성립과 관계된 문제이기보다는, **그것이 기초하고 동원해야 할 '자원의 존재 유무'** 문제이며, 이는 신식국독자의 성립과 관련하여서도 핵심적이다.

7.2.2. 신식민지 측면의 성립

한국이 경제개발을 이루는데 해외자본의 기여도는 매우 결정적이었다. 비록 초기의 경제개발이 섬유와 의류 등 경공업과 노동집약적 산업 위주로 시작되었다고 할지라도, 그것들을 생산할 수 있는 기계설비는 국내 제조업의 미발달로 인해 많은 부분 해외로부터 수입에 의존하지 않으면 안 되었다. 그 때문에 한국이 경제개발을 본격 추진하기 위해서는 무엇보다도 이러한 기계설비와 원자재들을 구입할 수 있는 외화 문제를 해결하는 것이 선결과제였다. 경제개발 초기인 1960년대에는 미국의 무상원조, 대일 수교 관련한 일본의 보상금, 월남전 참전, 해외 상업차관 등을 통해 외화자금을 조달할 수 있었으며, 또 1973년 중화학공업 전략이 본격 착수된 이후에는 소요되는 막대한 투자자금 중 상당 부분은 해외 상업차관과 국제 금융시장을 통해서 조달되었다.

아래 표 7-2는 한국 경제개발에서 외자가 차지했던 비중을 잘 보여준다. 특히 중화학공업부문에 대한 투자가 한창 진행되던 시기인 1973~1979년에는 외화차입 비중이 전체 설비투자 자금의 40.4%나 차지하였음을 알 수 있다.[011] 이러한 **한국의 초기 경제개발과정에서 해외자본에 대한 의존성은 이후 한국 경제의 종속성과 신식민지성을 지속적으로 규정짓고** 그것이 강화하는 계기로 작용하였다.

표 7-2. 한국 제조기업의 설비투자 자금조달 형태(1985년 불변가격 기준) (단위: %)

년도	기업 외부자금			기업내부자금	직접금융
	원화차입	외화차입	기타		
1964~1971	23.6	29.0	8.3	34.1	5.0
1973~1979	21.4	40.4	2.7	24.4	11.0
1980~1991	21.1	20.0	8.6	32.8	17.5

출처: 한국산업은행, <설비투자계획조사>, 각호.

그렇다면 이 같은 경제개발과정에 있어 초기 해외자본에 대한 의존이 어떻게 신식민지 종속성과 관련 있으며, 전자에서 후자로의 '전화(轉化)'가 어떻게 이루어진 것일까?

해외로부터의 생산 설비의 구매를 위해 차입한 외채는 이후 그 상환을 강제받게 되었으며, 이를 위해 한국 기업들은 처음부터 외화 획득에 내몰리게 되고 일찍부터 해외시장 개척에 나서지 않으면 안 되었다. 이 때문에 한국경제는 국내시장의 잠재력을 충분히 개발하기 전부터 해외시장에 대한 강한 의존성을 보일 수밖에 없었다. 다음 인용문은 이 같은 사정을 잘 말해준다.

---

011 이 통계자료의 원래 출처는 한국산업은행, <설비투자계획조사>의 각호인데, 필자는《한국자본주의 발전모델의 역사와 위기》, p.97에서 필요한 부분만을 재인용하였다. 이 중 (1)1964~1971년간의 '외화자금'은 차관만 포함. (2) '원화차입'은 국책은행, 시중은행 및 지방은행으로부터의 원화차입임. (3) 외부자금의 '기타'는 보험회사, 상호신용금고, 단자회사, 리스회사 등으로부터의 차입금 및 사채 등을 포함. (4) 직접금융은 국내 주식시장과 채권시장에서의 자금조달.

"자본재에 비교 열위를 가진 한국이 경제적 기반을 갖추기 위한 투자를 실행하기 위해서는 자본재의 수입이 필요했으며, 해외여신의 제약이 존재하는 상황에서 투자를 위한 수입에 필요한 외환 확보의 수단으로 수출 독려가 불가피했던 것이다. 따라서 한국의 경제성장은 근대적 산업화에 요구되는 투자가 수입 증가를 유발하고, 수입 증가가 수출 증가를 요구하는 인과관계를 가지면서 투자주도의 성장경로를 밟게 되는 것이다."[012]

이는 잠시 후에 소개할 일본의 전후 경제개발 과정과 비교하면 그 차이점이 두드러진다. 어쨌든 경제개발 초기의 변변치 않은 실력에 의지해 해외시장 진출을 서둘러야 했던 한국 기업에 있어서는, 자신들이 의존할 수 있었던 유일한 경쟁력은 당시 국내 최대의 풍부한 자원이라 할 수 있는 노동력의 염가 판매, 즉 '저임금'이었다. 이 같은 저임금 구조의 유지를 위해 권위주의적 국가에 의한 강력한 노동 통제가 필요하였으며, 또 저곡가 정책이 함께 수반되어야 했기에 농민에 대한 수탈 역시 동반하지 않을 수 없었다. 이리하여 처음부터 국내에서 유기적 분업 관련을 갖지 못하는 국민경제가 형성되었으며, 저임금과 저곡가로 인한 낮은 소득분배율로 인해 국내시장은 경제의 전반적인 고도성장과는 달리 상대적으로 위축될 수밖에 없었다. 이는 다시 한국 기업과 한국경제가 더욱 해외의존성을 높일 수밖에 없는 원인이 되었다. 이때부터 한국경제는 성장할수록 대외의존도가 더욱 높아지는 구조를 갖게 되었는데, 이는 결국 종속성의 심화와 신식민지성의 강화로 귀결되었다.

---

012 《한국자본주의 발전모델의 형성과 해체》, pp.136-137.

이처럼 초기 경제개발 과정에서 해외자본에 대한 의존이 이후 한국경제의 종속성과 신식민지성을 규정짓게 되는 원인은 궁극적으로는 당시 국제질서를 주도하는 **현대 제국주의**와 관련이 있다. 이는 직접적으로는 '외채'의 가혹성 그리고 국제 분업 상의 불공정성으로 표현된다. 그 때문에 일단 한국처럼 해외자본에 의지해 경제개발을 시작하는 경우 향후 대외 의존성은 심화할 수밖에 없다. 아래 표 7-3은 서구 선진자본의 개발도상국에 대한 외화 대출 조건이 얼마나 가혹한지를 잘 보여준다. 1980년부터 이자 상환 비용이 원금 상환 비용을 넘어서고 있음을 볼 수 있다.

표 7-3. 개발도상국의 외채 상환 상황 (단위: 억 달러)

	1977	1978	1979	1980	1981	1982	1983	1984	1985
누적 채무 상환액	403	545	826	1005	1274	1381	1276	1421	1403
원금	252	332	473	481	553	574	508	587	615
이자	151	213	353	524	721	807	768	834	787
이자 비율 (%)	35.5	39.3	42.7	52.1	56.6	58.4	60.2	58.7	56.0

출처: IMF <세계경제전망> 1984년, 1987년. 《美国跨国银行与国际金融》, p.194에서 재인용.

돌이켜 보면, 박현채 씨로 대표되는 기존의 '민족경제론'은 한국의 경제개발이 국내시장에 기초한 국민경제의 내포적 발전을 이루지 못하고 해외자본과 해외시장에 대한 의존도가 높은 점을 정확하게 지적하였다. 이는 당시 한국경제의 현상적 문제점을 잘 포착한 것이긴 하지만, 이 같은 비판이 갖는 한계는 당시 이미 전 지구적 차원으로 존재하면서 또 규범적 질서 수립에 기초한 통치를 수행하는 현대 제국주의에 대한 인식이 부족하였다. 한국이 경제개발을 본격 착수할 무렵의 국제질서는 이미 19세기 중엽 자유주의 시대나 20세기 초

구제국주의 시대의 그것과는 매우 달랐다. 그 때문에 문제는 단순히 해외자본과 해외시장에 대한 의존성에 있는 것이 아니라, 당시 이미 형성되었던 **'현대 제국주의'가 주도하는 국제질서하의** 국제자본과 국제시장에 대한 의존성에 있었다. 이 점을 좀 더 구체적으로 지적하고 분석하여야 했다.

종속성의 성격이나 내용은 필연적으로 당대 현대 제국주의의 특성과 밀접한 관계를 가질 수밖에 없다. 2차 세계대전 이후 등장한 현대 제국주의는 전 세계적 범위에서 '규칙 제정자'로 군림하면서, '제국주의적 국제규범'의 수립을 통해 다른 국가들을 수탈한다는 점에서 과거 직접적인 영토 지배를 통해 자국 독점자본의 요구를 실현하는 구제국주의와는 본질적인 차이가 있었다. 이러한 상황에서 현대 제국주의는 '원조'(정부신용과 증여)를 신생 독립국의 '비자본주의길'을 저지하는 매우 중요한 수단으로 간주하고, 이에 대해 상당히 의식적인 노력을 기울였다.[013]

대부분의 서구 선진국은 개발도상국에 대한 원조에 거액의 자금을 내었으며, 그 액수는 1960년대를 통틀어 연간 60억 달러를 오르내렸다(아래 표 7-4). 이는 1960년대 말 국제통화체계의 위기를 초래한 미국의 외국 달러 자산 총액(즉 미국의 단기부채) 규모가 대략 330억 달러 수준이었음을 염두에 둔다면, 이 같은 경제 원조(정부신용과 증여) 규모는 우리의 상식을 넘는 막대한 것이었음을 알 수 있다.

---

013 다음의 인용문을 보자. "자본과 투자기금의 결핍, 이것이 제3세계가 처한 가장 일반적인 특징이다." 이 같은 상황에서… "신식민주의자들은 국가신용과 증여, 즉 돈을 구식민지 및 반식민지의 사회경제생활에 대한 의도적 간섭의 **가장 좋은 방법**으로 간주하고 있다."(편집부 엮음, 《현대 제국주의의 정치경제학》, p.218. 굵은 강조는 인용자에 의한 것임) 이 같은 원조를 통해서 다음 두 가지 목적을 동시에 달성할 수 있었다. 첫째는 새로 독립한 제3세계 국가들을 자본주의의 궤도에 편입시키는 것이며, 둘째는 이후 선진국 민간 자본의 투자 확대를 위한 길을 닦는 것이다.

 후기 국가독점자본주의론과 한국사회 성격 - 하

표 7-4. 개발도상국에 대한 OECE 가맹국의 신용과 증여의 동태 (단위: 100만 달러)

년도	1960	1961	1962	1963	1964	1965	1966	1967
국가 차원의 순 지출액 총계	4,930	6,029	5,950	6,072	5,856	6,202	6,506	6,985
양국 간 원조	4,329	5,277	5,423	5,707	5,476	5,753	5,970	6,218
국제 제 기관 지출	601	752	527	365	380	449	536	767

출처: "L'Observateur de l'OCDE", Octobre 1968.[014]

종전 후 현대 제국주의가 구축한 국제경제 질서는 크게 보아서 국제 금융통화체계와 국제 분업체계로 구성되는데, 이 양자에서 차지하는 위치에 따라 각국은 현대 제국주의의 능동적 주체인지 아니면 그 수탈 대상(즉 신식민지 국가)인지가 구분된다. 현대 제국주의의 '주체'를 형성하는 미국과 서구 선진국들은 대체로 높은 생산력 혹은 금융 방면의 실력을 바탕으로, 국제 분업체계상 상류에 위치함으로써 생산과 유통과정을 통해 개발도상국들을 직접적으로 착취하거나, 아니면 국제 금융통화체계를 통해서 전 지구적 차원에서 개발도상국으로부터 수탈된 경제잉여의 재분배에 참여한다.

한국의 대외 의존적 경제개발 전략의 채택은 현대 제국주의가 종전 후 구축한 이상의 국제경제 질서에 본격적으로 편입됨으로써 그 규정성을 강하게 받게 되었음을 뜻한다. 이는 단지 일시적으로 원료공급지 혹은 값싼 노동력 공급지의 역할을 맡게 되는 것이 아니라 위의 국제 분업체계의 하위에 정식 편입되는 것을 뜻하고, 또 서구의 과잉생산 설비와 과잉자본의 출구 내지는 대부자본의 투자처가 되는 것을 의미하였다. 또한 당연히 미국이 주도하는 달러 중심의 국제통화체계에 편입되어 달러패권을 강화하는 데 일조하여 현대 제국주

---

014 위의 책, p219에서 재인용. 이 중 '국제 제 기관'은 EEC 개발기금, OECD개발원조위원회, 국제부흥개발은행(IBRD) 등을 지칭한다.

를 한층 보완하는 역할을 하게 되었음을 의미한다.

이리하여 해방 후 한국 사회에 존재하던 기왕의 정치·군사적 종속성은, 현대 제국주의가 주도하는 국제질서에 적극 영합하는 한국의 대외 의존적 경제개발 전략으로 말미암아 그 경제적인 물적 기초의 보완이 이루어지고, 보다 완성도 높은 종속성으로 한 단계 심화 발전하게 되었다. 즉 그간 한국에서 자본주의의 미발달로 인해 해방 후 한국 사회가 현대 제국주의와의 관계에서 주로 정치·군사 중심의 '일면적' 종속성에 머물렀다고 한다면, 이제는 경제적으로 그것이 상당 수준 보완되게 된 것이다. 물론 한국이 경제개발을 본격화하기 전인 1950년대에도 미국의 군사 및 경제 원조(주로 증여)가 존재하였으며 또 그것은 한국의 대미 종속에 있어 중요한 물적 기초가 되었다. 그러나 원조(증여)경제가 갖는 외부성과 일방성 때문에 그것은 지속성을 갖기 힘들었으며, 또 수혜국에 대한 영향력 면에서도 자체 내적인 경제개발이 갖는 의존성보다는 전면적이지 못하였다. 한국의 대외 의존적 경제개발이 본격화된 이후라야 비로소 현대 제국주의의 한국 사회에 대한 규정성은 '정치 논리'에서 '경제 논리'로 그 중심이 이동하는 계기를 맞게 되었으며, 이로부터 신식민주의의 관철을 위한 안정적인 물적 기반이 마련되었다.

해외자본 및 해외기술에 의지한 이상의 한국 경제개발 과정은 일본의 종전 후 경제 발전 과정과 비교할 때 좋은 대조가 된다. 일본은 1953년까지 전후 성공적인 경제부흥을 끝마침으로써 1950~60년대 고도성장의 기초를 놓았으며, 1960년대 중후반부터는 마침내 서구 선진공업국의 대열에 참여할 수 있게 되었다. 일본의 이 같은 경제 발전 과정은 전형적인 **선진국 국독자의 길**'을 보여준다고 할 수 있다.

그렇다면 한국은 왜 신식국독자의 길을 걸어야 했으며, 일본은 어떻게 해서 선진국 국독자의 길을 걸을 수 있었을까? 이 의문에 대한 해답은 무엇보다도 **초**

　후기 국가독점자본주의론과 한국사회 성격 - 하

기 출발점이 달랐다는 점에서 찾아질 수 있다. 일본은 전후 경제 발전에 필요한 투자자금을 외부에 의존하지 않고 대부분 국내에서 자체적으로 조달하였다. 제2차 세계대전이 끝난 직후의 일본은 일반의 상식과는 달리 기본적인 산업시설이 대부분 폐허가 된 상태가 아니라 상당 부분 온전히 보존되어 있었다.

아래 표7-5에서 볼 수 있는 것처럼, 1937년(중일전쟁이 발생한 년도)과 1945년(일본이 패망한 년도) 일본의 생산능력을 비교하면, 면방·면직·시멘트·비료 등 경공업 제품 및 민수품은 하락하였지만, 강재·공작기계·화학제품 등 중화학공업 제품의 생산능력은 확대되었다. 다음의 인용문은 그 점을 말해준다.

"1945년 전쟁 종식 시, 국가 재화는 1935년에 비해 1.13배가 증가하여 전쟁 전의 수준을 약간 초월하였다. 이 시기 국가 재화 증감의 구체적인 상황은 다음과 같다. 마이너스 성장 부문은 조선(-43.2%), 건축물(-10.6%), 각종 차량(-7.6%), 가계 자산(-5.4%) 등이고, 플러스 성장 부문은 공업기계기구(80.6%), 전력과 석탄가스(48.1%), 항만·운하(23.4%), 교량(21.5%) 등이다. 비록 일반 가옥과 선박 운수 능력은 대폭 하락했지만, 생산 설비와 기초시설은 모두 전쟁 전에 비해서 비교적 큰 규모로 확대되었다."[015]

---

015 [日]桥本寿郎 长谷川信 宮島英昭 共著, 《現代日本经济》, p.32.

표 7-5. 주요물자의 생산설비능력

제품명칭	생산설비능력		(B)/(A)
	1937년(A)	1945년(B)	(B)/(A)
생철(천 톤)	3,000	5,600	1.87
강재(천 톤)	6,500	7,700	1.18
알루미늄(천 톤)	17	129	7.59
공작기계(대)	22,000	54,000	2.45
수산화나트륨(천 톤)	380	661	1.74
탄산나트륨(천 톤)	600	835	1.39
황산암모늄(천 톤)	1,460	1,243	0.85
인산칼슘(천 톤)	2,980	1,721	0.58
시멘트(천 톤)	12,894	6,109	0.47
면사	12,165	2,367	0.19
면직품(대)	362,604	113,752	0.31

출처: 《現代日本经济》, p.33.

이 같은 사정은 다른 패전국인 독일도 비슷하였다.

"다른 한편, 독일의 자본 저장량은 1938~1947년 기간 17.4%가 증가하였다. 영미 점령 기간에도 11%가 증가하였다. 일본과 독일의 공통점은 전쟁 기간 확장된 생산 설비는 비록 공습 중 부분적으로 파괴되었지만, 그러나 절대다수는 좋은 상태로 보존되었다는 데에 있다."[016]

이 같은 사정으로 말미암아 전후 경제부흥계획을 시작할 무렵의 일본은 기본적으로 자체 자본과 기술에 의존한 경제 발전이 가능하였으며 외부에 의존할 필요가 없었다. 그 때문에 일본경제는 조급하게 처음부터 해외시장에 의존

---

[016] 위의 책, pp.32-33.

할 필요가 없었으며, 충분한 시간적 여유를 갖고 점진적으로 국내의 산업 연관을 확대하면서 기본적으로 국내시장에 의존하는 **내포적 성장의 길**을 갈 수 있었다(여기서 일본도 전쟁 종식 전까지는 지나친 중화학공업에의 편중과 소수 재벌구조로 인해 중소기업이 취약한 파행적인 경제구조를 가졌다는 점을 지적할 필요가 있다).

이 같은 내포적 성장 과정은 노사관계에도 유리하게 작용하여 노사는 안정적인 타협을 이룰 수 있었다. 즉 일본의 독점자본가계급은 종전 후 변화된 역관계에 순응하여 노동자들에 대한 고용 보장을 약속하였으며, 한번 고용된 노동자에 대해선 해고가 어려운 현실을 받아들였다. 이렇게 되자 자본 측은 할 수 없이 사내교육과 훈련을 통해서 이미 고용된 인력을 충분히 활용하는 전략을 채택하였다. 이로부터 노동자들의 기능이 향상되고 노동력의 잠재력이 개발되어 자본 측은 이를 이용할 수 있게 되었고, 노동자들은 그 대가로 일정한 소득향상을 기할 수 있었다. 일본의 이 같은 국내에 기반한 경제 발전 과정은 대체로 국내시장의 확대와 보조를 이루었다. 그 결과 경제 발전이 기본적으로 국내시장에 기초하고 해외시장을 보조적으로 이용하는 '선진국 국독자의 길'이 가능하게 되었다.

물론 선진국 국독자 중에는 인구와 국토 면적이 절대적으로 규모가 적기에 처음부터 대외 지향적인 경제 발전 전략을 사용할 수밖에 없었던 소국들도 존재한다. 이는 선진국 국독자의 길이 일률적으로 국내시장에 바탕을 둔 것은 아니라는 사실을 말해준다. 그러나 이들도 또한 현대 제국주의 국제질서하에서 '외자'에 기대어 경제개발을 이루었던 것은 아니다. 최소한 자기자본과 기술이 전제되었으며, 그로 인해서 국내 자원과 국내시장뿐만 아니라 특히 노동력 등 인적요소, 중소기업의 육성을 통한 경제의 유기적 구조의 구축, 이를 기반으로 한 국제경쟁력을 갖는 특화된 전문성의 획득을 충분히 활용할 수 있는 여지를 확보하였다는 점이 강조되어야 한다.

7.2.3. 종합

이제 신식국독자에서 국독자와 신식민지 양 측면에 대해서 함께 고려해 보도록 하자. 신식국독자의 국독자적 측면은 대체로 생산력 발전을 촉진하는 계기로 작용하고, 신식민지적 측면은 생산력 발전을 억제하는 계기로 작용한다고 할 수 있다. 여기서 신식국독자는 이들 양자의 종합이기에 국독자와 신식민지 양 측면의 관계를 통일적으로 파악하는 것이 필요하다. 이 경우 **한국에서 국독자 측면의 성립은 먼저 신식민지 측면의 도입을 통해 가능**하였으며[017], 이후 양자가 발전하는 가운데서도 전자는 후자의 전제하에서 발전하는 관계를 유지하였다. 따라서, **한국 신식국독자의 국독자성은 신식민지성의 '근본적'인 제약을 받는다**고 할 수 있다.

즉, 애초 생산력 발전 수준이 낮은 한국에서 국독자가 성립하기 위해서는 투자자본과 해외시장 두 가지 문제가 해결되지 않으면 안 되었는데, 이는 한국경제의 현대 제국주의 국제경제 질서 즉 국제 금융통화체계와 국제 분업체계에의 본격적인 편입을 통해 해결되었다. 이는 한국경제에서 신식민지성이 본격 도입되는 계기가 되었으며, 이렇듯 경제개발 초기에 도입된 신식민지성은 한국의 대외 의존적인 수출주도형 경제를 낳으면서 시간이 갈수록 강화되고 구조화되었다. 이후 그것은 한국이 국독자로 발전하는 데 있어 일반형태가 아닌 특

---

017 좀 더 정확히 말하면, 한국에서 국독자는 '준(準) 국독자'라 할 수 있는 '강력한 국가자본주의'를 매개로 하여 성립하였다. 여기서 이 같은 '강력한 국가자본주의'의 성립에 있어서는 이미 신식민지성의 도입(외자 등)이 전제된다.

수형태인 신식국독자가 되도록 하였으며, 그 생산력 발전은 이 때문에 **근본적 제약**을 받을 수밖에 없게 되었다.

여기서 '근본적 제약'이란 의미는 신식국독자에서 일정한 생산력 발전의 가능성을 부정하지 않는다는 뜻이다. 그러나 신식국독자는 자신의 신식민지성으로 말미암아 국독자가 원래 지닌 잠재적인 생산력 발전의 가능성을 충분히 발휘할 수 없게 만들며, 장기적으로 볼 때 신식국독자는 정상적인 선진국 국독자로 나아가는 길이 가로막혀 결국 후자의 높은 생산력 수준에는 이를 수 없게 된다는 뜻이다. 앞서도 말했듯이 국독자는 원래 '조직된 자본주의' 요소를 일정 정도 지니고 있으며, 이를 통해서 자본주의 생산양식이 그 역사적 한계 내에서나마 자신이 본래 지닌 잠재력을 최대한 발휘할 수 있도록 한다. 종전 후의 역사가 보여주듯 실제 자본주의는 이 단계 들어서 그 어느 시기보다도 고도한 경제 발전을 이루었다. 그러나 신식국독자는 자신 내부의 신식민지성의 제약으로 말미암아, 이 같은 고전적 국독자가 정상적으로 도달할 수 있는 높은 생산력 수준에는 결코 도달할 수 없게 된다.

한국 신식국독자에 있어 신식민지성(종속성)에 의해서 생산력 발전이 근본적인 제약을 받게 되는 원인을 살펴보면 다음 두 가지를 들 수 있다.

첫째, 대외 의존적인 경제성장에 따라 국민경제 전반의 재생산과정이 매우 불안정하며, 외부의 변화에 쉽게 흔들리고 일단 경제위기가 발생하면 정상적인 국독자보다 그것이 증폭되는 취약성을 갖는다. 예컨대 그 대표적인 사례로 1970년대 후반의 경제위기를 들 수 있다. 그 무렵 세계 경제가 갑자기 불황에 빠지자 그때까지 대규모 외자를 들여와서 중화학공업 전략을 추진하던 한국경제는 매우 큰 충격에 휩쓸리게 되었다. 이는 결국 권력층 내부의 쿠데타에 의한 박정희 유신체제의 몰락과 제5공화국 신군부 독재정권 성립의 계기가 되었다. 이 위기는 1980년대 중반까지 이어진 긴 구조조정과 '3저 호황'이라는 국제환경의 우연적 변화 계기를 통해서 가까스로 수습될 수 있었다. 이후에도 한국경제는 1997년 외환위기를 겪는 등 서구의 국독자보다 훨씬 큰 동요와 불안정성을 내비치고 있다.

이러한 실례가 보여주듯, 신식국독자의 대외 의존적 경제성장 전략에 기인하는 재생산과정의 취약성은, 자본주의 재생산과정이 본래 갖고 있던 일반적 취약성에 더해 자신의 경제위기를 더욱 증폭시키고 사회 전반의 위기를 몰고 오는 경향이 있다. 이 같은 불안정성으로 인해서 신식국독자의 생산력 발전은 일반 국독자에 비해 더 많은 제약을 받게 된다.

둘째, 장기적으로 볼 때 더욱 치명적인 것은, 대외 의존적인 경제성장 전략으로 인해서 국내시장의 성장이 억압당하고 국내 보유자원의 잠재력을 충분히 발휘할 수 없도록 한다는 점이다. 앞서 살펴보았듯이 국외로부터 생산 설비와 원료의 구매를 위해 차입한 외화는 이후 차입금 상환을 강제함으로써, 한국경제는 국내시장의 잠재력이 충분히 발휘되기도 전부터 해외시장에 대한 의존성을 높일 수밖에 없었다. 그 때문에, 한편에선 저임금·저곡가 등 국내 민중에 대한 초과 착취와 수탈이 구조화되었으며, 다른 한편에선 대기업 위주의 편향적 수출지원정책으로 인해서 중소기업의 육성을 통한 국민경제 내부의 유기적인 분업 관계의 형성이 저해되었다. 이 때문에 국내시장은 경제의 전반적인 고도성장과는 달리 상대적으로 위축될 수밖에 없었으며, 이는 다시 한국경제가 대외 의존성을 더욱 높이도록 만드는 요인이 되었다.

여기서 국내시장의 육성이 억제된다고 하는 의미는, 단지 '유통' 측면에서 시장 규모의 확대라는 양적인 측면만을 가리키는 것이 아니라는 점에 유념할 필요가 있다. 좀 더 근본적으로 **국내 자원의 심도 있는 발굴 및 이용이 저해**된다는 의미를 담는다. 생산력 발전의 제일 요소는 무엇보다도 인적자원이며, 그것의 개발 및 효율적 활용은 장기적으로 볼 때 대단히 중요하다. 그런데 이러한 인적자원의 개발 및 활용이 '저임금' 정책으로 말미암아 지극히 낮은 수준에 머물게 됨으로써, 이로부터 경제 발전을 추동하는 창조성과 과학기술의 발전이 근본적으로 저해 받게 된다. 이와 관련하여 일본의 전후 경제 발전 과정은 좋은 사례가 될 수 있다. 앞서 이미 대략적인 소개를 하였지만 여기서 좀 더 부연 설명하는 것이 필요하겠다.

일본의 전후 경제 발전 모델을 결정하는 데 있어 중요한 계기가 되었던 것은 1950년대 초에 있었던 노사관계의 새로운 정립이다. 이 무렵 일본은 한국전쟁의 발발을 계기로 전후 복구와 부흥이 일차 마무리된 상태이었는데, 일본경제는 그 후 일시적인 경기과열과 과잉생산으로 인해 단기간의 조정을 맞게 된다. 이때 기업들이 고용 축소를 서두르고 정리해고를 단행하려고 하자, 이에 맞서 일본 노동자들은 총평(일본노동조합총평의회의 약칭)을 선두로 강력하게 저항하였다. 패전국인 일본은 이미 국가권력의 억압 기제가 상당히 훼손되어 느슨해진 상태이었으며, 이와는 대조적으로 노동자들은 당시 재벌해체 정책을 적극적으로 펼치던 미군정의 비호하에 순조롭게 조직을 결성할 수 있어서 역량이 상대적으로 강화된 상태였다.

이리하여 노동자들의 강력한 저항에 직면한 일본 기업들은 일정한 양보를 통해 타협을 추구할 수밖에 없었는데, 이때부터 일본의 노사관계는 '종신고용' 이라는 특수 관계가 성립하게 된다. 이는 장기 파업으로 인해서 큰 경제손실을 경험한 일본의 자본가계급이, 노동자를 함부로 해고하느니 차라리 고용을 보장해주는 대가로 그들을 충분히 활용하는 것이 합리적이라고 생각을 바꾸면서 사내 노동자에 대한 교육에 힘쓴 결과이다. 노동력의 합리적 활용 방안의 하나로 순환 배치 등을 통한 소위 '다기능 노동자'란 말이 이때부터 생겨나게 되었다. 훗날 세계적으로 유명해진 도요타 자동차의 적기생산방식(JIT)도 사실상 일본 산업계의 이 같은 '다기능 노동자'의 양성에 기반한 것이며, 이를 좀 더 체계화한 것에 지나지 않는다.

이리하여 노동생산성이 향상되어 기업 이윤이 늘어나자, 기업들은 자신들이 벌어들인 이윤 중 노동생산성의 향상 분만큼은 노사 간의 타협에 따라 노동자들에게 돌려주었으며, 이에 따라 이 시기 경제성장과 노동소득의 증대는 일정한 보조를 맞추면서 진행되게 된다.[018] 이렇듯 임금 상승으로 가계소득이 증가함에 따라서 국내시장이 확대되었으며, 이에 힘입어 일본 기업들이 다시 생산투자를 확대하는 선순환을 밟게 되었다. 실제로 일본의 1955년부터 1970년대 초까지의 고도성장 기간의 경제 발전은, 이렇듯 임금 상승과 가계소득 증대에 기인한 국내 소비 증가가 큰 공헌을 하였다.

일본의 고도성장기에 일본의 민간 최종 소비는 연평균 8%~10%의 성장률을 유지함으로써 총수요 증가의 50%~60%를 차지하여 경제성장을 이끌고 유지하는 데 주요한 역할을 하였다. 이 같은 왕성한 민간 소비는 앞서 서술한 바와 같이 일본 노동자들의 지속적인 임금 상승과 함께, 날로 완성되는 사회보장제도 때문이다. 일본은 일찍이 1959년 전(全) 국민 퇴직금제도를 실시하고, 1961년 전(全) 국민 보험제도를 보급하는 등 한국과는 달리 고도성장 기간(1955년 초~1970년대 초)에 사회보장제도를 완성하였다. 이 같은 사회보장제도는 일본 기업들의 비교적 높은 사내 복지와 함께 노동자들의 소득수준 향상과 생활 수준의 안정화를 가져왔으며, 내수 확대의 조건을 제공하여 경제성장에도 크게 기여하였다. 이에 비해서 한국은 고도성장기가 끝난 후인 2000년대 초 김대중

---

018 일본 노동자들의 임금 상승은 1950년대 후반부터 본격화되었는데, 처음 5천 엔대에서 시작하여 1970년대 초의 3만 엔대에 이르기까지 10여 년간 약 5~6배가 상승하였다. 이 같은 임금 상승에는 일본경제의 기술 혁신에 따른 노동생산성 향상과 함께, 일본경제가 고도성장을 지속함에 따른 노동력의 공급부족도 크게 작용하였다. 일본은 1960년대 들어서 전반적인 노동력부족 시대에 들어섰는데, 이때 보통 직공 특히 저학력자들의 임금이 크게 상승하면서 대졸자와의 격차가 줄어들었으며, 대기업과 중소기업 간의 임금 격차도 크게 줄어들어 '임금 평준화' 현상이 나타났다. 관련 내용은 《現代日本经济》, pp.112-114 참조.

 후기 국가독점자본주의론과 한국사회 성격 - 하

정부가 들어선 후라야, IMF 구조조정을 지원할 목적으로 비로소 본격적인 사회보장제도 건설을 시작하였다.

일본경제는 1950년대 후반부터 1960년대 초반까지 '3종 신기(神器)'(흑백TV, 냉장고, 세탁기)에 의한 수요가 일었으며, 1960년대 중 후반에는 다시 '신 3종 신기'(칼라TV, 에어컨, 자가용) 붐이 일어 일본경제를 떠받쳐주었다. 국내의 민간 소비가 이렇듯 중요해지자, 국내시장의 치열한 경쟁구조 밑에 있던 일본 기업들은 일본 소비자들의 요구에 민감해질 수밖에 없었다. 까다로운 그들의 요구를 만족시키기 위해 새로운 제품과 기술개발에 지속적으로 많은 공을 들였으며, 이러한 과정에서 일본 기업들은 미국에서 수입한 기술들을 일본 실정에 맞게끔 재개발하고 응용함으로써, 마침내는 절전형 가전제품과 에너지절약형 자동차 등 자체 신제품을 개발하는 데 성공하였다. 이는 1970년대 후반 일본 자동차와 전자제품이 해외시장에 진출하여 세계시장을 석권하는데 큰 밑받침이 되었다.

우리가 일반적으로 인식하고 있는 것과는 달리, 일본이 수출경제로 본격적으로 전환한 시기는 이렇듯 경제가 고도성장을 이룬 뒤 한 참 후의 일이다. 제1차 오일쇼크와 전반적인 과잉생산으로 인해서 세계 경제가 불황기로 접어든 1970년대 중후반 이후였으며, 그전까지는 일본경제가 '경제성장→임금 상승→국내시장 확대→경제성장'의 선순환을 경험하며 단계적 확장을 지속하였으며, 그 기간 국내시장과 국내 자원이 심도 있게 발굴되고 이용되어 그 잠재적 가능성을 충분히 발휘하였다. 그리고 이 과정에서 구축된 기업경쟁력과 국내시장 기반이야말로 이후 일본이 지구화와 개방화 시대를 맞아 그 초기에 세계시장의 제패를 이루는 데 커다란 밑받침이 되었다.

일본의 경우와 좋은 비교가 되는 것이 한국 경제개발 과정에서의 노동정책이다. 한국은 기본적으로 경제개발이 시작된 1960년대 초부터 저임금 정책을 줄곧 유지해 왔는데, 이는 어느 정도 산업화의 목표가 달성된 1980년대 중후반에 이르기까지 변화되지 않았다(지금도 본질상 그러하다!). 그런데 이 같은 한국의 저임금 정책은 사실상 시장 논리를 무시한 것이다. 경제개발이 어느 정도 이루어진 후에는 자연히 노동력 수급에 변화가 생겨 임금인상이 이루어지는 것이 정상이다. 그러나 이 같은 경제 기제의 정상적인 작동은 권위적 개발독재 정권에 의해 인위적으로 거부되었으며, 한국 정부는 남북분단의 대치 상황을 핑계로 '반공'이라는 이름을 빌려서 노동운동을 극도로 탄압하였다. 이리하여 한국 노동자들은 일본 노동자들처럼 최소한 노동생산성 향상 분만큼의 몫을 돌려받지 못하였을 뿐 아니라, 때로는 최저생계비에도 못 미치는 임금수준을 감내하여야만 했다.

이 같은 장기간 저임금 정책이 실행될 수밖에 없었던 원인을 따지자면, 사실이는 한국경제의 대외 의존적 발전전략으로부터 기인하는 측면이 강하다. 외채상환 압박 때문에 해외시장에서 외화를 벌어들여야 했던 한국 기업들은 자신의 경쟁력을 우선 저임금에 기댈 수밖에 없었던 점, 그리고 국내 경제성장 성과의 상당 부분이 외채상환 등의 과정을 통해 해외 금융자본의 손에 유실되었던 점이 그것이다. 결국 이 같은 인위적으로 강제된 저임금 정책은 일본처럼 경제성장이 국내시장의 확대를 가져오고 다시 그것이 경제성장으로 이어지는 '경제성장→시장 확대→경제성장'의 선순환을 가로막았으며, 이 때문에 한국의 국내시장 발전은 장기간 억압될 수밖에 없었다.

이상의 신식국독자의 성장모델이 갖는 취약성의 근원은 '내생적' 성장 방식을 포기하고 처음부터 대외 의존적인 성장 방식을 걸었던 데서 찾아질 수 있다. 앞서 살펴본 바와 같이 한국의 1960년대 경제개발 과정과 일본의 종전 후 경제성장 과정은 그 좋은 비교 대상인데, 우리는 양자의 발전방식을 제2차 세계대전 후 출현한 현대 제국주의 조건에서 **현대적 산업화의 두 가지 경로**로 볼 수 있을 것이다. 그것은 각각 **신식국독자와 선진국 국독자의 경로**라고 불릴 수 있으며, 이 경우 일본은 후자를 대표하는 것으로 간주 될 수 있다.

여기서 현대적 산업화와 국독자와의 관계를 잠시 정리할 필요가 있다. 앞의 두 개의 경로는 **현대적 산업화를 이루어 가는 과정**이면서, 동시에 각각 **선진국 국독자와 신식국독자를 성립시키는 과정**이다. 일본의 경우, 비록 전후에 독점자본주의 단계-이는 '생산의 사회화'가 상당 수준 고도화를 달성한 상태를 의미한다-에서 곧바로 출발하였지만, 그것은 2차 대전 종전 후 제3차 과학기술혁명에서 새롭게 고도화한 생산력 발전, 특히 선진적인 미국 자본주의와 비교할 때 상당한 격차가 있었다. 이 점은 절대적 생산력 발전 측면에서뿐 아니라, 종전에 일본경제가 지니고 있던 기형적인 중공업 위주의 파행적 구조, 농업현대화 과제 등 제 측면을 볼 때 그러했다. 그 때문에 종전 후 일본은 아직 현대적 산업화의 과제를 남겨놓고 있었다. 그것은 전후 복구와 경제부흥의 과정을 통해서 차츰 완수되었으며, 일본의 국독자 체계, 즉 정교한 국가의 경제관리 시스템과 '복지국가' 모델 역시 그 같은 과정을 통해서 함께 이루어지게 된다.

이 같은 의미는 한국에도 그대로 적용될 수 있다. 즉 **한국의 신식국독자적 경로는 마찬가지로 현대적 산업화를 이루어 가는 과정이면서 또한 신식국독자가 완성되는 과정**이라는 것이다. 경제개발이 시작될 무렵 한국은 비록 일본과는 달리 독점자본주의라는 물적 기반을 아직 갖고 있지는 못하였지만, 그 대신 외부 자원을 빌려서 '강력한 국가자본주의' 전략을 펼칠 수 있었으며, 이를 통해 물적 기반의 약점을 일정 정도 보완하고 비교적 단기간 내에 초보적인 현대적 산업화를 달성할 수 있었다. 그리고 그 과정은 또한 신식국독자 체계가 성립되는 과정이기도 하였다.

여기서 한 가지 덧붙이자면, 종전 후 현대적 산업화의 경로는 이 외에도 '사회주의 경로'를 첨가할 수 있다는 점이다. 이 역시 현대적 산업화를 이루기 위한 하나의 경로임이 분명하다. 종전 후 새로 탄생한 사회주의국가들이 이 경로를 통해서 비교적 단기간에 산업화 과제를 완수하였다. 이들 대부분은 그 이전에는 낙후된 농업국이었기에 이 경로 또한 성공적이라 평가할 수 있다. 그러나 여기선 논의를 자본주의적 방식의 경제개발 과정에 초점을 두고 고찰하는 관계로, 위의 신식국독자와 선진국 국독자 두 개의 경로만을 비교하도록 한다.

여기서 일본을 선진국 국독자 방식의 전형으로 볼 수 있는지는 얼마간 이견이 있을 수 있다. 특히 '다기능 노동자' 현상은 일본에서만 볼 수 있는 특이한 것이다. 그러나 일본의 사례는 다른 선진국들과 많은 공통점을 갖고 있다. 예컨대 노사 간의 사회적 대타협에 기초해 고용된 노동력을 최대한 개발 및 활용하는 전략이 그것이다. 잘 알려졌듯이 스웨덴이나 독일 등 전후 '복지국가'를 건설한 국가들도 이 같은 노사 간의 대타협에 기반하여 국내 자원의 최대한의 활용이 이루어졌다. 다만 일본의 '다기능 노동자'는 이 방면에서 좀 더 나아간 것에 지나지 않는다.

신식국독자와 선진국 국독자 두 개의 경로에서 양자가 서로 달랐던 것은 무엇보다도 각자 처해있던 '초기적 조건'의 상이와 그들을 둘러싼 국제적 환경의 차이 때문이다. 구체적으로 다음 **세 가지 요인**을 들 수 있다. 즉 국내의 **산업기초**, **정치적 조건**, 그리고 **국제적 환경**의 차이가 그것이다. 여기서 한국과 일본의 경우를 들어 이들 각각에 대해 살펴보자.

먼저 국내 산업기초의 차이를 보면, 앞서 언급한 대로 산업화에 필요한 투자 자본과 기술을 국내적으로 어느 정도 조달할 수 있는지가 중요하다. 이는 이후 국독자로의 발전에 있어 신식민지성의 도입 여부를 가름하는 중요한 계기가 된다. 일본은 그 대부분을 자체 조달하였던 반면에 한국은 반대로 많은 부분을 해외에 의존하여야 하였다.

둘째 정치적 조건에 있어 볼 때, 일본은 패전으로 인해서 기존 권위주의적인 국가체계가 많이 약화한 상태였으며, 그 때문에 일본의 자본가계급은 전후 단결권을 확보한 노동자계급 앞에서 일정한 양보와 타협을 수행하지 않을 수 없었고 또 이를 이후 자신들의 자본축적 운동의 기본전제로 받아들였다. 이에 비해서 한국은 해방 후 한국전쟁을 치르면서 오히려 비대해지고 강폭 해진 국가권력이 경제개발 과정을 주도하였으며, 이는 이후 노동운동을 탄압하고 저임금 정책을 장기간 지속하는 중요한 요인이 되었다.

셋째, 국제적 환경을 볼 때 일본의 전후 경제부흥 시기는 전 세계적으로는 국독자의 전기(前期)에 해당하며, 이에 상응하는 국제질서는 현대 제국주의의 '동맹적 제국주의'였다(제5장 참조). 이는 선진 각국의 자본 운동의 중심이 아직 자국 시장 내에 두어져 있었으며, 또 사회주의권과 대결하는 냉전 시기의 특성으로 말미암아 이들 자본 간의 경쟁은 일정 제한되고 정치적으로도 우호적인 분위기가 존재하였다. 이 때문에 일본경제는 초기 부흥과정과 이후 경제성장 과정에서 상당 정도 미국과 같은 보다 선진적인 자본으로부터 자기 보호막을 치는 것이 가능하였으며, 이로부터 내생적 발전을 위한 비교적 충분한 시간적 여유를 보장받을 수 있었다.

이에 비해 한국의 산업화가 진행된 시기는 전 세계적으로 국독자가 그 전기에서 후기로 이행하고 현대 제국주의도 '동맹적 형태'에서 '단일패권적' 형태로 전화하는 시점과 겹쳤던 만큼, 일본과는 달리 외부적 영향을 좀 더 많이 받지 않을 수 없었다. 이는 한편으로 당시 과잉생산과 과잉자본에 시달리던 선진국 국독자로부터 비교적 용이하게 투자자본과 기술을 도입할 수 있는 유리한 조건으로 작용하였지만[019], 다른 한편 이 시기에 들어서 점차 거세지는 개방화 압력 때문에 내생적 발전을 위한 자기조정을 위한 충분한 시간적 여유를 보장받지 못함으로써 정상적인 발전 가능성은 더욱 희박해졌다고 할 수 있다.

이상이 신식국독자와 선진국 국독자가 종전 후 산업화를 달성하는 과정에서 서로 다른 차이를 보이게 된 초기조건에 관한 분석이다. 이 3가지 조건 중에서 가장 중요한 것은 첫 번째 요인인 국내 산업기초의 차이이다. 이는 두 번째(정치적 조건)와 세 번째(국제적 환경)보다 근본적이며 후자를 사실상 규정한다. 즉, 일본이 전쟁 시기에 이미 달성했던 일정한 산업적 기초는 전후 경제복구와 경제성장을 신속하게 이루어지도록 했으며, 노사 간의 타협을 보다 용이하게 하였고, 또 대의제 민주정치를 별 탈 없이 운영하는 데 필수적인 안정적인 물적 기반을 제공하였다. 국제적 측면에서 볼 때는, 영토에 대한 직접적 점령을 특징으로 한 구제국주의와는 달리 종전 후 출현한 현대 제국주의는 일본이 자신의 투자자본을 자체 조달하여 내생적 성장을 진행하는 것을 방해할 만큼 강력한 것은 아니었다고 할 수 있다. 그 때문에 위의 두 개의 경로상의 차이를 낳게 한 가장 중요한 요인은 국내 산업기초임을 알 수 있다.

끝으로, 이미 지금까지 신식민지성에 의한 생산력 발전의 '근본적 제약'과 관련한 서술에서 어느 정도 밝혀졌을 것으로 생각되지만, 신식국독자 논쟁 중 주요 쟁점의 하나인 **'낮은 생산력'** 문제에 관해 조금 언급하도록 하자.

---

019 한국경제의 산업화 성공에 대한 다음의 지적을 참고할 필요가 있다. "한국의 1960~1970년대 고도 경제성장은 당시의 다음과 같은 여건들이 작용했기 때문이다. 첫째, 세계체제적인 조건으로서 1960~1970년대 당시의 대외적 조건이 후진국의 수출지향적 공업화 정책 수행에 특별히 유리했다. 세계경제가 전례 없는 고도성장과 무역의 확대를 경험하고 있었고, 다각주의에 기반을 둔 안정적인 세계경제질서가 형성되었으며, 가트체제가 선후진국 간의 비대칭적 관계를 허용했고, 전후 미국이 압도적인 군사적인 우위 하에서 자유무역, 자유로운 자본이동을 목표로 했기 때문에 일부 경제적 후진국이 중심부로 진입하는 것을 방해하지 않았다. 선진국들은 후진국들에게 일반특혜관세라는 유리한 조건을 제공했다. 이러한 조건을 토대로 개도국은 외자도입과 수출시장 확보가 가능했다."《한국 자본주의의 축적체제 변화:1987-2003》, p.77.

생산력 발전 수준이 낮은가 높은가의 문제는 상대적일 수밖에 없다. 비록 신식국독자의 생산력이 절대적으로는 발전했다고 할지라도, 만약 그것이 정상적인 국독자가 성취할 수 있는 수준에 못 미친다면 이는 낮은 생산력이라고 볼 수밖에 없다. 그런데 한 국가의 경제가 어느 정도 발전을 이룰 수 있는가는 크게 보면 국내와 해외 두 부문의 자원을 얼마만큼 효율적으로 활용할 수 있는가에 달려있다. 특히 1980년대 이래 지구화 시대가 본격 개막되면서부터 과거 서로 별개였던 국내와 해외 두 개 시장 간의 관계가 날로 긴밀해지고 상호 교차하는 상황에선 더욱 그러하다. 이 때문에 오늘날 **두 개 시장의 활용 문제**는 매우 각별한 의미를 갖는다.

국독자가 전기에서 후기로 이행하면서 서구 국가들이 진행하고 있는 전략도 크게 보면 이 양대 시장에 대한 활용 전략과 관련된다. 그런데 서구의 선진국 국독자가 수행하는 두 개 시장 전략에는 한 가지 공통점이 있다. 그것은 종전 후 새로운 생산력 발전 때문에 일국 내 시장 차원에서 이룰 수 없게 된 경제 균형을 해외시장의 힘을 빌려서 달성하고자 하는 것이다. 즉 중점은 결국 국내 경제 균형으로 맞추어지게 된다고 할 수 있는데, 이는 어차피 국제독점자본주의 단계로까지 나아갈 수 없는 오늘날의 자본주의에 있어 나름의 차선책이라 볼 수 있다(제5장 참조).

중요한 것은, 이 같은 전략은 나름의 국내외 양대 시장이 주는 기회를 모두 충분히 활용하는 전략에 속한다는 점이다. 왜냐하면 먼저 자신 내부 자원을 충분히 활용한 기초 위에서 해외시장의 활용을 모색하기 때문이다. 그리고 선진국 국독자의 이 같은 전략이 나름의 성과를 거둘 수 있는 것은, 무엇보다도 우선 자국 국내시장의 잠재력을 최대한 발휘할 수 있음에 있다. 국내시장 기초가 튼튼하기에 선진국들은 국가 간 시장개방 협상에서도 개발도상국에 비해서 상대적으로 유리한 위치를 점할 수 있다. 또 지구화 시대 경쟁력의 핵심인 첨단과학기술의 개발과 관련하여서도, 이것은 관련 기술에 대한 직접적인 거액의 투자와 함께 사회적으로는 교육과 사회보장 부문에 대한 장기적인 투자가 요구되는데, 서구의 선진국 국독자는 '복지국가'라는 기본체계를 유지함을 통해 나름의 국내의 관련 역량을 최대한 활용한다고 할 수 있다.

이와 비교할 때 신식국독자는 **두 개 시장**의 기회를 충분히 활용하는 데에 치명적인 결함이 존재한다. 지금까지 보아왔듯이 그것은 처음부터 국내시장의 희생 위에서 해외시장의 성공을 도모하는 방식이다. 이 때문에 양자를 비교하면 신식국독자는 분명 양대 시장을 이용하는 전략의 측면에서도 효율적이지 못하다. 이는 장기적으로 선진국 국독자에 비해 생산력 수준이 지속적으로 낮을 수밖에 없는 결과를 초래한다.[020]

---

[020] 중국의 '개혁개방론'은 두 개 시장의 활용에 관한 체계적 이론이라고 할 수 있다. '두 개 시장 활용론'은 실제 중국 학계에서 의미 있게 사용되고 있다. 우리는 보통 '개혁'과 '개방'을 나란히 사용하지만, 원래 전자는 기존의 사회주의 계획경제에 대한 사회주의시장경제로의 개혁을 의미하며, 그 때문에 대내적인 지향성을 갖는다. 이에 대해 후자는 국내와 해외 두 개의 시장을 모두 적극 활용하여 생산력 발전을 극대화하자는 의미를 담고 있으며, 따라서 그 강조점은 대외적인 지향성에 두어진다. 이렇게 볼 때 오늘날 중국 사회주의시장경제 건설의 커다란 성공은 이 개혁과 개방 양자의 공헌이라고 볼 수 있다.

7.3. 전기 신식민지국가독점자본주의의 전환

7.3.1. 신식국독자 초기형태의 성립과 그 전환의 필연성

한국에서 언제 신식국독자가 성립되었는지를 먼저 살펴보기로 하자. 국독자는 국가독점과 사적독점의 밀접한 결합으로 생겨난다. 그 때문에 국독자에서 이 두 가지 요소의 존재는 그 성립을 위한 전제조건이다. 국독자 성립을 위한 이 같은 일반적 요구를 적용할 경우, 서구의 선진국 국독자든 한국의 신식국독자든 국가독점과 사적독점이 모두 존재해야 한다는 기본조건을 만족시켜야 한다.

그런데 이들 두 가지 독점 형식이 성립되는 순서에서 선진국 국독자와 신식국독자는 차이가 있다. 선진국 국독자가 사적독점이 먼저 보편화된 후 그 기초 위에서 국가독점이 발전한 것이라고 한다면, 한국의 신식국독자는 그 반대로 국가독점의 형성으로부터 사적독점이 형성(보편화)되는 경로를 겪었다. 그 때문에 설령 1960년대 초기에 국가 주도의 경제개발이 시작되었다고 할지라도, 이 시기를 곧바로 신식국독자가 성립한 시기로 볼 수는 없다. 왜냐하면 이 시기엔 국가독점이 형성되었더라도 사적독점은 아직 미진하였기 때문이다.

한국에서 이 양자가 모두 갖추어진 시기는 1980년대 전반이라 할 수 있다.

이 시기가 되면 재벌이 국가를 대신하여 한국경제를 주도하는 '재벌체제'가 초기적으로 정식 성립한다(재벌체제의 성립과 관련해서는 이후 제8장에서 다룬다). 그리고 주지하다시피 재벌은 사적독점의 한국적인 특수 형식이다. 물론 한국에서 재벌이 처음 등장한 것은 그보다 훨씬 이전인 1950년대로 거슬러 올라간다. 그러나 당시만 하더라도 재벌의 시장지배 원천은 주요하게는 제도적인 진입장벽이었지, 기술적 우위에 기초한 것은 아니었다. 제3차 경제개발 5개년계획의 중점사업으로 1970년대 들어 중화학공업화 정책이 본격 실시된 후, 1980년대에 들어선 후부터는 **기술적 우위를 바탕으로 한 근대적 독점이윤의 확보**가 비로소 가능해졌다.[021] 따라서 이 시기가 되어서야 한국에는 국가독점과 사적독점이 모두 형성됨으로써 신식국독자 초기형태의 출현이 이루어지게 된다.

신식국독자의 성립 시기와 직접 관련된 것은 아니지만, 학계에서는 조금 다른 형태의 논의가 있다. 즉 한국경제에서 언제부터 '국가 동원체제'의 기본 틀이 마련되었는지에 관한 것인데, 이 역시 우리의 논의에 참고가 될 수 있기에 잠깐 소개키로 한다. 그에 따르면 '수출주도형 경제'가 나타난 1960년대 중반을 중요한 시기로 지목한다.

"…우리는 1965년경에 주목한다. 1965년경은 한국경제에서 수출이 차지하는 비중이 높아지면서 '국가동원체제'의 한 요소로 수출드라이브가 자리 잡은 시점이다. 제1차 5개년 계획에서 수출은 그리 큰 역할을 부여받지 못했으며 수출이 급증한 것은 의도하지 않은 결과였다. 수출이

---

021 《한국자본주의 발전모델의 역사와 위기》, p.56.

 후기 국가독점자본주의론과 한국사회 성격 - 하

기존 경제계획에 되먹여지면서 다른 제도들도 자리를 잡아갔다. 예컨대 수출 실적이라는 명확한 수치는 투자의 사후 검증에 확실한 근거를 제공하게 되었다. 또 1965년 금리자유화가 이후 실패하고 경제위기가 닥치자 신용통제로 돌아서면서 신용할당제의 효과에 대해 확신을 가지는 계기를 제공한 시기이기도 하다. 1945년 이후 해방공간에서 1965년경까지는 국가형성기로 설정하고, 1965년부터 1972년경까지는 국가동원체제의 기본 틀이 마련되는 시기로 자리매김할 수 있다."[022]

필자는 이 같은 국가 동원체제의 성립 시기에 관한 논의가 의미가 있다고 본다. 그런데 그것은 바로 '국가독점'이 성립하는 시기로 볼 수 있으며, 만약 이 시기의 한국 자본주의의 성격을 규정한다고 한다면 그것은 '국가자본주의'라 할 수 있다. 하지만 아직은 신식국독자는 아니다. 그 때문에 이것이 갖는 역사적 의의는 바로 국가자본주의(즉 국가 동원체제)를 통해 아직 미약한 사적독점을 육성하는 데 있다. 다시 말해서, 이 같은 국가 동원체제가 수립됨으로써 비로소 한국에서는 신식국독자가 준비될 수 있었다는 것이다.

이처럼 신식국독자는 선진국 국독자가 사적독점이 먼저 형성된 후 그 기초 위에서 국가독점이 발전한 것과는 달리, 국가독점의 형성으로부터 사적독점이 형성되는 정반대의 경로를 겪었다.[023] 그 때문에 신식국독자의 초기형태는 자연히 국가 주도성을 특징으로 하며, 역사적 지위에서 보면 그것은 사적독점

---

022 《한국자본주의 발전모델의 형성과 해체》, p.222.

023 〈성격과 임무〉는 이 점을 간과하였기에 한국 자본주의의 시기 구분에서 오류를 범하였다. 이 문건에선 1950년대 후반을 한국에서 독점자본주의가 성립하는 시기로 보았는데, 그래야만 국가 주도의 경제개발이 본격화한 1960년대를 신식국독자가 성립한 시기로 규정할 수 있기 때문이다. 이는 독점자본주의의 '내적 특성의 전면화'로서 국가독점자본주의라는 시각을 기계적으로 적용한 결과이다.

의 완성을 자기 사명으로 하는 **과도기적**인 성격을 지녔다. 이는 한국 신식국독자가 이후 진전을 계속함에 따라 그 초기형태가 부정되고 필연적으로 새로운 형태로 전환될 수밖에 없음을 의미한다. 이 같은 전환은 다음 3가지 요인에 의해 초래하게 된다.

첫째, 사적 독점자본의 발전이다. 한국에서는 '재벌'이라고 불리는 사적 독점자본이 경제개발과 함께 점차 형성되어 강화되었다. 대체로 한국에서 '재벌체제'가 형성된 시기는 1980년대 전반이라고 할 수 있는데, 이는 중화학공업 부문에 대한 본격적 투자가 이루어진 시기와 겹친다. 재벌은 그 성립 초기엔 국가 주도의 경제개발을 통해서 많은 혜택을 입었지만, 일단 일정한 성장을 이룬 후부터는 국가의 규제와 통제에서 벗어나기 위한 시도를 본격화하였다.

1970년대 중화학공업 부문에 대한 과잉투자로 말미암아 1980년대 들어서 정부 주도로 산업구조조정이 실시되었다. 이 과정에서 정부가 기업 부실을 은행에 전가함으로써 전반적인 은행의 부실화가 발생하였다. 한국 정부는 이에 대한 해결책으로 제2금융권의 제도화와 직접금융시장의 육성을 적극 추진함으로써 기업자금의 조달통로를 확대해 주었다. 재벌들은 이 기회를 이용해 제2금융권에 적극 진출함으로써 단기 운전자금을 안정적으로 확보할 수 있게 되었고, 생명보험사나 리스회사 등을 통해 장기설비자금까지 조달할 수 있게 되었다. 특히 1980년대 중후반 '3저 호황'을 통해 강화된 재벌기업들의 내부 자금조달 능력 제고는 이후 재벌의 자율성을 한층 제고시켰다. 이상은 기존 신식국독자의 국가 중심의 신용할당 체계를 크게 약화시켰으며, 재벌이 정부의 통제에서 벗어나는 중요한 계기로 작용하였다.[024]

---

024 이상 《한국자본주의 발전모델의 형성과 해체》, pp.165-166,177-178 참조함. 재벌체제와 관련해서는 제8장에서 별도로 다룬다.

둘째, 노동자계급의 성장이다. 이는 경제개발과 사적독점의 발전이 필연적으로 초래하는 동전의 다른 측면이라 할 수 있다. 한국의 노동자계급은 1960년대 초반 경제개발이 시작된 이래 빠른 양적 성장을 이루었다. 도시 임금노동자의 수는 1960년 130만 명에서 1970년에는 340만 명으로 증가하였으며, 특히 1970년대 중화학공업화가 본격화한 이후 그 성장세가 더욱 두드러져 1980년대 중반에는 800만 명에 달하였다.[025] 이처럼 양적으로 거대한 계급으로 성장한 한국 노동자계급은 개발독재 체제하의 군사적 통제와 초과 착취를 언제까지 감내하려 하지 않았다. 한국의 노동자계급은 1960년대 유아적인 형성기를 거쳐, 1970년대에는 초보적으로 의식화와 조직화에 성공하였으며, 1980년대 들어서는 더욱 비약적인 발전을 이룸으로써 마침내 1987년 7-8월 대파업 투쟁을 낳았다. 이렇듯 이미 각성하고 조직화 된 노동자계급은 더 이상 기존 신식국독자의 개발독재 체제로는 관리하기가 힘든 세력이 되었다.

셋째, 국제적인 자유화와 개방화의 압력이다. 앞서 두 가지 요인이 국내적인 성격이었던 반면에, 이 세 번째 요인은 외부요인으로서 한국 사회의 종속성과 관련이 있다. 1980년대 들어 미국의 전 세계에 대한 개방 압력이 강화되었는데 한국경제 역시 그 영향을 크게 받았다. 1980년대 중반 이후 한국의 대미 국제수지 흑자가 커짐에 따라 미국의 개방 압력은 매우 거세졌으며, 미국은 한국을 일반특혜관세대상(GSP)에서 제외하는가 하면 이른바 슈퍼 301조라는 무역 보복 수단을 동원하여 개방을 강제하였다.

이상 세 가지 요인은 모두 신식국독자의 자체 내적 요인으로서, 신식국독자의 발전에 따라 동반 발전하는 특징을 갖는다. 그리하여 그 발전이 일정 수준

---

025 구해근, 《한국 노동계급의 형성》, p.55,64.

에 이르게 되면 이들 요인의 종합적인 작용에 따라 종래의 신식국독자를 구성하는 기제는 효력이 상실되고 그 초기형태가 부정된다.

여기서 앞의 두 가지 요인은 국내적인 것이기에 그것을 신식국독자의 내적 요인으로 분류하는 데는 별반 이의가 없으리라 본다. 다만 겉보기에 국외적 요인인 셋째 요인(현대 제국주의)까지를 내적 요인으로 분류하는 데는 이견이 있을 수 있다. 이에 대해 필자는 **객관 실체**로서의 한국 사회의 국내외적 요인의 분류기준과 이 같은 실체의 **개념적 반영**으로서의 신식국독자의 분류기준은 구분되어야 한다고 본다. 전자는 한국 사회라는 실체를 기준으로 그 내부와 외부를 가르는 기준임에 비해서, 후자의 경우는 현대 제국주의와 연관된 신식민지성이기 때문에 신식국독자 개념 안에 포함되는 것이 타당하다.[026]

한국의 신식국독자가 자신의 초기형태를 전면 수정하는 계기는 1970년대 후반의 '과잉생산' 위기로부터 주어졌다. 비록 당시 과잉생산의 발단이 해외로부터 주어진 것이긴 하였지만, 해외시장에 지나치게 의존하고 있던 한국 신식국독자는 그 충격이 선진국 국독자보다 더욱 크지 않을 수 없었다. 우선, 기업들의 무책임한 과잉투자 관행으로 인해 과잉설비 규모가 지나치게 커서 그 후유증 또한 매우 컸다. 이는 국가가 신속한 경제개발을 위해서 재벌들에게 거의 맹목에 가까운 지원을 수행하던 '국가-재벌 동원체제' 때문에 재벌들이 "경쟁과 이윤 동기가 취약한 투자 확대"[027]를 관행적으로 수행한 결과였다. 다음

---

026 이 같은 외적 요인을 규정짓는 '현대 제국주의'는 1970~80년대를 통해 지속적으로 자기 변모하며, 그 후기로 갈수록 '신자유주의'를 통해서 자유화와 개방화 이념을 전 지구적으로 전파한다. 이 때문에 한국의 신식국독자의 형성과 발전에서 이 같은 현대 제국주의와 관련된 요소는, 그 대외 의존성을 매개로 국제적인 자유화 및 개방화 압력의 성장과 비례하여 내부적으로 끊임없이 커지게 된다. 이는 한국의 경제개발이 이루어질수록, 즉 신식국독자가 발전할수록 이에 비례하여 확대되는 경향이 있다. 이 점은 1980년대 중후반 '3저 호황'을 겪으면서 한국의 대미흑자가 늘어나자 이를 빌미로 한국에 대한 미국의 개방 압력이 더욱 강화된 데서도 알 수 있다. 이 과정은 1997년 IMF 외환위기를 겪으면서 한국이 '완전 개방'을 할 때까지 지속된다.

027 《한국자본주의 발전모델의 형성과 해체》, p.168.

으로, 거액의 중화학공업 관련한 설비자금의 조달을 해외 차입에 의존하고 있던 관계로 이에 대한 외채상환 압박은 국가를 거의 부도 위기로까지 내몰았다. 결국 IMF 등 미국이 주도하는 국제통화신용기구 등의 도움과[028], 또 새로 들어선 신군부 정권의 강제적인 구조조정을 거치면서 겨우 국가부도 위기와 심각한 경제위기에서 벗어날 수 있었다. 그러나 그 충격파는 '3저 호황'이 도래하기 전인 1980년대 중반까지 내내 지속되었다. 이 같은 충격으로 인해서 기존 한국 신식국독자의 조절 기제들은 심각한 타격을 입고 그 기능을 점차 상실하였다.[029]

7.3.2. 선진국독자로 전환의 좌절

한국의 신식국독자는 1987년을 기점으로 그 초기형태를 마감하고 새로운 형식으로 전환한다. 우리는 전자를 '전기 신식국독자'로 그리고 후자를 '후기 신식국독자'로 부를 수 있을 것이다. 물론 이는 1987년 이후의 한국 사회가 여전히 '신식국독자'라고 하는 전제가 깔려 있다. 그 이유에 대해선 다음 절에서 설명하기로 하고, 여기서는 그에 앞서 한국의 신식국독자가 과연 선진국 국독자로 전환할 기회는 없었는지, 그리고 그러한 전환이 최종적으로 실패할 수밖

---

028 당시 4대 채무국의 하나였던 한국은 1979~1985년 사이에 구조조정융자 5.5억 달러, 부문조정융자 2.2억 달러 등 약 7.7억 달러를 제공받았다. 이는 융자를 공여받은 35개국 가운데서 터키에 이어 두 번째로 많은 것이었다. 《한국자본주의 발전 모델의 형성과 해체》, pp.188-189. 터키와 한국은 당시 미국에 있어 대 소련과 사회주의권 봉쇄를 위한 NATO 및 동북아시아의 중요한 두 전진기지였다는 사실을 염두에 둘 필요가 있다.

029 신식국독자 초기형태는 보통 '권위주의적 개발독재 체제'라고도 불렸는데, 그것은 경제 기제의 측면에서 볼 때 '국가-은행-기업'으로 이루어지는 일종의 '국가동원 체제'의 성격을 가졌다. 이 같은 동원체제에 대한 설명 및 그 기제가 와해 되는 과정에 대해선, 《한국자본주의 발전모델의 형성과 해체》, pp.148-162,170,223-225 참조할 것.

에 없었던 이유는 무엇이었는지에 대해서 먼저 살펴보기로 한다.

한국 신식국독자의 선진국 국독자로 전환을 위한 계기는 일찍이 두 차례 있었다. 그 첫 번째는 1980년대 전반의 경제위기의 수습 과정에서 구조조정을 동반한 상층으로부터의 일련의 경제개혁이다. 두 번째 계기는 1987년 7~8월 노동자 대파업으로부터 촉발되어, 그 후 1997년 IMF 외환위기가 발발하기까지 지속되었던 노동운동의 상승 발전이다. 이들 각각에 대해서 살펴보자.

먼저 첫 번째 경우를 보면, 비록 군사쿠데타로 집권하긴 하였으나 제5공화국 신군부 정권은 국가권력을 동원하여 1980년 초반부터 경제위기에 대한 적극 수습에 나섰다. 그들은 당시 최대의 경제 현안이었던 중화학공업 분야의 과잉투자에 대해서 과감한 구조조정을 실시하는 한편, 그동안 미비했던 중소기업 정책을 보완하는 등 나름의 국내 산업 연관의 강화에 힘썼다.

예컨대 이들은 그간 경제개발과정에서 한국경제가 양적 성장에 치중했던 약점을 보완하기 위해 성숙 및 성장산업의 국제경쟁력 강화와 고부가가치화를 위한 제도적인 기반 정비를 실시하였다. 그와 함께 이들 산업의 생산 기반을 내실화하기 위해 하청 계열화, 부품소재 및 기계류의 국산화, 유망 중소기업 지원 등 중소기업 구조고도화와 기술개발 촉진을 위한 제도 정비를 확대하였다.[030] 그 덕택에 당시 세계적인 경제 불황 여파로 각국의 전반적 투자가 부진했음에도 불구하고 한국의 기계 및 전기·전자 부문의 투자는 급속히 증가하였으며, 또 산업용 화학·자동차·제1차 금속 등에서도 투자 확대와 빠른 성장이 이루어졌다. 그 결과 1980년대 전반기를 경과하면서 신흥 산업인 전기·전자와 자동차 부문이 성장기여율 면에서 전통적 성장산업이었던 섬유 및 음식료 부문

---

030 《한국자본주의 발전모델의 형성과 해체》, p.173.

을 앞지르게 되었다.

이 같은 1980년대 전반의 구조불황 산업의 조정 및 합리화, 그리고 성장·성숙 산업의 국제경쟁력 제고를 위해 실시된 중소기업 육성 및 기술개발 촉진 등의 정책 성과로 말미암아 "경공업-중화학 공업 간에 그리고 중화학 공업 간에 그 분업 연관이 한층 심화되었고, 이와 함께 대기업-중소기업 간의 분업 연관 역시 크게 확대"되었다.[031] 이러한 성과를 기초로 한국경제는 이후 '3저 호황'이라는 개국 이래 최대 호경기를 맞이할 수 있었으며, 또 그것을 1990년대 이후 새로운 비약을 위한 발판으로 삼을 수 있었다.

그러나 역사가 보여주듯 이 시기 산업구조조정과 고도화의 성과는 한국경제의 구조를 근본적으로 개조하는 데까지 나아가지는 못하였다. 오히려 구조조정 후 한국의 재벌체제는 더욱 강화되었으며, 이러한 구조조정과 이를 기반으로 한 해외시장에서의 성과가 가시화될수록 이에 비례한 미국 등 해외의 개방 압력 또한 높아져 한국경제의 대외 의존성은 한층 심화하였다. 결국 신식국독자의 첫 번째 자율적 내부 조정 및 경제 합리화는 한국 사회를 신식국독자의 기본 틀에서 벗어나도록 하지는 못하였다.

두 번째 계기는 1987년 민주화 투쟁과 7-8월 노동자 대투쟁 이후부터 1997년 외환위기 직전까지 노동운동의 강력한 발전으로부터 주어졌다. 이 시기 전국 각 사업장에서는 노동조합이 우후죽순처럼 생겨났으며, 이로 인해서 노동자들의 조직률이 크게 상승하였다.

이 같은 노동자들의 역량 강화는 자연히 그동안 높은 한국경제의 성장에도 불구하고 오랫동안 미루어져 왔던 노동자들의 처우에 대한 개선을 가져오게

---

031 위의 책, p.179.

했다. 이 시기 노동자들의 실질임금은 대폭 인상되었다. 이와 관련하여 현대중공업 해고자 이갑용 씨는 1991년 3월 초의 상황을 이렇게 회고한다.

"회사는 조합원을 설득하기 위해 상여금 600%를 확정 지급해준다. 1987년 노동조합이 생기고 4년 만에, 300% 차등 지급이던 것이 600% 일괄 지급으로 바뀐 것이다. 따져보면 불과 5년 만에 10년 동안 고정되어 있던 성과급이 배로 오르고, 임금도 두 배 이상, 거기에 각종 단체협약의 인상분까지 합하면 회사가 지급해야 할 임금이 1987년보다 10배 정도는 늘어났다. …정말 회사가 망해야 하는데 어찌 된 일인지 해마다 흑자란다. 답은 그거였다. 그동안 우리가 그만큼 착취당했다는 것, 회사가 늘 피우던 엄살은 거짓말이었다는 것, 우리는 정말 바보였다는 것."[032]

또 법정 최저임금제도가 실시되었다. 1987년부터 시행된 최저임금제는 1988년과 1989년을 거치면서 점차 그 대상 범위를 확대하였으며, 상시 근로자 10인 이상인 전 사업장에 적용되기에 이르렀다. 1989년에는 법정 근로시간이 주 48시간에서 주 44시간으로 단축되었으며, 직장의료보험 적용 대상은 상시 근로자 16인 이상에서 5인 이상으로 확대되었다. 일각에서 전해지는 바에 따르면, 한국의 일부 대기업 중에는 이 시기 과거 일본이 그랬던 것처럼 대세에 순응하여 노동자들의 처우를 개선하고 고용안정을 보장해주는 대신에, 직장교육의 강화를 통하여 노동생산성 향상을 도모하는 등의 새로운 노사관계

---

032 이갑용, 《길은 복잡하지 않다》, p.116.

의 정립이 필요하다는 분위기도 존재하였던 것으로 보인다. 만약 이 같은 자본 측의 움직임이 현실로 정착되었더라면, 한국경제는 그 근저에서 저임금과 해외 수출에 기반한 경제구조를 근본적으로 바꿀 수 있었을 것이다.

그러나 이러한 노사관계에서의 새로운 조짐도 얼마 후 한국경제가 IMF 사태를 겪고, 정부가 노동운동에 대한 강경 탄압 기조를 고수하면서 결국 정착되지 못하고 수그러들고 만다. 기업들도 이러한 정부 정책에 호응해 정리해고와 비정규직 노동자를 확대하는 방향으로 나아갔다. 다음 인용문은 1997년 외환위기를 전후로 한 상황변화를 잘 보여준다.

"1997년 위기 이후 착취율 상승은 1997년 이전까지 나타났던 노동자계급에 대한 우호적인 추세들, 예컨대 국민소득에서 임금 몫이 차지하는 비중, 즉 노동소득분배율의 상승 추세, 소득분배의 불평등 개선 추세, 노동시간의 감소 추세 등이 1997년 위기 이후 중단되거나 역전되는 사실에서도 확인된다. …우리나라 노동소득분배율은 1997년 위기 이후 저하 추세로 반전되어, 2004년에는 44%까지 저하하여 1989년 수준으로 되돌아갔다. 즉 자본이 1987년 7-9월 노동자대투쟁 이후 노동에 내주었던 것을 다시 탈환한 것이다."[033]

중소기업을 육성하여 국내의 산업 연관을 강화하고 또 노동자들의 처우를 개선하여 새로운 노사관계를 정립하려던 것은, 객관적으로 보면 일종의 신식국독자의 선진국 국독자로의 전환을 위한 한국 사회 내부의 '자율적' 시도였

---

033 《한국자본주의의 축적체제 변화:1987-2003》, pp.27-28.

다고 볼 수 있다. 그렇다면 이 같은 시도가 결국 좌절되었던 원인은 무엇일까?

겉으로 드러난 직접적인 요인으로 볼 때, 우선 외부로부터의 개방화 압력을 들 수 있다. 이는 **현대 제국주의**와 관련된 요인인데, 확실히 1980년대 중반 이후 날로 거세어지는 외부의 개방화 압력은 한국 자본주의가 내적인 구조조정을 차분히 실천할 수 있는 충분한 시간적 여유를 허용치 않았다. 이는 1950년대 일본 자본주의가 내부적으로 자체 조정과정을 충분히 겪었던 상황과는 분명 차이가 있다. 미국은 1980년대 들어 국제적으로 신자유주의 정책을 내세우고 무역 공세를 강화하기 시작하였으며, 1983~85년 연속으로 발효된 미국의 무역정책은 자국 시장의 보호와 타국 시장에 대한 개방 압력을 교묘히 결합하였다. 일본·독일과 같은 주요 대미 흑자국을 겨냥하여 미국은 이들 국가를 상대로 자본시장 자유화를 포함한 개방 압력을 강화하였다.

한국과 관련해선, 1980년대 중반 이후 한국경제가 '3저 호황'에 힘입어 큰 폭의 대미흑자를 기록하자 미국의 개방 압력이 강화되었다. 이 때문에 한국의 수입 자율화 비율은 1979년 68.6%에서 1985년 87.7%로 높아졌으며, 1990년에는 다시 96.3%로 상승하였다. 관세율 역시 한미 간 통상마찰이 격화됨에 따라 1985년 21.3%에서 1989년 12.7%로 낮아졌다. 1980년대 말에는 과거 보호의 당위성을 인정받던 농산물시장까지 수입 개방 압력에 내몰리게 되었다. 금융 분야에서는 1984년 7월부터 외국인 투자에 대해서 '네거티브 시스템'이 도입됨으로써 투자 자유화 업종이 대폭 확대되었으며, 자동인가제 도입, 지분 제한 폐지, 송금 제한 폐지 등 외국자본 진출에 매우 편리한 조건이 마련되었다.[034] 이렇듯 날로 강화되던 외부의 개방화 압력은 한국이 1997년 IMF 외환위

---

034 이상 《한국자본주의 발전모델의 형성과 해체》, p.176.

기를 맞이하게 되자 그 정점에 도달하였다. 이로써 한국 사회의 자율적인 구조 전환 시도는 외환위기 과정에서 타율에 의한 개방이 강제됨으로써 수포로 돌아갔다.

선진국 국독자로의 전환이 실패한 두 번째 원인은 **'폭압적 국가권력'**의 존재 때문이다. 신군부의 제5공화국 정권하에서 일정한 자율적인 구조조정이 이루어졌다고는 하지만, 그것은 결코 저임금·장시간 노동으로 대표되는 전체 민중에 대한 수탈 구조를 근본적으로 바꾼 것은 아니었다. 오히려 그 같은 기존체제를 더욱 유지하고 강화하려는 동기에서 이루어진 것이었기에 근본적인 한계가 있었다. 총으로 권력을 장악한 전두환 정권은 노동 입법의 개악을 통해서 노동 3권을 극도로 제한하였으며, 제3자 개입 금지, 교섭단체위임 승인제, 유니온샵 폐지 등의 제도 개악을 통해 노동조합 활동을 약화시켰다. 또한 '사회정화'의 이름 아래 노동조합 지도자들과 조합원들을 폭력적으로 탄압하기도 하였다.

안정화 정책에 따른 물가안정 목표의 실현을 위해서 임금 비용의 상승을 극도로 억제함에 따라 1980년과 1981년 실질임금은 감소하였다. 이렇듯 계속된 임금 억제로 1985년까지 임금 상승률은 노동생산성의 상승률에 훨씬 뒤처졌으며, 노동시간은 계속해서 늘어났다. 농민에 대한 수탈정책도 강화되었는데, 물가안정을 이유로 추곡수매가를 동결시켰다. 주곡 가격의 인상을 억제하고 그 대신 복합영농이 제시되었지만, 수급불균형과 계속된 가격폭락으로 적자에 허덕이는 농가는 더욱 증가하였다. 이리하여 호당 농가 부채는 1980년 33만9천 원이던 것이 1986년 219만2천 원으로 6.5배가 늘어났다.

이렇듯 노동자와 농민 등 민중을 희생시켜 '국가-재벌 동원체제'의 비효율성을 극복하려는 과거의 정책이 되풀이되었다.[035] 신식국독자의 선진국 국독자로의 전환을 위해선 앞서 언급했듯이 노동력을 비롯한 국내 자원의 최대한의 개발 및 활용이 이루어져야 하며, 이를 위해선 임금 상승이 원활하게 이루어져야 한다. 그러나 이상과 같은 초과 착취와 수탈정책은 국내시장의 발전을 억제하고 희생을 강요하는 것이었으며, 이 때문에 한국경제의 대외 의존성은 근본적으로 탈피할 수 없었다.

이처럼 신식국독자의 기존 정책이 1980년대 들어서 지속될 수 있었던 원인을 따지자면 바로 '폭압적 국가권력'의 존재 때문이라 할 수 있다. 한국 국가권력의 폭력적 기제는 6·25전쟁을 거치면서 크게 강화되었다. 그 후 남북한의 대치 상황에 기대어 방대한 군대와 경찰력을 계속해서 유지하는 한편, 국군 보안사와 중앙정보부 등 정보 사찰 기구들도 한층 강화되어 이를 민간 사찰에 상시적으로 이용하였다. 이 시기엔 노조결성 시도조차 '반공'의 이름 아래 탄압받았으며, 언론과 사상의 자유가 심각히 억압받는 사회적 분위기 속에서 노동운동이 제대로 성장하기가 힘들었다. 이 같은 상황은 1987년 6월 항쟁과 7-8월 노동자 대투쟁을 겪은 후 일부 '형식적 민주주의'의 실현에도 불구하고 근본적으로 변화되지 않았다. 이는 결국 한국의 신식국독자가 저임금에 기반한 기본 체제에 안주할 수밖에 없도록 만들었다.

선진국 국독자 전환이 실패한 세 번째 원인이자 가장 중요한 요인은 바로 **재벌**의 존재이다. 외부의 개방 압력이 비록 국내의 자율적인 조정과정을 좌절시킨 직접적 요인이긴 하지만, 그러나 이는 표면적인 것에 불과하다. 현대 제국주의는 구제국주의의 직접적인 정치적 지배와는 달리 경제를 매개로 한 간접 통

---

035 위의 책, p.171.

치방식을 사용한다. 그 때문에 전면 개방 요구와 같은 현대 제국주의 정책은 반드시 신식민지 국가 자체의 내적 요인을 매개로 한 경우에만 비로소 관철될 수 있다. 국제적으로 볼 때도 똑같은 외부 압력 속에 각국의 개방화 정도는 다르게 나타남을 알 수 있다.

여기서 한국 사회의 경우 외부의 개방 압력을 내부적으로 관철하는 데 일조한 요인은 먼저 앞서 거론했던 '폭압적 국가권력'을 들 수 있다. 그러나 그것도 신식국독자 자체의 '저임금 구조'를 유지할 내부적 요구가 없었다고 한다면, 비록 남북한 간의 대치 상황을 염두에 둔다고 하더라도 그 폭압성이 장기간 지속될 이유는 적어진다.

결국 문제는 해외시장에 자신의 주요한 이윤 실현 기반을 두고 있으며, 이를 위해 국내시장의 희생을 요구하는 재벌에 있다. 그들은 한국의 경제개발 초기에는 외화획득을 요구하는 정부의 강력한 지상명령 때문에 일찍부터 해외시장에 나가 외화를 벌어들여 와야만 하였다. 그리고 차츰 내부의 이윤 축적이 진행되고 자본 규모가 확대됨에 따라 초기의 외채상환을 위한 외화획득 압력은 줄어들었지만, 그 대신 자신의 대량 생산품의 실현 공간으로서 협소한 국내시장보다는 해외시장을 더욱 중시하게 되었다. 이유야 어떻든 간에 재벌이 이렇듯 줄곧 해외시장에 대한 의존성을 강화함으로써 국내의 저임금 구조도 계속해서 유지되어야만 하였다. 왜냐하면 신식국독자의 낮은 생산력 때문에 재벌들이 선진국의 독점자본들과 경쟁하기 위해서는 국내의 저렴한 임금 비용을 주요한 경쟁력으로 삼을 수밖에 없었기 때문이다.

실제로 외부의 개방 압력에 대해서 재벌은 처음에는 소극적인 태도를 보이다가, 나중에는 적극적인 지지자로 변하는 모습을 보여주었다. 예컨대, 1980년대 전반까지만 하더라도 재벌들은 자신의 국내시장에서의 독점적 지배를 유지할 목적으로 개방 시기를 늦추어야 한다고 주장했다. 그러나 1985년 경상수지 흑자가 실현되면서 개방을 요구하는 통상마찰이 심화하자, 개방의 불가피성을 인식하고 주력 품목의 수출을 위해서 "줄 것은 주어야 한다"는 논리로 변신하였으며, 이 같은 개방불가피론을 자신들의 '경제 자유화론' 혹은 '민간 주도 경제론'과 결합하려 하였다.[036]

재벌은 이때부터 국내에서 가장 적극적인 개방 옹호론자가 되었는데, 1990년대의 자본시장 개방에서부터 서비스업을 포함한 한국경제의 전면 개방을 초래한 2005년 한미 FTA 협상 타결에 이르기까지, 삼성을 필두로 한 한국 재벌들의 입김이 크게 작용하였음은 이미 잘 알려진 사실이다.

이렇듯 다름 아닌 폭압적 국가권력과 재벌 등 **신식국독자 기본체제** 자체가 자신의 선진화를 가로막는 가장 중요한 요인이었다. 1987년 이후 1990년대 중반까지 노동자 대파업 등 계급투쟁의 활성화를 거치면서 비록 일부 내부 개혁이 이루어지긴 하였지만, 그것도 결국 IMF 위기를 겪으면서 신식국독자 기본체제의 근본적 변화를 가져오는 데는 실패하였다.

---

036 《한국자본주의 발전모델의 형성과 해체》, p.176. 사실상 1980년대 후반 무렵 한국 독점자본의 국제독점자본으로의 변신이 시작되었다고 할 수 있다.

7.4. 후기 신식민지국가독점자본주의론

7.4.1. __4가지 지표__

지금까지 전기 신식국독자 전환의 필연성과 그것의 선진국 국독자 전환의 좌절에 대하여 살펴보았다. 그렇다면 이런 전환 이후의 한국 사회는 여전히 '신식국독자'라는 결론은 논리적으로 타당하다. 왜냐하면 현 단계 자본주의는 전체적으로 볼 때 여전히 국가독점자본주의 단계에 머물러 있으며, 그 때문에 어느 한 사회가 만일 국독자라면 그것은 당연히 선진국 국독자이든지 혹은 신식국독자이든지 둘 중 하나일 수밖에 없기 때문이다. 이렇게 볼 때 필자는 현재의 한국 사회를 그 전기와 구분하여 '후기 신식국독자'라고 부르는 것이 타당하다고 생각한다.

그런데 현재 한국의 이론진영에서는 1987년 이후 국가 주도의 경제개발이 민간 자본 주도의 경제로 바뀌었고, 또 과거 권위주의적인 정부가 민주주의 형태로 바뀌었다고 해서 한국 사회의 성격이 근본적으로 변화된 것처럼 바라보는 시각이 지배적이다. 이는 사실상 신식국독자에 대한 그간의 잘못된 인식에서 나온 것이라 할 수 있다. 물론 현재의 한국 사회가 여전히 신식국독자인가라는 문제에 있어 단순히 위의 삼단논법 식 결론에만 의지할 수는 없다. 우리는 앞서 전기 신식국독자에 관한 논의를 통해서 그것이 갖는 **4가지 기본 특징**을 추출할 수 있다. 즉 대외 의존성, 저임금 구조, 폭압적 국가권력, 재벌체제가 그것이다. 이들 4가지 특징은 모두 선진국 국독자와는 다른 신식국독자 고유의 특징을 잘 나타내며, 내부적으로는 상호 긴밀한 연관성을 형성한다. 이들 **지표**를 사용하여 우리는 지금의 한국 사회 성격에 대한 보다 정확한 판단을 내릴 수 있다.

(1) 대외 의존성

한국경제의 대외 의존성은 우선 대외무역과 수출이 전체 경제활동에서 차지하는 비중이 지나치게 크다는 점에서 확인된다. 이는 한국경제가 과거와 마찬가지로 국내시장보다 해외시장에 크게 의존하고 있음을 보여준다.

아래 표7-6에서 보듯이, 외환위기 전인 1988년과 1997년 무역의존도는 각각 59.4%와 58.7%이었다. 그런데 외환위기 이후인 2004년과 2005년 이 지표는 각각 72.8%와 71.2%로 높아졌다. 또 2013년과 2014년에는 다시 102.8%와 95.9%로 한 단계 더욱 높아진 것을 알 수 있다. 이는 한국경제의 대외의존도가 시간이 지남에 따라 더 심해지고 있는 추세를 보여준다.[037]

무역의존도의 증가는 양적 측면에서 대외 의존성의 강화를 보여주긴 하지만, 그 질적인 좋고 나쁨을 보여주지는 못한다. 그 때문에 질적인 판단을 위해서는 다른 보조적인 지표가 필요하다. 이와 관련하여 1990년대 들어선 이후 국내 산업 연관의 약화 때문에 수출 증가가 생산 증가를 유발하기보다는 수입 증가를 유발하는 효과를 낳고 있는 문제점에 대해 주목할 필요가 있다. 한

---

[037] OECD 자료에 따르면 2022년 기준 한국의 GNI 대비 수출입 비율은 94.8%이다.

연구 결과에 따르면, 수출 증가의 생산유발계수는 1990년 1.99에서 2000년 1.87로 감소한 반면, 수출 증가의 수입유발계수는 1993년 0.28에서 2000년 0.37로 증가하였다. 그리고 수출의 취업유발계수 즉 수출이 10억 원 증가할 때 늘어나는 일자리 역시도 1990년 46.3 명에서 2000년 15.7명으로 10년 동안 66%나 감소하였다. 이는 "대기업과 중소기업 간의 분업 연관 약화, 수출기업과 내수기업 간의 분절, IT산업과 비IT산업 간의 양극화 등의 결과"[038] 때문이다.

한국경제의 대외 의존성을 잘 나타내 주는 다른 지표로는 생산수단의 수입 의존도라고 할 수 있다. 이 지표는 1990년대 중반까지 감소 추세를 보이다가 그 이후 다시 증가하는 양상을 보여준다. 예컨대 중화학공업에서 사용하는 중간투입(원자재, 부품) 중 수입품의 비중이 1970년 49.2%에서 1993년 25.7%까지 감소하였는데, 그 후 감소세가 중단되어 2000년에는 32.1%까지 증가하였다. 특히 제조업 부문 전체의 민간 총고정자본 형성 중 수입품의 비중은 1993년 31.3%에서 1995년 37.6%, 2000년 42%로 급증하였다.[039]

표 7-6. 한국의 무역의존도(GDP 대비, %)

항목/년도	1988	1989	1996	1997	2000	2004	2005	2013	2014
수출	33.0	27.9	25.3	29.0	35.0	38.3	36.8	53.9	50.6
수입	26.4	25.7	28.2	29.7	32.9	34.5	34.4	48.9	45.3
무역의존도	59.4	53.6	53.5	58.7	67.9	72.8	71.2	102.8	95.9

출처: 국가통계포털(KOSIS)
※(1) 재화와 서비스의 수출, (공제) 재화와 서비스의 수입. (2)명목 GDP 대비. (3) 2010년 통계 기준에 따름.

---

038 〈한국 자본주의의 축적체제 변화〉, p.48.

039 위의 책, pp.48-49.

이처럼 1990년대 이후 한국경제의 대외무역 비중이나 수출의존도가 그 이전보다 더욱 높아졌으며, 그 때문에 대외 의존성이 한층 심해졌다. 그러나 이 시기 한국 사회의 대외 의존성 문제의 핵심은 그것들보다 **'자본시장 전면 개방'**과 관련된다고 할 수 있다. 이점은 후기 신식국독자 전체를 통틀어 그 전기 때와 구분되는 가장 중요한 특징이라 할 수 있다. 그것은 경제개발 초기에 투자자금의 해외 조달과 이를 상환키 위한 수출주도형 경제의 고착화로부터 생겨났던 '대외 의존성'과 대비되는 것이며, 또 이후 중화학 공업화의 진척에 따라 과잉 생산물의 해외시장 판매를 위한 '대외 의존성'과도 구분된다.

한국의 자본시장 개방은 1980년대 들어서서 시작되었는데, 1997년 IMF 외환위기를 맞으면서 그 정점에 이른다. 그 후 2005년 한미 FTA에서 투자자유화와 지적재산권 보호 및 서비스분야 등 나머지 분야의 추가개방을 실행하면서, 사실상 한국경제의 전방 면에 걸친 전면 개방이 이루어졌다. 이렇듯 자본시장 전면 개방은 한국경제의 전 방위 개방을 유도하는 첨병 역할을 하였다. 사실상 이는 한국경제에 대한 현대 제국주의의 경제적 침투에서 **전면화**와 **직접화**를 의미한다. 여기서 '직접화'와 관련해서 부연하자면, 이는 전기 신식국독자에 대한 경제적 침투방식과 비교할 때 그러하다. 전기에 있어서는 상품 수출입을 통한 간접적인 방식이 주요한 것이었다면, 이제는 자본시장에 대한 직접적 투자방식으로 바뀌게 되었다. 예컨대, 다음의 인용이 이를 보여준다.

"특히 80년대 중반 이후 미국의 공격적 자유주의는 한국과 같이 수출에 대한 의존도가 극히 높은 자본주의국가의 '대외관계' 개념을 송두리째 바꾸는 것이다. 과거의 대외관계라는 것이 주로 수출입시장을 의미했다면 이제 대외관계는 자본시장의 개방을 의미하게 되었다. 80년대까지는 상품시장 개방이었지만 90년대에 이르러서는 본격적인 자본시장 개방이 요구[040] 되었다."

이렇듯 현대 제국주의의 경제적 침투방식이 바뀌게 된 것은 다음 두 측면에서 그 원인을 찾을 수 있다. 첫째는 현대 제국주의가 이 시기에 신자유주의를 전면에 내세우며 전 지구적 개방화 특히 금융 자유화를 적극 요구하였던 점을 들 수 있다. 둘째는 그간의 한국경제의 변화 역시 중요한 요인이다. 그 이전까지만 하더라도 한국경제는 아직 미성숙한 단계에 있었기에 현대 제국주의 입장에서는 상품의 수출입 무역만을 통해서도 자신의 경제적 의도를 충분히 관철할 수 있었다. 설령 자본수출이 필요하였다고 하더라도 차관이나 국제신디케이트론과 같은 간접적인 '대부자본' 형식으로 충분하였으며, 굳이 주식시장과 같이 자본시장에의 직접투자가 절실한 것은 아니었다. 그러나 차츰 한국의 경제개발이 이루어짐에 따라 그 경제성장의 과실을 효과적으로 '공유'할 수 있는 새로운 방식이 필요하게 되었다.

또한 재벌과 같은 사적 독점자본이 한국에서 성장하고 점차 선진국 자본과 경쟁하게 됨에 따라, 기존과 같이 대부(貸付)자본만의 수출로는 부족하고 좀 더 강력한 간여 수단이 필요하게 되었다. 이 같은 의미에서 볼 때도 '직접적'인 경제침투가 필요하게 되었는데, 이는 한국 자본시장의 전면 개방을 통해 주식시장에의 외국인 직접투자가 자유로워짐에 따라 실현되었다. 이제부터는 한국 사회 '내부'로부터 경제침투가 가능하게 되었으며, 그 때문에 자본시장 전면 개방은 단순히 한국경제의 대외 의존성을 넘어서 한국 사회의 종속성과 신식민지성의 **한 단계 상승**을 의미한다.

---

040 《한국자본주의 발전모델의 형성과 해체》, p.193.

자본시장 개방이 갖는 의미는 각국이 분명 다를 수 있다. 그 때문에 좀 더 구체적인 논의가 필요한데, 한국이 1997년 IMF 외환위기를 계기로 수용한 자본시장 전면 개방에 대해 우리는 미시와 거시 두 측면으로 나누어서 살펴볼 수 있다.

먼저 **미시적 측면**에서 보면, 한국에서 자본시장 개방의 중점은 주식시장의 개방이었다. 주식시장을 통해서 상장 기업에 대한 외국인 투자가 거의 무제한으로 허용됨으로써, 경제잉여가 대량으로 해외에 유출될 수 있는 통로가 마련됨과 함께, 한국 기업지배구조에도 큰 영향을 미치게 되었다. 주지하다시피 각국의 주식시장은 그 나라 최고의 우량기업들을 집결시켜 놓은 장소라 할 수 있다. 한국 주식시장 역시 그러하며, 여기엔 국내 재벌의 간판급 기업들이 대부분 상장되어 있다. 이들 기업은 그간 국가의 집중적인 지원을 받아 육성되었는데, 현재는 선진국들이 이미 경쟁력을 상실한 철강·화학·조선 분야뿐만 아니라 자동차와 전자·정보통신 등 일부 첨단 제조 분야에서도 나름의 입지와 국제경쟁력을 갖추고 있다.

이들 기업의 해외시장 경쟁력을 지원키 위해서 한국 정부는 그간 법인세 감면 등 각종 특혜를 베풀어 주고 있으며, 또 국내 독점적 시장구조를 사실상 묵인하는 한편 장시간·저임금의 노동 관행 역시 방치한다. 미국을 비롯한 국제 독점자본은 자신들이 직접 이들 제조업에 진출하지 않더라도, 이렇듯 한국 주식시장에 상장된 우량 재벌기업들에 투자하는 것만으로도 이들 기업이 각종 특혜를 통해 획득한 '초과이윤'을 전혀 힘들이지 않고 공유할 수 있게 되었다. 이에 대해 《부자 삼성 가난한 한국》의 저자 미쓰하시 다카아키는 "과점화된 시장에서 극단적인 이익을 올리는 기업의 주주 중 대다수가 '외국인'"[041]이라고 지적한다.

이런 방식으로 국외로 유출되는 국내의 경제잉여는 아래 표7-8에서 보듯 막대한 규모에 달하며, 한국 상장기업 전체 주식배당금의 30% 수준에 이르고 있음을 알 수 있다.[042]

표 7-7. 주요 기업별 외국인 지분율(2024년 상반기 기준)

기업명	외국인 지분율
삼성전자	50~55%
SK하이닉스	20~25%
현대자동차	30~35%
NAVER	25~30%
LG에너지솔루션	35~40%
셀트리온	40~45%
KB금융지주	50~55%
신세계	15~20%

자료: DeepSeek R1.

041 《부자 삼성 가난한 한국》, p.28.

042 이 밖에 시세차익으로 이들 외국인 투자자들이 얻는 수익은 더욱 막대하다. 즉 "1992년부터 2007년 9월 말까지 외국인들이 받은 누적 배당액은 총 16.6조 원에 불과하지만 국내 주식시장에서 얻은 '평가차익'의 액수는 총 306.6조 원에 이른다. 이 둘을 합치면 1992년부터 16년간 연평균 20조 원이 외국자본에 지급된 것이다. 더구나 2005년부터 2007년까지 3년간 외국인이 보유주식의 일부(40퍼센트 보유 지분 중 약 10퍼센트)를 매도해 회수한 자금만 39조 9,000억 원으로 1999년부터 2004년까지 외국인들이 투자한 원금 42조 원에 거의 맞먹는 것으로 추정된다." 《한국 신자유주의의 형성과 기원》, p.359.

년도	전체 현금배당금(조 원)	외국인 지급액(조 원)	비중(%)
2020	24.5	7.2	29.4%
2021	28.7	8.6	30.0%
2022	31.3	9.8	31.3%
2023	27.1*	8.3*	30.6%

자료: 한국은행, 금융감독원 DART

한국 재벌기업들이 국내외 시장을 통해서 아무리 많은 돈을 벌어도 그 이윤의 1/3가량은 외국인들 손에 넘어가게 됨으로써, 결국 한국 민중들은 애써 일해서 남 좋은 일만 시켜주는 꼴이 된다. 외환위기 이후 한국경제의 지속적인 외형적 성장과는 달리 대다수 민중들이 시간이 갈수록 빈곤해지는 이유를 우리는 상당 부분 이러한 경제잉여의 대량 유출에서 찾을 수 있다.

그뿐만 아니라 '자본시장 전면 개방'으로 인하여, 외국인들은 필요할 경우 언제고 적대적 M&A라는 방식으로 한국 상장 기업에 대한 사냥에 나설 수 있다. 이는 미국과 선진국 자본에 있어선 자국 정부가 쉽게 찍어 낼 수 있는 종이화폐(달러와 유로)를 가지고 한국 민중들이 수십 년간 허리띠를 졸라매며 키운 국내 우량기업과 맞바꿀 수 있음을 의미한다. 이들 외국자본의 이 같은 위협 때문에 이제 한국 기업들은 자신의 소유권 방어에 많은 자금을 쏟아붓지 않으면 안 되게 되었다, 특히 재벌개혁에 필요한 '출자총액제한' 제도의 엄격한 실시를 제약하는 등, 한국 재벌집단의 낡은 기업지배구조를 유지하는 데 자본시장 전면 개방은 간접적인 공헌을 하고 있다.

이 같은 직접적인 적대적 M&A 위협이 아니더라도, 외국인 투자자의 국내 증시에서의 점유율 확대(특히 몇몇 우량기업에의 투자집중)는 자연히 평상시에도 주요 상장 기업들의 의사 결정에 이들 외국인의 입김이 강해지지 않을 수 없게 만든다. 국내 유수 대기업들이 요즘 장기적인 투자에 관심을 기울이지 못하고 눈앞의 경쟁력 유지와 단기수익에 급급해하는 관행은, 이처럼 많은 지분을 보유하고 있는 외국계 투자자들의 단기이윤 추구 성향과 일정한 관계가 있다.[043]

다음으로, '자본시장 전면 개방'의 **거시적 측면**에 대한 영향을 살펴보자. 이는 한국 정부가 수행하는 화폐금융정책의 효력을 약화시키고 국내 금융시장에 대한 달러의 영향력을 증대시키는 점을 들 수 있다. 현대 시장경제에서 화폐금융 수단은 재정 수단과 함께 각국 정부가 국민경제에 개입할 수 있는 중요한 방식이다. 자본시장이 전면 개방되고 외국인들이 주식시장과 시중은행 지분의 점유 비중을 높임으로써 한국 정부의 화폐금융정책의 효과는 적지 않게 반감 되었다. 외국자본이 경영에 참여하고 있는 은행과 금융기관이 "정부의 방침을 잘 따르지 않으며, 리스크 관리 시스템의 공동책임을 부정하고 무임승차하려는 경향"[044]이 크게 나타나고 있는 것이 그 원인이다. 이는 결국 국가의 경제

---

043 예컨대, 외환위기 이후 한국 상장 대기업들의 배당률이 높아진 것도 외국인 투자가들의 성향과 상관이 있다. 즉, "요즘에는 삼성전자만이 아니고 우리나라 10대 상장사, 100대 상장사가 모두 비슷하게 행동하면서 매년 합쳐서 30조~50조를 국내외 주식 투자자들에게 분배하고 있어요." (장하준·정승일·이종태, 《무엇을 선택할 것인가》, p.227.) 그런데 이 같은 막대한 배당금은 원래 제약이나 바이오, 정밀화학, 첨단부품소재, 우주항공처럼 앞으로 10~20년 걸려 개척해야 할 산업 쪽으로 과감하게 투자되어야 할 돈이었다. 그렇게 하지 못하는 이유는 바로 외국인 투자가들의 압력 때문인데, 다음 인용문을 보면 대충 그 사정을 짐작할 수 있다. "지난 2005~2006년에 칼 아이칸이라는 미국의 투기자본이 담배인삼공사라고 지금의 KT&G의 주식을 대량 매입한 뒤 경영권에 도전하겠다고 선언한 적이 있습니다. 이른바 적대적 M&A 위협이죠. …결국 아이칸이 승리했어요. 그 부동산을 팔게 한 거죠. 그러고는 그렇게 해서 발생한 해당 연도 특별 이익을 한 푼도 남기지 않고 모두 배당금으로 주주들에게 나누도록 요구했어요. 앞서 말했듯이 아이칸과 경영권 분쟁을 벌이던 KT&G의 주주 이익 분배율은 무려 156퍼센트에 달했습니다." 위의 책, pp.239-240.

044 《한국 신자유주의의 형성과 기원》, p.360. 국민은행을 포함해 외국자본이 지배하는 은행들은 주주가치를 내세우며, 2003년 금융시장의 불안 요인이 된 LG카드 사태 해결을 위한 자금 지원에 비협조적이었다고 전해진다. 이들은 자신들이 빠지더라도 정부가 산업은행 같은 국책은행을 내세워 LG카드 사태를 해결할 것이라는 도덕적 해이감에 빠져 있었기 때문이라는 것이다.

전반에 대한 거시조절 능력을 약화시키며, 이 때문에 정부가 수행하는 경제성장, 물가안정, 빈부격차 해소, 산업구조 고도화, 과학기술 증진과 같은 중요 정책은 제약을 받게 된다.

국내 금융시장에 대한 미국 달러의 영향력 증대와 이로 인한 외환시장의 불안정성은 자본시장 전면 개방이 가져온 또 다른 무시할 수 없는 **거시적**인 영향이다. 이는 앞서 미시적 측면과 함께 한국경제의 종속성을 심화시키며 한국 사회 전반에 대한 현대 제국주의의 규정성을 크게 강화한다.

세계 각국의 국제 분업상 위치를 보면 한국은 현재 상대적으로 제조업 강국에 속하며, 이로 인해서 대미무역에서 상당한 흑자를 보고 있다. 그런데 미국이 달러패권의 지위를 유지하기 위해서는 국제수지 적자로 인해 해외로 유출된 달러에 대해 잘 통제할 수 있어야 한다. 이 경우 한국과 같은 대미 흑자국의 자본시장 개방은 매우 중요하다. 미국의 금융업 자본은 한국 주식시장에 대한 점유율을 확대하여 일정 정도 주도권을 장악한 후, 평상시에는 얌전히 주식배당을 받고 있다가도 필요하면 언제든지 보유주식을 처분하고 빠져나갈 수 있다. 이 경우 일시에 이루어지는 외국인의 대량 매도는 1997년 외환위기 사태 때 경험했던 것처럼 주식시장을 공황 상태에 빠트리고, 필연적으로 이에 긴밀히 연동된 외환시장을 크게 교란한다.

만약 지금과 같은 상황에서 한국 주식시장에 투자한 외국 투자가들이 자신들의 주식매도 대금을 달러로 교환하여 일시에 빠져나가는 사태가 발생할 것을 상정해보자. 그 경우 한국 외환시장에서 원화 가치는 폭락할 뿐만 아니라 외화 부족으로 인해 과거와 같은 '외환위기' 사태가 재현될 수 있다. 그 때문에 한국은 이 같은 위험 상황에 빠지지 않기 위해서 대미무역에서 벌어들인 달러의 상당 부분을 수익률이 낮은 미국 국채에 투자하여 일정 수준 이상의 외환보유고를 항시적으로 갖추지 않으면 안 된다.

한국의 경우, 2001년 1,850억 달러였던 내국인의 해외 투자 잔액은 2006년 4,415억 달러로 2.4배나 증가하였다. 이는 내국인의 해외증권투자가 크게 늘어난 탓도 있지만, 준비자산 즉 **외환보유고가 2001년 1,028억 달러에서 2006년 2,389억 달러로 늘어나 해외 투자 잔액 증가분의 절반 이상을 차지한 것도 주요하게 작용**하였다. 이러한 외환보유고는 지나친 면이 있다. 자금의 기회비용인 이자율을 단순 비교할 경우, 한국의 국내 이자율이 미국의 이자율보다 일반적으로 높기 때문에 이에 따른 한국경제의 손실도 적지 않은 셈이다. 우리나라의 경우 **외환보유고 유지로 인한 재정 손실은 GDP의 0.4-0.6%**에 달한다.[045] 전반적으로 한국뿐만 아니라 외환위기를 경험한 아시아 국가들에 있어 외환보유액 수준은 상당히 높은 편이며, 일부 연구 보고에 따르면 아시아 국가들의 초과 외환보유고가 GDP의 10%를 넘는 규모라는 추정도 있다.

이렇듯 과중한 외환보유고는 달러의 국제 기축통화의 지위를 강화해주는 셈이며, 결국 한국과 같은 신식국독자의 존재와 그 자본시장 개방을 통해 미국의 패권적 지위는 더욱 강화된다.

끝으로, 이상의 분석에서 지적한 문제들에 대해 그것은 특별히 한국만의 문제는 아니고 전 지구적인 현상이라고 이의를 제기할 수 있다. 지구화 시대인 오늘날 세계 각국의 금융시장이 개방되고 긴밀하게 상호 연계된 상황에서 이 같은 문제점들은 어느 나라에서도 찾아볼 수 있다는 것이다. 오늘날 세계 각국의 금융시장 간의 연동성이 강화되었기 때문에 각국의 금융시장 안정성이 과거에 비해 많이 취약해진 것은 사실이다. 그러나 중요한 것은 그 정도에 있어 각국의 사정이 다르다는 것이며, 또 그것은 각국이 현 국제통화 질서에서 차지

---

045 《외환위기 10년, 한국금융의 변화와 전망》, pp.86-88.

하는 위치에 따라 결정된다는 점이다.

우선 미국의 자본시장은 다른 어느 나라보다도 안정적이다. 자국 내에서 문제가 발생하지 않는 한 외부의 교란 때문에 그 안정성이 해쳐지는 경우는 거의 상상할 수 없다. 이는 미국이 '달러'라는 세계화폐의 발권국이기 때문이다. 이보다는 좀 덜하지만 서구 선진 각국의 금융시장도 비교적 안정적이다. 그것은 이들도 엔화나 유로를 통해 세계기축통화에서 일정한 몫을 차지하고 있기 때문이다. 이처럼 이들은 모두 국제 금융통화체계에서 모두 나름대로 유리한 위치를 차지하고 있으며, 이점이야말로 현대 제국주의의 핵심 요소라 할 수 있다.

이와는 대조적으로 현 국제질서에서 자본시장을 개방할 경우 가장 피해를 보는 것은 개발도상국일 수밖에 없다. 여기서 신식국독자인 한국도 예외는 아니다. 한국은 위의 선진국들처럼 현 국제 금융통화체계에서 유리한 위치에 있지 않으며, 오히려 일반 개도국들보다 한국의 금융시장은 더욱 취약할 수 있다. 그 이유는 한국은 어느 정도 산업화를 달성한 나라이고 그 주력 기업들은 수출을 위주로 하며 일정한 경쟁력을 지니고 있다. 이에 비해 다른 개발도상국들은 대부분 아직 산업화를 달성하지 못한 상태여서 선진국 금융자본에게 한국만큼 별반 유인 요인을 주지 못한다. 이 때문에 한국의 금융시장(특히 주식시장)은 국제 금융자본의 주요한 공격 대상이 되기 쉽다.

그밖에 한국의 지나친 자본시장 개방도가 문제가 된다. 한국의 현재 개방화 수준이 어느 정도인지는 다음 인용문을 보면 알 수 있다.

"한국은 2009년 자본시장 개방도를 나타내는 '자본 접근성 지수(CAI)'에서도 10점 만점에 7.39점을 받아 조사 대상 122개국 가운데 12위를 기록했다. 이는 캐나다(8.25점), 홍콩(7.99점), 영국(7.95점), 싱가포르(7.92점), 미국(7.88점), 스위스(7.68점), 스웨덴(7.54점), 오스트레일리아

(7.52점)보다는 낮지만 중국(6.00점), 대만(6.54점), 일본(6.72점)은 물론 프랑스(6.99점), 독일(6.84점), 이탈리아(5.96점)보다 높은 수치이다."[046]

이렇게 볼 때, 한국의 자본시장 개방에 대해 단순히 금융 분야에서 '대외의존도'의 심화 정도로만 이해하는 것은 부족하다. 그것은 총체적으로 현대 제국주의와의 관계에서 이해될 필요가 있으며, 그럴 때만 위에서 살펴본 것처럼 현대 제국주의가 미시와 거시 양 측면에서 '직접적'이고 '전면적'으로 한국경제에 침투하여 자신을 관철하고 있는 객관 현실을 분명히 인식할 수 있다.

(2) 저임금 구조

전기 신식국독자의 중요한 특징 중 하나는 장시간·저임금 노동이었다. 이는 초기 경제성장단계에서부터 외화를 벌어들여야만 했던 한국 기업들이 해외시장 경쟁에서 의지할 수 있었던 유일한 경쟁력이었다. 그러나 이 같은 장시간·저임금 노동은 한국의 산업화가 어느 정도 달성된 오늘날에도 큰 변화 없이 지속되고 있다.

혹자는 과거 1980년대에 10만 원씩 월급 받으며 닭장 집 생활을 하던 시절에나 거론될 만한 저임금 문제를, 개인당 국민소득 3만 달러 시대인 오늘날에 와서도 제기하는 것에 대해 의문을 표시할 수 있다. 그 때문에 '저임금'에 대한 개념을 먼저 분명히 할 필요가 있다.

한 나라 경제의 구조적인 저임금 문제는 명목상 임금이 몇 배 상승하였다고 해서 해소되는 것은 아니다. 왜냐하면 물가 상승 및 전반적 생활 수준의 향상

---

046 《한국 신자유주의의 기원과 형성》, p.358.

으로 인해서 노동력 재생산에 요구되는 비용이나 대중들의 일반적인 생활에 대한 기대치가 달라지기 때문이다. 그렇다면 어떤 기준을 가지고 저임금 문제를 논의해야 할지가 쟁점이 된다. 이는 논의의 목적에 따라 달라질 수 있으며, 노동자들의 생활 수준이 양과 질 측면에서 어느 정도 향상되었는지를 판단할 경우, 그리고 한 나라 경제가 경쟁력의 기초를 어디에 두는지를 판단하고자 하는 경우 '저임금' 문제를 바라보는 기준은 달라질 수 있다.

먼저 노동자들의 생활 수준을 판단하는 것이 주요한 목적이라면, 노동력의 재생산과 관련된 '생계비' 개념이 중시된다. 즉 당시 사회의 평균적인 생활 수준을 기준으로 생활물가 등을 조사하여 적정 최저생계비를 산출한 후, 이에 비추어 일반 노동자들의 정상적인 노동시간 및 노동조건 하에서 받는 평균임금이 여기에 미달하는 정도에 따라 판단되어야 할 것이다.

이에 비해 한 나라 경제의 경쟁력과 관련하여 저임금 문제를 고찰할 경우는 아무래도 **노동생산성** 개념이 논의의 중심에 설 수밖에 없다. 오늘날 전반적인 과잉생산 및 지구화 시대의 무한경쟁 하에서 기업들이 자신의 제품을 시장에서 실현하는 일은 날로 어려워지고 있다. 기업은 이 경우 다른 제품과 완전히 다른 차별화 전략을 쓰거나, 동일 제품에 대해 생산단가를 낮추어야만 경쟁력을 확보할 수 있다. 지식경제 시대에 들어 제품주기가 갈수록 단축되고 또 처음부터 전 지구적 시장을 지향하는 오늘날, 이 두 가지 방식은 모두 중요하다. 하지만 현실적으로 완전한 제품 차별화가 항시적으로 가능한 것은 아니다. 왜냐하면 이를 위해선 근본적인 기술 혁신과 제품혁신이 필요한데, 이는 항시적으로 발생하기보다는 상당한 시일이 필요한 일이기 때문이다.

실제 현실에서 이 같은 능력을 갖춘 나라는 소수에 불과하며, 그 때문에 생산단가를 낮추는 일이 여전히 경쟁에서 관건이라 할 수 있다. 이 경우 '노동생산성'이 관건이 된다. 예컨대, 노동생산성이 높다면 동일 제품에 대해 같은 비용과 노력으로 단위 시간당 두 개를 생산할 수 있고, 이는 당연히 한 개밖에 생산할 수 없는 기업에 비해 제품 원가를 절반으로 낮출 수 있어 가격경쟁력을 얻을 수 있다. 이 같은 사정에 비추어 오늘날 글로벌 시장경쟁은 동일(또는 비슷한) 제품의 생산에서의 노동생산성 차이에 의해 승패가 나는 것이 일반적이다.

그런데 노동생산성을 높이는 데는 크게 연구개발(R&D) 및 생산시설에 대한 과감한 투자를 통한 방식과, 그러한 기술 및 시설에 대한 투자 없이 노동 강도만을 높이는 방식으로 구분할 수 있다. 또한 노동생산성의 향상은 아니지만, 노동시간의 절대적인 연장을 통해서도 가격경쟁력 확보를 위한 제품단가의 하락이 가능하다. 이렇듯 어떤 사회가 **기술 혁신이나 시설투자가 아닌 노동 강도를 높이거나 노동시간의 절대적 연장을 통해 제품의 생산단가를 낮추는 방식을 경쟁력 기반**으로 삼는다면, 우리는 이에 대해 **'저임금'에 기반한 경제**라고 부를 수 있을 것이다.

이러한 개념 규정은 1990년대 이후 한국 사회를 후기 신식국독자라 부를 수 있는지를 검토하려는 본서의 목적에도 부합한다. 왜냐하면 신식국독자를 선진국 국독자와 구별케 하는 핵심에는 '인적자원'에 대한 태도, 즉 노동력의 잠재적 능력에 대한 개발과 이용 문제가 존재하기 때문이다. 노동 강도의 강화나 노동시간의 절대적 연장에 의존하여 경쟁력을 제고하는 것은 장기적으로는 인적자원의 소모를 필연적으로 초래한다. 이러한 이유에서 오늘날 한국경제의 경쟁력이 전반적으로 창의와 기술력에 기초하고 있는지, 아니면 여전히 본질적으로 '저렴한 인건비'(비록 서구 선진국에 비해서 상대적인 것이긴 하지만)에 기초한 것인지를 판단하는 것은 매우 의미 있는 일이다.

경상대 정성진 교수는 1970~2003년 기간 한국 자본주의 축적의 장기추세를 연구하였다. 그의 연구 결과는 외환위기 이후 한국경제의 회복이 경제 효율성의 개선 결과가 아니라 노동 강도의 강화에 따른 것임을 보여준다. 그는

1997년 외환위기 이후 경기회복을 가능하게 만든 이윤율의 상승이 전적으로 '이윤몫' 상승에 기초한다는 사실을 밝혀냈다.

여기서 이윤몫은 '총부가가치에 대한 이윤의 비율'로 정의되는데, 이 이윤몫은 1996년 16.8%에서 2003년 28.4%로 두 배 가까이 급등하였다. 이로써 같은 기간 그간 이윤율 하락에 기여했던 '자본의 유기적구성의 고도화'의 영향을 나타내는 '산출-자본 비율'의 하락(매년 0.2%의 감소율)을 완전히 상쇄하였으며, 그 결과 이 기간 이윤율을 매년 2.2% 증가율로 상승시키는 데 결정적인 기여를 하였다는 것이다.[047]

그런데 더욱 중요한 점은, 이처럼 1997년 이후 이윤율 반등을 주도한 이윤몫의 급등은 **효율성의 개선 결과가 아니라 노동강도의 강화**'에 주로 기인하는 실질노동생산성의 상승 때문이라는 것이다. 즉 제조업 부문 단위노동비용은 1996년 85%에서 1998년 42%로 거의 절반 수준으로 폭락했으며, 2003년에도 43% 수준에 묶여 있었다. 이는 이 기간 상당 수준의 노동생산성 상승이 발생했음을 의미한다. 그런데 1996~2003년 자본의 효율을 나타내는 '산출-자본 비율'이 동 기간에 매년 평균 0.2% 감소율로 저하했음을 감안한다면, 이 같은 실질노동생산성의 상승은 효율성의 개선 결과가 아니라 노동 강도의 강화 결과라는 해석이 나온다. 결국 1999년 이후 한국 경제의 회복을 이끈 견인차였던 수출의 폭발적 증대는 이와 같은 임금 붕괴에 의해 가능했던 제조업 제품 가격경쟁력의 제고에 힘입은 것이었던 셈이다. 이에 따라 정성진 교수는 1997년 이후 신자유주의적 구조조정의 핵심이 다름 아닌 "노동자계급에 대한 착취 강화를 통한 자본의 수익성 회복"이라고 결론지었다.[048] 실제로 정성진 교수는

---

047 《한국자본주의의 축적체제 변화: 1987-2003》, p.25.

048 《한국자본주의의 축적체제 변화:1987-2003》, p.26.

'이윤-임금 비율'을 사용하여 착취율을 계산하였는데, 그 결과 **착취율은 1996년 20.3%에서 2003년 39.7%로 거의 두 배 상승**했음을 입증했다.[049]

정성진 교수의 이 같은 결론은 외환위기 이후 2003년까지의 자료를 기초로 한 것이지만, 이 같은 저임금을 기반으로 한 한국경제의 기조가 그 이후에도 하나의 추세로 굳건히 자리 잡아 가고 있는 현실은 이후 한국 노동자의 **실질임금의 지속적 감소를 통해서도 확인**할 수 있다. ILO가 선진국으로 분류한 28개국의 데이터를 보면, 2009년에 실질임금이 가장 하락한 나라는 2008년 10월에 국가 경제가 파탄한 아이슬란드였으며 그다음으로는 놀랍게도 한국이었다. 한국은 2007년, 2008년, 2009년에 각각 -1.8%, -1.5%, -3.3%로 실질임금의 연속적인 하락률을 기록하였다. 그런데 2009년은 한국을 대표하는 기업인 삼성전자가 원화 약세의 여파를 틈타 이 무렵 9.65조 원의 순이익을 올림으로써 기록적인 실적을 기록한 해였다. 결국 이 같은 결과는 저임금에 기반한 한국 글로벌 기업의 성장을 반영한다고밖에 해석할 수 없다.[050]

'절대적 노동시간 연장' 즉 소위 '장시간 노동' 문제와 관련해서도 1990년대 이후 한국경제의 저임금 구조를 뒷받침하는 증거는 많다. 한국 노동자의 1인당 연간 노동시간은 2004년에 2,380시간으로 세계 최장을 기록하였다. 그것은 1986년 2,734시간을 기록한 후 한 때 1998년 2,390시간까지 감소했지만, 1999년 이후에는 이 같은 감소 추세가 중단되었다. 한국 노동자보다 평소 연간 500~1,000시간 덜 일하는 미국·일본·독일의 1인당 연간 총 노동시간이

---

049 위의 책, p.27.

050 이 점은 외국인의 눈에도 분명 그렇게 비치는 모양이다. 일본인 경제평론가 미쓰하시 다카아키는 그의 저서에서 다음과 같이 적고 있다. "한국의 규모가 큰 수출기업 중 대다수는 국내에서 과점적 이익을 획득하고 그로써 얻은 잉여현금을 이용하여 글로벌시장에서 경쟁력을 발휘할 수 있다. …**국내시장에서 과점화된 기업이 국내 인건비를 깎아내려 경쟁력을 높이면서 글로벌시장에서 경합에 이기는 구조**다." 《부자 삼성 가난한 한국》, pp.24-25. 굵은 강조는 인용자에 의한 것임.

같은 기간(1998~2004년) 각각 1,874시간, 1,842시간, 1,489시간에서 1,824 시간, 1,789시간, 1,443시간으로 단축된 것은 물론이고, 같은 신흥공업국으로서 한국과 경제적 지위가 비슷한 멕시코 노동자의 1인당 연간 총 노동시간도 1,879시간에서 1,848시간으로 줄어든 것과도 대조된다.[051] 2010년 조사된 OECD 회원국 연평균 노동시간은 1,749시간이었으며, 한국 평균은 2,193시간으로 이보다 연 444시간이 더 많았다.[052] 상대적으로 대우가 좋다는 현대자동차에서 "한 해 30~40여 명이 일을 많이 해서 과로사나 심장마비로 죽어 나가고 있다"는 사실은 한국 노동자들의 장시간 노동 실태를 잘 말해준다.[053]

이상에서 본 바와 같이, 한국 사회에서 과거 경제개발 시기와 같은 '장시간·저임금'에 따른 임노동 관계의 특징이 여전히 나타나고 있는 점을 알 수 있다. 사실 **장시간 노동과 저임금 노동은 동전의 양면**과 같으며 양자 간에는 긴밀한 연관이 존재한다. 그 본질은 저임금인데, 부족한 생활비를 보충하기 위해 노동자들은 장시간 노동을 강요당한다. 그 때문에 한국 노동자의 '세계 최장 노동시간' 기록은 한국에서 '저임금 구조'가 여전히 지속되고 있음을 보여주는 유력한 증거이다.

여기서 후기 신식국독자에 와서 '장시간·저임금' 노동이 전기의 그것과 완

---

051 《한국 자본주의의 축적체제 변화》, pp.29-30.

052 최신 통계(2023년 기준)에 의하면 한국 노동자의 연간 평균 노동시간은 1,876시간으로, OECD 평균 1,752시간보다 100시간 이상 많았으며, OECD 38개국 중 4위를 기록했다. 참고로 국가별 비교를 보면 아래 표와 같다. (출처: OECD "Hours Worked", 고용노동부 「근로시간 단축 정책 평가보고서」, DeepSeek R1 활용)

멕시코: 2,137시간	
코스타리카: 1,926시간	
한국: 1,876시간	
미국: 1,791시간	
일본: 1,607시간	
독일: 1,341시간	

053 《새롭게 다르게》 2011년 가을호, p.127.) 2011년 통계청의 집계에 따르면 현대차 생산직의 연간 평균 노동시간은 2,488시간으로, 전 산업 평균(2,110시간)보다 300시간 이상 길었다. 현대자동차는 2013년부터 주간 연속 2교대제를 시행하면서 노동시간이 과거에 비해 단축되고 있다. 2016년 발표에 따르면 1인당 하루 근로시간은 과거 '10+10 근무형태'와 비교해 연간 293시간(14.1%) 줄어든 것으로 알려졌다. [구글 AI개요]

전히 같은 것은 아니며, 내용과 형식 면에서 얼마간 변화가 발생했음을 지적할 필요가 있다. 과거에는 대기업과 중소기업 구분 없이 한국의 전체 노동자계급이 장시간·저임금 노동의 대상이었다고 한다면, 지금은 일부 대기업의 노동자들은 장시간 노동을 통해서 비교적 고임금을 받을 수 있다. 그 대신 노동자계급의 대다수를 차지하는 광범위한 중소기업 노동자들은 고용불안에 시달리면서 저임금의 주요한 대상이 되고 있다. 즉 과거의 장시간·저임금 노동 관행이 후기 신식국독자에 와서도 여전히 **전체적으로는** 관철되지만, 그러나 **그 주요 대상은 각각 대기업과 중소기업 노동자로 분리**되었다고 할 수 있다. 아래 인용문은 그 점을 지적하고 있다.

> "저임금·장시간 노동이 일체로 작동했던 자본축적방식이 저임금과 장시간 노동의 대상을 분리하면서 노사관계 역시 영향을 받고 있다. 왜냐하면 구시대적인 저임금·장시간 노동체계가 노동자 전체를 대상으로 했다면, 지금의 장시간 노동체제는 대기업에 종사하는 조직노동자들을 대상으로 작동하고 있으며, 저임금 노동체제는 중소사업장의 미조직노동자들을 대상으로 하고 있기 때문이다."[054]

이는 후기 신식국독자의 중요한 특징 중 하나로서, 그간 한국 사회가 경제성장을 통해 생산력이 일정 정도 발전했음을 반영한다. 즉 최소한 대기업 노동자들을 자본이 일정 포섭할 수 있을 만큼은 생산력 발전이 이루어졌다. 또한 이와 함께 후기 신식국독자는 여전히 선진국 국독자의 생산력 발전 수준과 상당

---

054 《한국 자본주의의 축적체제 변화:1987-2003》, p.276.

한 차이가 있음을 보여준다. 왜냐하면 한국경제의 그간 생산력 발전의 혜택을 누릴 수 있는 대상이 여전히 소수집단에 한정되고 있음을 보여주기 때문이다. 재벌기업들은 그간의 자본축적 덕택으로 사내 정규직 노동자들에 대해선 상대적으로 고용안정을 보장해주고, 비교적 높은 임금과 사내 복지혜택을 제공한다. 이로써 이들 기업의 노사관계는 과거의 일방적인 대항 관계의 색채를 벗어나 일정한 타협적 관계가 가능하게 되었다.

물론 이 경우도 자본가들의 자발적인 양보에 의한 것이라기보다는, 대기업 노동자들이 보유한 강한 투쟁력에 대한 마지못한 양보의 측면이 크다. 그리고 이 또한 "장시간 노동과 시장경기를 반영하고 있는 일시적인 성과급"[055]의 형식을 통해서이며, 그 때문에 기본적으로는 앞서 얘기한 한국 노동자의 '저임금 구조'의 일반적 규정성을 크게 벗어나지는 못한다. 또한 이 같은 혜택이 전체 2,100만 한국 노동자계급 중에서 대기업 노동자가 14%(2021년 기준)인 290여만 명에 불과하다는 사실을 감안할 경우, 전체적으로는 여전히 소수 노동자 계층에만 해당되는 일이며 이들 대기업 울타리 밖에 있는 절대다수 노동자에게는 해당되지 않는다. 후자의 경우 '비정규직'이라는 새로운 형태의 고용불안에 직면해 있으며, 동일 노동을 하더라도 정규직 노동자에 비해 절반 이하의 임금을 받는 등 불평등한 대우를 감내할 수밖에 없는 형편이다.

---

055 위의 책, p.262. 위 연구자의 연구 결과에 따르면 대기업과 중소기업 노동자들의 임금수준은 기본급 차원에서는 큰 차이가 없으며, 주로 초과근로수당과 특별상여금과 같은 성과급에 의해서 생겨난다고 한다. 이는 한국의 대기업 노동자들에게도 기본적으로 노동 강도 강화와 절대적 노동시간 연장을 통한 '저임금 구조'가 관철함을 의미한다. 다만 대기업 노동자들의 경우 자신의 강력한 투쟁력에 의해서 나중에 단체협약을 통해 특별상여금의 형태로 그 일부를 되찾을 수 있는 기회를 보장받을 뿐이며(물론 이는 노동자가 정상적인 단가보다 낮은 가격으로 자신의 노동을 지출한 후, 나중에 회사가 순조롭게 이윤을 실현했을 때의 '사후적'인 조건적 보장이 되며, 원래 시간당 임금단가가 정상적이었을 경우의 보장과는 차이가 난다), 중소기업 노동자들의 경우 이러한 기회조차도 없다는 점에서 나오는 차이일 뿐이다. 실제 현대자동차 노동조합 자체 생활실태조사에 따르면 세간에서 고임금을 받고 있다고 평가되는 현대자동차 정규직의 74%가 부채를 갖고 있었으며, 88%가 임금이 부족하다고 답변했다. (《새롭게 다르게》 2011년 창간호, p.163.)

(3) 폭압적 국가권력

1987년 6·29선언을 계기로 한국 사회에서는 형식적 민주주의가 정착되기 시작하였다. '직선제'와 지방자치제 실시, 언론자유 확대 등을 핵심으로 하는 일련의 정치·사회적 개혁을 통해 한국 사회는 이후 기존의 '개발독재 체제'와는 다른 새로운 모습을 보여주었다. 한국도 서구 선진국과 마찬가지로 제2차 세계대전 이후 보편화한 '헌정(憲政) 국가 체제'로의 진입을 (명목상이 아니라) 실질적으로 시작하였다고 할 수 있다. 이로부터 초래된 한국 상부구조의 변화는 상당히 전반적인 것으로, 그것을 제대로 인식하기 위해서는 먼저 그 모범적인 형태라고 할 수 있는 서구 '헌정 국가'에 대한 이해가 필요하다.

제2차 세계대전을 전후하여 서구 자본주의사회가 본격적으로 국가독점자본주의로 발전하면서, 그 상부구조에서도 중요한 변화가 발생하였다. 즉 이들 사회에서 소위 '헌정 국가'의 출현이 보편화하였는데, 우리가 오늘날 흔히 사용하는 '형식 민주주의' 혹은 '절차적 민주주의'라는 말은 이 같은 헌정 국가가 갖는 특징 측면을 일컫는다. 헌정 국가는 법학적 의미로 볼 때 인민주권 이념, 법치 사상, 국가권력의 제한론 3요소를 결합한다.[056] 그것은 최고의 상위법인 헌법을 새롭게 도입하였으며, 이를 통해서 국가권력의 이념, 구조, 운영 절차, 선거방식 등의 기본 내용을 법률적으로 규정하였다. 이때부터 자본주의국가에서 '선거'는 기왕에 단순히 기술적이고 의례적인 절차를 넘어 합법적 공권력이 탄생하는 중요한 절차로 새롭게 인식되었으며, 헌법적 차원에서 특별히

---

056 [中]何勤华 主编, 《20世纪西方宪政的发展及其变革》, p.529.

단독으로 규정되었음에 주목할 필요가 있다.[057] 이후 점차 '헌법'이라고 하는 최고 상위법의 존재를 인정하는 분위기가 서구 선진 각국을 중심으로 보편화되었으며, 이에 따라 자본주의국가는 복지국가와 함께 본격적인 '헌정 국가' 시대를 열게 되었다.

'헌정 국가'로 표현되는 서구 선진자본주의의 새로운 민주주의의 발전과 형식적(절차적) 민주주의의 발전은 **자본주의적인 '법치'의 완성물**이라 할 수 있다. 최상위법인 헌법 아래 그동안 각기 단독적으로 발전해온 공법과 사법 체계를 배치함으로써, 비교적 일관된 부르주아지의 법률체계가 완성되었다는 의미에서 그러하다. 그리고 이 같은 법치의 제도화는 자본주의가 근대 시민혁명을 통해 봉건주의 체제를 무너뜨린 후 상당 기간 정치적·경제적 경험을 축적함으로써 가능하였으며, 부르주아지의 통치 질서가 한 차원 성숙하였음을 의미한다.

이렇듯 전후 서구 국독자에서 '헌정 국가'로 상징되는 법치 및 형식 민주주의가 고도로 발달한 상부구조가 등장하였는데, 오늘날 현대 서구 자본주의는 이 같은 '헌정 국가'를 떠나서 존립하기가 힘들다고 할 수 있을 만큼 그 의존도가 높다. '헌정 국가'가 포괄하는 통치형식과 자본주의 일상 경제생활 규범에 대한 법률적 객관화는, 그것이 갖는 객관성과 합리성-'법' 자체는 근대 이래로 '합리적 이성'을 상징하였다- 때문에 이후 부르주아 정치권력의 '합법성'을 강화시켜 주었으며, 이는 자본주의경제의 선천적 결함이라 할 수 있는 주기적 공황과 빈부격차 심화에 대해 상당 부분 면책권을 부여하였다. 특히 자본주

---

057 대한민국 헌법에도 선거와 관련하여 단독으로 '제7장 선거관리'가 있으며, 그 속에 제114조~116조 세 개의 세부 조항이 들어있다. 상당히 오랜 기간 서구 각국에서 선거는 관념 및 제도 양 측면에서 모두 그다지 성숙하지 못하였다. 예컨대, 오늘날 민주주의의 우등생이라고 하는 미국만 하더라도 18세기까지만 하더라도 선거는 엄밀한 관리가 매우 결여되어 "투표용지의 인쇄와 제작도 선거에 참여하는 정당에 위탁하여 진행되었으며, 선거사무에 대한 관리도 참가 정당의 당원들이 담당하였다"라고 전한다. [中]王浦劬 主编, 《选举的理论与制度》, p.18.

의 생산력 발전이 거의 한계점에 도달해서 경제위기가 만성화되고 있는 요즘, 서구의 헌정 체제는 이들 국가에 대해 여전히 '합법성'의 원천으로서 작용하고 있다.

이제 한국 사회의 '헌정 국가'와 관련한 문제에 대해 언급하도록 하자. 1980년대 후반 이후 기본적인 산업화 과제의 완수와 함께 본격적인 국가독점자본주의 사회로 진입하면서부터, 한국 역시 조금 늦긴 하였지만 종전 후 서구 선진국이 경험한 이상의 보편적인 정치체제의 변화를 수용하지 않을 수 없었다. 이제 기존의 개발 독재적인 상부구조로는 더 이상 대중으로부터 합법성을 인정받을 수 없게 되었기에, 한국의 통치계급은 새로운 정치적 합법성의 원천을 찾게 되었으며, 이리하여 한국에서도 이제는 '헌정 국가'로 상징되는 일정한 형식 민주주의의 실현을 피할 수 없게 되었다.

이 점은 **'헌정 국가'가 동서양을 막론하고 현대 국가독점자본주의 대한 보편적인 요구**임을 보여주는 것이다. 한국은 이때부터 정치 형식에 있어 직선제가 채택되고 언론의 자유가 확대되는 등 일정한 민주주의의 진전이 이루어졌으며, 국가권력은 과거와는 달리 노동자들의 단결권을 인정하고 노동조합의 설립을 법적으로 보장하였다. 노사 간에 사업장 분규가 발생하더라도 초기부터 적극 개입하던 기존의 관행이 일정 지양되었으며, 그 대신 필히 법적 절차를 통해 간여하는 방식을 취하는 등 자신이 노사관계 무대의 전면에 나섰던 역할에서 형식상으로나마 막후로 물러나는 모습을 보여주었다.

그러나 여기서도 우리는 선진국 국독자와는 다른 한국 신식국독자의 특수성을 어렵지 않게 발견할 수 있다. 서구 선진국 국독자의 경우 헌정 국가의 수립과 절차적 민주주의는 현장 차원의 노사 대립에 대해 국가가 직접 개입하는 경우를 현저히 줄이고, 이에 따라 겉으로 드러나는 국가의 폭력성도 함께 약화하는 양상을 동반한다. 그러나 한국의 경우는 좀처럼 그러하지 못하였다. 한국의 국가권력은 실제 이 시기에 들어서도 전혀 '중립적이지 않은' 조치를 계속해서 취하였다. 비록 법적 절차를 밟긴 하였다지만 현장 차원의 노사 대립에도 간여를 계속함으로써 국가권력의 폭력성이 자주 대중들에게 노출되었다.

그동안 개정된 노동 악법과 현장의 노사 간 분규에 대한 개입 사례 등을 보아도 이 점을 쉽게 알 수 있다. 한국 정부는 1998년 IMF 사태를 빌미로 정리해고와 변형근로제 등 노동자들의 고용안정을 근본적으로 위협하는 법률들을 통과시켰으며, 계속해서 노조전임자 임금 지급 금지, 파업 기간 중 무노동·무임금 원칙의 관철, 소위 '불법파업'에 대한 사업주의 손해배상 청구제도의 관례화 등 일련의 노동운동의 숨통을 죄는 법적 조치들을 취하였다. 이 때문에 노동자들은 만약 자본가들의 정리해고에 맞서 파업할 경우, 형사상의 구속뿐만 아니라 민사상으로도 막대한 손해배상청구에 몰리게 되어 파산할 수밖에 없는 운명이 되었다. 또한 여전히 사회보장제도와 같은 사회 안전장치가 미비한 상태에서, 한국의 노동자들은 한 번 해고되면 그야말로 개인과 가정이 함께 파산하는 생존의 절벽에 몰리게 된다. 이 때문에 한 번씩 터져 나오는 노동자들의 저항은 격렬할 수밖에 없었다. 2007년 쌍용차 '옥쇄파업'과 한진중공업 김진숙의 '309일간의 고공농성'이 보여주는 바가 바로 그것이다. 노동자들의 이러한 저항 앞에서 한국의 국가권력은 서구 선진국과는 달리 전혀 중립적이지도, 그 폭력성을 순화시킬 수도 없었다.

똑같이 헌정 국가를 지향하면서도 형식적 민주주의를 구현하는 데 있어 한국과 서구 사회가 이처럼 차이가 나는 이유는 무엇 때문일까? 우리는 **'헌정 국가'의 동기**와 **통치 집단의 성격** 두 가지 측면에서 원인을 찾을 수 있다. 먼저 헌정 국가의 '동기' 측면에서 볼 때, 서구의 경우 이들 나라에서는 이미 사적독점이 충분히 발전함에 따라 노동자계급과 타협할 수 있는 경제적인 기초인 '초과이윤'이 존재하였다. 그 때문에 총자본인 국가의 입장에서 볼 때 좀 더 중요한 과제는, 노동자계급의 혁명화를 방지키 위해서 이미 상당한 실력을 갖추고 있는 사적독점에 대해 그 힘을 적절히 규제함으로써 노동자계급과의 타협이 가능하도록 만드는 일이었다. 이렇듯 이들 서구 선진국에 있어선 형식 민주주의의 발전과 국가권력 폭력성의 약화는 상호 모순되지 않았다.

한국의 경우, 이와는 사정이 조금 다르다. 한국경제를 주도하는 재벌들은 자신의 이윤 축적의 주요한 계기를 해외시장에 두는 관계로, 앞서 살펴본 대로 여전히 저임금·장시간 노동을 자신의 주요한 경쟁력의 기초로 삼을 수밖에 없다. 특히 신자유주의 시대에 들어선 후 더욱 그러하다. 이는 필연적으로 노동자들의 고용조건을 악화시키고 임금 및 처우를 둘러싼 노자 간의 대립을 격화시키게 된다. 그리고 총자본인 국가권력으로썬 이 같은 노동자의 저항을 무력화하는 것을 무엇보다도 일차적 과제로 삼을 수밖에 없다. 그 때문에 한국의 국가권력은 여전히 자신의 폭압적 성격을 기본적으로 약화할 수가 없다. 이리하여 한국에서 헌정 국가가 갖는 동기는 재벌의 이익을 대변하는 국가권력의 폭압성을 감추기 위해 합법적 절차와 형식을 가미해주는 이상은 아니다.

다음으로 '통치 집단의 성격' 면에서 볼 때, 비록 서구 선진국도 국가권력이 지배집단인 독점자본가계급의 이해를 반영한다는 점에서는 예외가 아니지만, 이처럼 겉으로는 비슷한 독점자본주의 상부구조라 할지라도 한국과는 중요한 차이가 있다. 서구 사회는 2차 대전 종식 후 과거 금융과두정치를 배태했던 재벌체제를 자진 해체했다. 그 때문에 서구 사회에서 사적 독점자본은 과거 '금융과두제'와는 다른 새로운 '과점적 경쟁' 질서에서의 독점자본이며, 비교적 많은 독점 분파가 존재하면서 그들 간에 상호 경쟁을 통해서 일정한 균형이 유지된다. 그리하여 사적 독점집단 간의 경쟁에서 그것들을 총괄하고, 전체 독점자본가계급의 총체적 이익을 대변할 수 있는 일반 사적독점의 상위에 있는 국가권력을 성립시킬 수 있었다.

서구 사회가 이처럼 종전 후 과거 금융과두정치를 낳았던 재벌체제를 해체했던 것과는 달리, 한국의 재벌체제는 시간이 갈수록 강화되었다. 특히 1997년 외환위기 이후 극소수 상위재벌로 경제력 집중이 심화되었는데, 2000년대 들어서 마침내 이들이 정치권력을 움직일 수 있을 정도로 '재벌 과두지배체제'가 성립하였다(이에 대해선 다음 장에서 다룬다). 그에 따라 한국의 상부구조는 한편에선 **형식** 민주주의가 출현한 반면, 다른 한편에선 '재벌 과두지배체제'에 조응하는 '폭압적 국가권력'이 여전하다. 그렇다면 이렇듯 일견 논리적인 대립을 보이는 '형식 민주주의'와 '폭압적 국가권력' 중에서, 현실은 어떠한 측면이 더 주요한 것일까? 이 경우 국가권력이 본질적으로 지배계급 혹은 지배집단의 의지를 반영한다는 측면에서 보면, 당연히 양자 중 '폭압적 국가권력'의 측면이 우위를 점한다. 자신의 이윤 축적의 계기를 주로 해외시장에 두면서, 또한 여전히 저임금·장시간 노동을 자신의 주요한 경쟁력으로 삼는 한국 재벌집단의 이해와 직접적으로 조응 관계를 이룰 수 있기 때문이다.

실제 외형상으로야 어떻든 간에, 1987년 이래 한국 국가권력의 핵심적인 영역에서는 별반 변화가 없다는 사실을 우리는 발견할 수 있다. 우선 국민개병제를 통해 50만 명에 가까운 거대한 정규군과 13만여 명의 경찰을 유지하고 있다. 이 같은 한국의 정규군 규모는 세계 8위에 해당하는 것으로, 한국의 인구 규모와 국토 면적에 비해서 매우 큰 편이다. 그리고 국군방첩사령부(구 국군기무사)와 국정원 등의 정보기구는 별도의 방대한 조직체계를 운영하고 있다. 이들은 막대한 예산을 사용하고 있으면서도 그 대부분 업무는 국민의 통제에서 벗어나 베일에 싸여있다. 간혹 언론에 폭로되는 이들의 민간 사찰이나 선거 개입의 사례를 통해 이들 정보기관이 지금도 주민감시와 진보 운동의 탄압에 동원되고 있는 사실을 확인할 수 있다.

이들 외에 무엇보다도 대표적인 악법으로 지적되어온 국가보안법이 1948년

제정된 이래, 군사독재와 소위 국민의 정부와 참여정부 시대를 거치면서도 그대로 보존되어 오고 있다는 사실에 주목해야 한다. 아래 표7-9에서 볼 수 있듯이 이 법은 민주화가 실현된 이후에도 노동운동을 탄압하는 데 큰 몫을 하였으며, 2000년대 들어서도 매년 꾸준히 구속자를 발생시키고 있다(표7-10). 최근 윤석열 정부 들어서는 국가보안법 위반 피의자 수가 급속히 늘어나고 있는 추세이다.

또 이 법은 통일운동의 발전을 가로막는 장애요인이기도 하다. 2014년에는 한 때 10만 명을 웃돈 등록당원을 가졌던 통합진보당이 이 법에 의해 강제해산 당하였다. 통합진보당은 민주노동당의 후신으로 그동안 합법적인 공개정당의 신분을 갖고 활동하였지만, 단지 일부 당원이 친북 활동을 했다는 이유로 국가보안법상 이적단체의 규정을 받았다. 이는 한국의 정치활동과 사상의 자유 수준을 단적으로 보여주는 사건이다. 결국 '6·29 선언'이래 언론과 사상의 자유가 많이 확대되었다고는 하나, 그것은 여전히 핵심적인 알맹이가 빠진 그야말로 '형식적'인 것에 머무르고 있으며, 본질상 '폭압적 국가'라는 그간의 오명을 결코 떼어낼 수가 없다.

지금까지 헌정 국가와 관련한 논의에서도 알 수 있듯이, 우리는 한국 국가권력의 특성과 관련하여 국독자 일반의 특성과 신식민지적 특성이 결합 된 **한국 상부구조의 특수성**, 즉 형식적 민주주의와 '폭압적' 국가권력이 병존하는 후기 신식국독자적 현상을 이해할 수 있다.

표 7-9. 1990년대 국가보안법 검거와 기소율 현황

년도	국보법구속자 (명)	노동운동관련 국보법구속자(명)	전체대비 노동자비율(%)	노사분규 발생 건수
1991	35	21	60	234
1992	108	85	79	235
1993	46	37	80	144
1994	186	72	39	121
1995	199	106	53	88
1996	302	84	28	85
1997	283	40	14	78
총합계	1159	445	-	-

출처: 울산 평등사회노동교육원 교육자료집

표 7-10. 1998년~ 2017년 국가보안법에 의한 구속자 수

정부	기간	국가보안법 구속자 수
김대중 정부	1998~2003	699명
노무현 정부	2003~2008	179명
이명박 정부	2008~2013	111명
박근혜 정부	2013~2017	99명

출처: 위키백과[058]

(4) 재벌체제

한국의 자본주의 발전이 아직 미성숙했던 전기의 신식국독자에 있어 그 역사적 사명은 사적 독점자본의 육성이었는데, 한국에서 이 같은 사적 독점자본은 '재벌'이라는 형태로 출현하였다. 그것은 형성 초기에는 부족한 외화벌이를 위하여, 그리고 이후에는 자신의 과잉 생산물의 소화를 위해서 국내시장보다

---

058 https://ko.wikipedia.org/wiki/%EA%B5%AD%EA%B0%80%EB%B3%B4%EC%95%88%EB%B2%95_(%EB%8C%80%ED%95%9C%EB%AF%BC%EA%B5%AD)

는 해외시장을 중시하는 수출 지향성을 갖게 되었다. 이 때문에 재벌은 한국경제에서 대외 의존성의 주범이라 말할 수 있다. 한국 재벌체제의 성립은 신식국독자의 발전에 따른 필연적인 결과이지만, 그것이 일단 성립된 후에는 다른 어떤 요소보다 더욱 **한국 사회의 신식국독자적 성격을 유지하는 강고한 물적 토대**로 작용한다. 한국의 재벌들은 정부로부터 갖가지 특혜와 국내에서의 독점적인 지위 및 저임금 구조를 기반으로 국내외 시장을 통틀어 막대한 이윤을 획득하지만, 그것은 결코 한국 민중 전체의 재부로 이어지지는 않는다. 외환위기 이후 한국 사회에서 '재벌 따로, 서민경제 따로'라는 새로운 현상이 확연하게 자리 잡았다.

이 같은 한국의 재벌체제가 후기 신식국독자에 들어선 후 더욱 강화되고 있음에 주목해야 한다. 한때 외환위기의 주범으로 지목되어 해체 위기까지 내몰렸던 한국의 재벌들은, 그 후 영향력이 약화하기는커녕 더욱 확대되는 모습을 보여준다. 이러한 추세는 몇 가지 통계지표를 통해서 확인할 수 있는데, 예컨대 2009년 국내 30대 재벌의 총매출액이 전체 한국 GDP에서 차지하는 비중은 80%를 상회 하였으며, 2005년 702개이던 계열사는 2010년 1,069개로 연평균 73개씩 순 증가하였다(재벌닷컴, 2010년). 특별히 주목할 점은, 재벌 중에서도 상위 몇 개 재벌로 경제력이 날로 집중되는 현상이다. 이 때문에 '삼성 공화국'이라는 말이 나올 정도로 한국경제와 사회 전반이 상위 4대 재벌에 휘둘리고 있는데, 이러한 추세는 시간이 갈수록 더욱 강화되면서 약화할 조짐을 전혀 보이지 않고 있다.

재벌 문제와 관련해서는 다음 장에서 별도로 다룰 예정이기 때문에, 여기서는 후기 신식국독자를 입증하는 지표 중의 하나로 재벌체제가 여전히 한국 사회에서 강력히 존속하고 있다는 점만을 언급하기로 한다.

이상에서 신식국독자 초기형태로부터 도출된 4가지 지표-대외 의존성, 저임금·장시간 노동, 폭압적인 국가권력, 재벌체제-를 이용하여 지금 시기의 한국 사회를 조명해 보았다. 그 결과 오늘날의 한국 사회는 과거와 마찬가지로 신식국독자가 갖는 이상의 4가지 특징적 지표들을 그대로 간직하고 있음을 확인할 수 있었다. 이제 문제의 초점은 이들 4가지 지표가 오늘날에 와서도 한국 사회의 **신식민지성** 혹은 '**종속성**'을 지지할 수 있는지로 모아진다. 우리는 이미 앞 절에서 한국에서 국독자의 특수형태로서 '신식국독자'가 1980년대 초에 성립되었음을 확인했기에, 여기서 다시 '국독자'의 성립에 관해서 논할 필요는 없다. 그보다는 그 초기형태의 변화(7-3절 참조) 이후 과연 앞에 붙었던 '신식민지'라는 딱지를 떼었는지가 관건이며, 그것은 결국 '종속성'에 관한 판단으로부터 결론을 내릴 수 있다.

여기서 먼저 '대외 의존성'과 '종속성' 두 가지 개념을 정확히 구분 짓는 일이 필요하다. 무릇 일정한 연관을 지닌 사물 간에는 다소간의 상호의존성이 존재한다. 그 때문에 대외 의존적이라고 해서 막 바로 종속적이라고 볼 수는 없다. 그러나 쌍방의 의존 정도는 서로 다를 수 있으며, 어느 한쪽이 다른 쪽에 지나치게 의존하는 경우 이제는 단순한 의존성을 넘어 '종속성'으로 전화한다. 즉 대외 의존성 정도가 양적으로 일정한 선을 넘어서면 종속성이라는 질적 전환이 발생한다. 여기서 대외 의존성은 양적인 지표화가 가능하다. 예컨대 국민경제에서 무역의존도는 우리가 현상적으로 관찰할 수 있는 지표이며, 우리는 이같은 현상적인 지표를 사용하여 '대외 의존성'으로부터 '종속성'이라는 보다 추상적이고 포괄적 개념의 판단으로 나아갈 수 있다.

다음으로, 그렇다면 정작 **종속성 개념의 핵심**은 무엇일까? 그것은 두 사물

간의 상호관계에 있어 불평등의 정도가 지나쳐, 한쪽이 다른 쪽에 피동적(수단
적) 존재로 전락함으로써 **자기 발전의 주동성을 상실**하는 경우를 일컫는다. 이
경우 물론 종속되는 쪽도 일정 정도 상대를 이용할 수는 있지만(이것은 상호의
존관계의 기본 전제이다), 그것은 국부적인 것일 뿐 진정한 주체로서의 자신의
발전은 손상당한다.

이렇게 볼 때 '종속성'은 다음 세 가지 조건을 충족시키면 성립한다고 볼 수
있다.

①지나친 대외 의존성. 이는 두 주체 간의 관계가 상호의존성에서 일방적인
의존성, 즉 '종속성'으로 전화되는 계기를 제공한다. 이 점에서 앞서 4가지 지
표 중 첫 번째 살펴본 한국경제의 대외 의존성은 우선 중요한 의미를 지닌다.
그러나 이는 아직 현상적 차원의 고찰이라서 종속성(신식민지)을 규정짓기에
는 부족하다.

②자신의 내적 핵심 요소의 희생. 대외 의존적 관계의 유지가 주체의 근본적
인 발전 요소, 혹은 앞으로 주체의 잠재력을 충분히 개발할 가능성에 대한 희
생의 대가로 획득되는 경우를 말한다. 예컨대 한국경제는 지나친 대외 의존성
으로 인해, 저임금 구조에 기대어 인적자원의 개발을 소홀히 하고 국내시장을
희생한다. 이는 한국경제의 장기적인 발전을 위한 소중한 내적인 핵심 요소를
희생하는 것과 같다.

③불평등 관계의 구조화. 대외 의존적인 사회 내부에서 이 같은 불평등 관계
로부터 이익을 얻게 되는 실체(계급)가 형성되고, 나아가 그것이 일정한 제도와
시스템을 형성할 경우, 지금까지의 바람직하지 못한 관계는 우연이 아닌 필연
성을 갖게 된다. 이것은 종속성 개념이 필연적으로 '자본'이라는 하부토대(생산
관계)와 함께, '국가권력'이라는 상부구조 역시 포함하게 되고, 경제적 범주를
넘어 정치적 범주로 확장됨을 뜻한다. 한국 사회에서 '재벌체제'와 '폭압적 국

가권력'은 그 같은 의미를 담고 있다.

결론적으로, 앞서 살펴본 **4가지 지표는 한국 사회에서 종속성 개념을 성립시키기에 충분**하다. 다만 마지막 '구조화'에 관해선 아직 보충되어야 할 부분이 있는데, 이에 대해선 잠시 후에 다루기로 한다. 여기선 위 결론을 보강하는 차원에서 '복지국가'에 관해서 잠깐 언급하기로 하자.

한국의 신식국독자와 서구의 선진국 국독자를 구분 짓는 한 가지 명확한 특징이 있다면, 그것은 후자가 일반적으로 **'복지국가'**의 형식을 취한다는 점이다. 이는 우연이 아니며 역사적으로 형성된 것이다. 즉 복지국가는 현대자본주의에서 형식적 민주주의를 상징하는 '헌정(憲政) 국가' 개념과 함께 본질적인 범주이며, 그 **합법성의 양대 원천**을 이룬다.

19세기 중반까지의 근대 자본주의는 '자유민주주의' 하나만으로도 그 합법성을 인정받을 수 있었다. 당시의 자본주의는 봉건제도라는 역사적으로 수명이 다한 반동 체제에 맞서 이를 분쇄하고 인류에게 새로운 진보와 희망을 대동했다. 그러나 19세기 중후반 이후 부르주아지의 지배체제가 전 세계적으로 확립되고 또 자본주의가 자유주의 단계에서 독점단계로 진입하고서부터, 이 같은 형식적 민주주의만으로는 부족하게 되었다. 왜냐하면 그때부터 그동안 잠재해 있던 자본주의사회의 내부 모순, 즉 빈부격차 및 계급 갈등이 격화하고, 무정부적 생산에 따른 주기적 공황의 피해가 날로 명확해졌기 때문이다.

다시 20세기 들어 자본주의가 일으킨 두 차례의 세계대전과 그 후 '소련'으로 대표되는 국제 사회주의진영의 성립은, 자본주의 생산양식이 본격적으로 '전반적 위기' 시대로 진입하게끔 하였다. 이렇듯 종전 후 큰 곤궁에 빠진 자본주의를 건져준 것이 바로 '복지국가'였다. 자본주의는 자신의 핵심 가치에 있어 기존의 '자유민주주의'에 더해 **'평등'** 이념을 추가했다. 이리하여 전후 서구 선진자본주의는 하나같이 '헌정 국가'와 '복지국가'를 자신의 표지로 삼았으며,

그로부터 대중의 신임을 어느 정도 회복할 수 있었다. 그 때문에 복지국가는 현대자본주의의 중요한 상징 중 하나라 할 수 있다.

오늘날 서구 선진국들이 비록 신자유주의로 전환하였다고는 하지만, 이들 국가는 여전히 국내적으로는 '복지국가' 모델을 기본 틀로 간직하고 있다. 이와 관련하여 다음의 인용문을 우리가 참고할 만하다.

> "1980~1990년대를 휩쓴 신자유주의의 물결이 과연 복지국가를 무용한 것으로 만들었는가? 물론 그렇지는 않다. …스웨덴 등 북구의 사회민주주의 복지국가들은 부분적 조정이 있었으나 기본 틀은 크게 변화가 없다고 할 수 있다. 독일 등 보수주의 복지국가들도 상당한 조정에도 불구하고 자신들의 전통에 맞는 가족 중심의 복지국가를 여전히 유지하고 있다."[059]

실제 이들 국가의 사회보장제도와 복지 관련 재정지출은 신자유주의하에서도 크게 변화하지 않고 있다. 지구화의 진전과는 무관하게 앞으로도 이 부분은 자본주의의 '마지노선'이라 할 만큼 큰 변화는 없을 것으로 보인다.

이 때문에 만약 누군가가 한국 사회는 이미 신식국독자의 성격을 탈피하였다고 주장하고자 한다면, 그는 한국이 선진국 국독자의 기본 표식인 '복지국가'에 어느 정도 접근하였다는 점을 입증하여야 한다. 그러나 한국 사회는 여전히 복지국가 개념과는 거리가 멀다. **한국에서 복지체제**의 구축은 김대중 정권이 들어서면서부터 비로소 본격화되었다. 그것은 애초 **외환위기의 후속 조**

---

059 한국복지연구원 엮음, 《한국의 사회복지》, p.14. 이들뿐만 아니라 사회투자국가로 불리는 영국이나 캐나다도 여전히 "소득보장체제가 이루어진 복지국가의 범주에 들어간다." 위의 책, p.31.

처인 정리해고를 본격 실시하기 위한 보완책으로 설계되었으며, 정부는 이에 대해 소위 '생산적 복지'라는 한정적 복지의 원리를 채택하였다. 이 같은 복지는 그 동기에서 짐작할 수 있듯이, 사회 전반이 요구하는 복지 수요에 비하면 크게 미약한 것으로 "전통적인 가족복지의 범주를 벗어나는" 것은 아니었다.[060] 한국 복지체제의 위상과 성격은 다음 이용문을 통해서 잘 드러난다.

> "복지정책은 경제정책의 도구라는 낮은 위치를 가지며, 포괄범위의 면에서 선택적이고, 권위주의 체제의 정치적 정당성 확보를 주된 동기로 하는 개발국가적인 복지체제의 성격을 완전히 벗어나지는 못하고 있는 것이다."[061]

이렇듯 이제 겨우 초보적인 형태를 갖춘 한국의 복지체제는 전반적으로 볼 때 매우 미흡하며, 앞으로도 비관적이다. 현대적인 복지국가를 운영하기 위해서는 막대한 재정수요가 필요한데, 이를 위해선 반드시 국제 분업체계의 상위에 위치하여 초과이윤을 획득할 수 있든지, 아니면 강력한 금융자본의 실력을 바탕으로 국제적으로 경제잉여의 배분에 참여할 수 있는 능력이 있어야만 한다. 그러나 한국은 둘 중 어느 쪽도 아니다.

복지국가를 실현하지 못한 한국 사회에서 통치계급의 합법성을 일정 보완해 주는 것은 **남북 관계**로부터 비롯되는 '통일문제'이다. 이는 한국 사회가 안고 있는 민족문제의 한 측면인데, 민족문제의 다른 측면은 미국으로 상징되는 '제국주의 문제'이다. 그런데 원래 민족분단으로부터 연유한 통일문제는 그 외부

---

060 《한국 자본주의의 축적체제 변화:1987-2003》, pp.101-102.

061 위의 책, p.102.

요소인 제국주의로 인하여 모순이 적대적으로 변할 뿐 아니라, 한층 증폭하면서 악화하는 경향이 있다. 그 때문에 한반도는 전 세계적인 냉전체제의 종식에도 불구하고 여전히 전쟁의 긴장감이 감돌고 있다. 이 같은 남북 간의 적대적 관계는, 기본적으로 산업화에 성공하였음에도 아직 복지국가와 헌정 국가를 제대로 실현하지 못한 한국의 통치 집단에 대해 일정 부분 그 합법성을 보충해 준다. (민족문제에 대해선 제9장에서 다룸)

지금까지 살펴본 것처럼, 국가 주도의 경제개발이 사적 독점자본인 재벌 주도로 바뀌고, 또 형식적 민주주의가 일부 실현되었다고 할지라도 한국 사회의 신식국독자 성격이 근본적으로 변화한 것은 아니다. 지금의 한국 사회는 여전히 신식국독자가 지닌 4가지 본질적 지표들을 그대로 간직하고 있다. 이들 지표 중 일부가 신자유주의의 보편적 현상과 일정 공통점이 있다고 해서 한국 사회의 신식국독자 성격을 애써 무시하고, 한국 사회에 대한 구체적인 인식을 신자유주의라는 추상적 인식으로 대체하는 것은 퇴행적인 접근법이며 후퇴적인 발상이다.

7.4.3. 후기 신식국독자의 구조화

후기에 들어선 한국 신식국독자의 본질을 제대로 파악하는 일은 생각만큼 쉽지는 않다. 설령 앞서 지적한 4가지 지표들을 모두 인정한다손 치더라도, 많은 사람이 여전히 한국 사회가 신식국독자라는 사실을 쉽게 받아들이지는 못한다. 그 이유는 지구화 시대 들어 전 세계적으로 범람하는 신자유주의 일반적 현상에 현혹당하기 쉽기 때문이기도 하지만, 그 밖에도 한국에는 삼성전자, 현대자동차와 같은 이름있는 글로벌 기업이 존재하는 것도 중요한 이유이다.

이들 글로벌 기업이 있는 한 한국 사회도 언젠가는 선진국 대열에 진입할 수 있을 것 같은 착각에 빠져들 수 있다. 이런 사람들은 앞서 살펴본 4가지 지표는 모두 **일시적**이거나 과도적인 현상이라고 생각한다. 물론 우리가 어떤 사회에 대한 성격 규정을 하려면 일시적일 수 있는 특징들을 지적하는 데 그쳐서는 안 된다. 이와 관련하여 한국경제의 **대외 종속성을 '구조화' 시키는 내적 기제(시스템)**에 대한 설명이 필요하다. 우리는 오늘날 한국경제의 현실로부터 그러한 기제를 어렵지 않게 발견할 수 있다.

한국경제는 1990년대 들어 신자유주의 개방화에 휩쓸림으로써 국제시장의 무한경쟁에 더욱 시달려왔다. 이 때문에 경제개발 초기부터 형성돼 온 신식민지적 축적양식이 지양되지 못한 채 새롭게 구조화되는 길을 걷고 있다. 한국의 재벌기업은 여전히 핵심 기술력을 갖추지 못한 채, 국내외의 저렴한 노동력에 의존하는 것을 그 경쟁력의 기초로 삼고 있다. 다음의 인용문을 한번 보자.

"현재와 같은 투자주도형 성장이 한계에 다다랐다. 한국의 주도산업들은 이미 성숙산업 단계에 들어가서 후발자의 추격이 만만치 않다. 예컨대 중국은 반도체 산업 등을 추격할 조건을 모두 갖추고 있다. 한국의 재벌체제에 못지않게 중국의 사회주의체제는 자금을 대규모로 집중 동원할 수 있으며 실리콘 밸리에 있는 중국계 인력 역시 언제나 동원될 수 있다. 반도체 설비는 한국과 똑같이 일본이나 미국에서 수입할 수 있다."[062]

---

062 《한국자본주의 발전모델의 형성과 해체》, pp.208-209.

국제시장에선 오늘날 '글로벌 스탠더드'라는 개념이 유행하고 있다. 그 시조는 1960년대 IBM인데, 당시 이 회사는 대형 컴퓨터시스템인 360시스템을 만들 때 '모듈화' 방식을 최초로 도입하였다. 이후 이 모듈화 생산방식은 지구화 시대에 들어, 컴퓨터 관련 영역뿐만 아니라 일반제조업 영역으로까지 널리 확산하여 현재 국제 분업의 주요 형태로 자리 잡았다.

이 생산방식에 따르면 표준만 지키면 세계 어디에서 만들어도 통용이 가능하다. 그 때문에 부품의 표준화 속도는 빨라지며, 그 틀 안에서 경쟁이 발생하면 기업들은 가격경쟁의 늪에 빠지기 쉽다. 또 그렇게 되면 당연히 인건비가 싼 나라가 유리하다. 한국이 현재 국제경쟁력을 지니는 반도체 산업이 바로 그 대표적인 분야다. 위의 인용문 저자 역시 반도체를 포함한 한국 일부 산업 분야의 경쟁력 우위를 여전히 '대규모 투자'에 기초한 것이라고 보고 있다. 삼성전자의 기술경쟁력도 따지고 보면 자체 일정한 첨단 기술을 보유한 외에는, 상당 부분 국내외의 값싼 노동력을 활용한 '인건비' 우위에 의존한다. 이 때문에 삼성전자로 대표되는 한국경제의 경쟁력은 머지않아 후발 추격자들에 의해 쉽게 위협받을 수 있을 것이라는 우려가 끊이지 않는다.

국가적으로 탄탄한 기술력 기반을 갖추기 위해선 먼저 국내적으로 유기적인 분업 구조가 필요한데, 이를 위해선 국내 중소기업에 대한 정부의 장기적인 육성책과 함께 대기업과의 관계에서 건전한 원-하청 관계를 정립하는 일이 무엇보다 긴요하다. 그런데 이 또한 신자유주의하에서 격심한 국제시장 경쟁과 한국 증시를 주무르는 외국인 투자가들 때문에 충분한 시간적 여유를 가질 수 없는 형편이다. 이 때문에 한국경제의 장기적인 경쟁력 기반의 구축은 더욱 요원한 일이 되고 있다. 대기업들은 눈앞의 이윤에만 급급해하며, 한국 사회는 비정규직의 이상적인 확대와 영세 자영업 계층의 과도한 비대화 등 중산층의 전반적인 몰락 현상이 속출하고 있다. 이들은 모두 국내시장을 더욱 황폐하게 하는 요인들이며, 그 때문에 한국 기업들은 다시 해외시장에 대한 의존도를 더욱 높일 수밖에 없게 된다.

이는 국내시장의 위축과 해외시장에 대한 의존도의 심화가 최근 들어서 발생한 일시적인 현상이라기보다는 후기 신식국독자의 구조적 특성과 관련이 있음을 시사한다. 이 같은 자기강화 기제는 **'해외시장 의존→저임금 구조→국내시장 위축→ 해외시장 의존 심화'**로 도식화할 수 있다. 그것은 전기 신식국독자에서 이미 존재하였는데 후기에 와서도 전혀 시정되지 않고 있음을 확인해준다. 이러한 기제가 작동되는 이면에는 앞서 살펴보았던 현대 제국주의(대외 의존성), 폭압적 국가권력, 재벌체제라는 신식국독자를 구성하는 다른 3가지 요소가 존재한다.

후기 신식국독자의 '구조화'를 더욱 확실하게 만드는 것은 1997년 외환위기 때의 일련의 조치들과 한미 FTA 협정(2007년)이다. 이들은 모두 국제협정의 성격을 띠기에 이후 번복하기가 쉽지 않다. 그중 한미 FTA 협정에는 '역진방지조항'과 '국가제소조항'이 들어있다. 이는 기존의 체결된 협약을 반(半) 영구화시키는 효력을 갖게 만들며, 이 때문에 후기 신식국독자의 구조화는 일종의 '법률적' 형식까지 갖추었다고 볼 수 있다.

여기서 한미 FTA 협정의 의의에 대해서 잠깐 짚고 넘어가도록 하자. 외환위기 때 자유화 조치와 그 이후 한미 FTA 협정이 서로 다른 점은, 전자가 아직 '자본시장' 영역의 개방에 그쳤던데 반해, 후자는 일반 서비스업을 포함한 그야말로 경제 전반의 전면 개방이 이루어졌다는 점이다. 물론 이는 전자가 체결될 때 일견 예견되었던 일이기도 하다. 왜냐하면 자본시장 개방으로 인하여 더욱 해외시장에 의존하게 된 한국경제는, 한층 강화된 외부적인 요인 때문에 더욱 주동적으로 내부 개방을 추진하지 않을 수 없었기 때문이다. 그런데도 사람들은 아직 이러한 전면 개방의 엄중함을 충분히 깨닫지는 못하고 있다.

한미 FTA 협정의 효과는 현재보다는 **미래**에 점차 시간을 두고 가시화될 것으로 보이며, 서비스 분야 개방, 지적재산권 보호의 강화, 투자 자유화 조치들은 지금 당장은 한국경제에 크게 문제 되지 않을 수 있다. 왜냐하면 한미 간 상호 경쟁력 우위 분야의 차이 때문에 현재 한국경제를 주도하는 재벌들의 이익과 크게 상충하는 영역이 아직 적기 때문이다. 그러나 한미 FTA는 한국경제에서 미래의 경쟁력을 차단할 공산이 크다. 투자 자유화와 지적재산권 보호의 강화로 인공지능과 생명공학 및 우주항공 등 현재의 정보화시대 이후를 이끌어 갈 미래산업 분야에서 아직 유약한 한국 기업들은, 이들 분야에서 이미 상당한 실력을 갖춘 선진국 자본들과 아무런 보호 장치 없이 맞설 수밖에 없게 되었다. 역사적 경험에 비추어 보면 어느 나라고 간에 유아산업은 자국의 일정 기간 보호조치가 필요하다. 이런 점에서 볼 때 국내 재벌들은 자신들이 현재 얼마간 비교우위를 갖춘 전자와 자동차 분야의 대미시장 점유율을 지키기 위해서 미래 이익을 헐값에 팔아넘긴 셈이다.[063]

현재 한창 진행 중인 제4차 과학기술 혁명의 특징은 '지식 중심'이라는 점에 있다. 이 같은 지식 중심의 과학기술 발전은 그 진행 속도가 매우 빠르며 포괄

---

063 한미 FTA 저지 범국민운동본부에 따르면, 2007년 협상 결과는 88개 쟁점 중 미국 안을 77퍼센트(64개) 반영하고 한국 안은 8퍼센트(7개)만 반영하였다고 한다. 특히 한미 FTA가 서비스 부문을 포괄주의 방식으로 전면 개방한 것에 대한 우려가 높다. 이것은 미래에 새롭게 등장할 서비스 부문을 포함해 협정에 명시되지 않은 모든 서비스의 개방을 의미하는데, 정태인 씨에 따르면 이는 마치 "서비스를 포함한 모든 부문에 걸쳐 IMF 관리체제가 도입"되는 것과 마찬가지라는 것이다. 관련 내용, 《한국 신자유주의의 기원과 형성》, pp.403-404.

범위 또한 광범위하다.[064] 이렇듯 빠르게 진보하는 현대 과학기술 앞에서 지금 한국경제가 몇몇 제조업 분야에서 누리고 있는 경쟁력은 그야말로 눈 깜빡할 사이에 사라질 수 있다. 그런데도 스스로 미래 산업의 성장을 가로막는 조치를 채택한 것은 선진 사회로의 진입을 포기하고 신식국독자를 영구화하는 행위로밖에 볼 수 없다.

---

064 중국 과학계를 대변하는 두 기구-중국과학원과 중국공정원-의 권위 있는 원로 및 기술엔지니어 등 100여 명을 대상으로 2011년 진행된 조사에 따르면, 앞으로 인류는 2020년까지 그간 컴퓨터와 인터넷을 중심으로 한 '정보기술혁명'을 일차로 마무리 짓고, 2020년부터 2050년까지 '생명공학'을 중심으로 하는 새로운 과학기술의 발전이 이루어질 것으로 예측했다. 그리하여 인류는 이 단계에서 생명의 연장법과 시간 활용법의 난제를 해결한 후, 2050년부터 21세기 말까지는 본격적인 우주항공 시대에 진입할 것이라고 내다보았다([中]何传启 主编,《第六次科技革命的战略机遇》참조). 2015년에 중국 과학자들이 3D 기술로 '인공혈관' 제작에 성공했다고 하는 소식이 보도되었는데, 이는 위의 예측이 결코 허황한 꿈만은 아님을 입증한다. 이 기술이 좀 더 발전하면 인간은 심장이나 다른 기관 등 필요한 장기들을 필요한 만큼 공급받을 수 있으며, 이 때문에 인간 수명은 지금보다도 훨씬 연장될 것이다.

     후기 국가독점자본주의론과 한국사회 성격 - 하

7.5. 다극화 세계와 신식국독자

끝으로 신식국독자와 새로운 국제질서와의 관계에 대해서 살펴보기로 하자. 신식국독자는 현대 제국주의 범주와의 관계 속에서 비로소 성립할 수 있다. 그런데 앞서 제5장에서 살펴보았듯이 현대 제국주의는 급속히 쇠락하는 과정에 있으며, 이를 대신해서 세계는 다극화의 방향으로 나아가고 있다. 그 때문에 우리는 이 같은 국제질서의 다극화가 한국의 신식국독자 발전에 미치는 영향에 대해서 생각하지 않을 수 없다.

다극화에 기초한 신국제질서는 장차 한국의 신식국독자에 대해 다음과 같은 측면에서 그 내부에 침투한 현대 제국주의 요소를 약화시킨다.

첫째, 새로운 다변화한 시장을 제공한다. 미국은 달러패권을 기반으로 그간 세계 '소비 중심'으로서의 역할을 자임하며 주변국에 대한 영향력을 강화해 왔다(제5장 참조). 한국이 미국에 의존하는 것도 따지고 보면 '미국 시장'이 한국 수출에서 차지하는 비중이 크기 때문이다. 그러나 새롭게 중국을 비롯한 거대 신흥시장들이 성장함으로써 미국 시장의 비중과 중요성은 점차 줄어들고 있다. 한국 수출에서 중국이 차지하는 비중은 대략 21.8%~25.9%임에 비해, 미국은 14.5%~16.2%이다. 이점은 미국의 한반도에서의 영향력이 감퇴하는 가장 중요한 요인이다.

년도	중국 비중 (%)	미국 비중 (%)
2020	25.9	14.5
2021	25.3	14.7
2022	22.8	15.6
2023	21.8	16.2

출처: 한국무역협회(KITA)와 한국은행 등의 공식 통계 참고함.

물론 그 대신 한국경제의 중국 시장에 대한 의존도가 커지는 문제점도 제기된다. 이는 한국경제에 있어 마찬가지로 취약성이긴 하지만, 그것은 종속성 혹은 신식민지성과는 성격이 다르다. 앞서도 지적했듯이 단순히 무역에서 대외의존성만으로 종속 개념이 성립되는 것은 아니며, 그보다는 현대 제국주의와의 관계에서 특별한 의미를 띠게 된다. 제6장에서 살펴보았듯이 '브릭스'로 대변되는 신흥 개발도상국들은 지금의 다극화 추세와 신국제질서 수립에 있어 중요한 역할을 담당하고 있다. 이들이 추구하는 신 국제질서는 현대 제국주의가 주도해온 기존의 질서와는 성격이 근본적으로 다르며, 그 **대립물로서 공정과 평등, 호혜를 지향**한다.

둘째, 국내 금융시장의 안정에 기여한다. 현대 제국주의의 핵심은 국제통화체계에 있다. 그러나 이 같은 현대 제국주의가 주도하는 국제통화체계와 미국의 달러패권은 2015년 중국과 개발도상국들이 주도하는 '아시아 투자은행(AIIB)'의 정식 출범과 브릭스의 확대로 인하여 급격히 동요하는 실정이다. 이제 점차로 달러의 세계 기축통화로서 독점적 지위가 상실되고, 이 분야에서도 다원화가 이루어질 것으로 예측된다. 그 경우 그것이 한국 신식국독자에서 갖는 의미는 상당하다.

먼저, 거시적 측면에서 주식시장과 외환시장의 긴밀한 연계에 따라 발생할 수 있는 금융위기의 고리를 차단할 수 있다. 그간 한국 주식시장을 외국인 투자가들 특히 달러를 많이 보유한 미국계 투자가들이 주도함으로써, 이들이 주식을 대량으로 매도하고 해외로 빠져나갈 경우 외환시장이 덩달아 불안해질 것이 우려되었다. 그러나 장차 세계 기축통화가 다원화됨으로써 한국은 평상시 불필요한 막대한 달러를 보유해야 하는 부담에서 벗어날 수 있게 되며, 이로부터 현대 제국주의의 한국경제에 대한 거시적 영향력을 약화시킬 수 있다. 만약 외환위기의 위협에서 벗어나게 되면, 미시적 측면에서도 외국인 기관투자가들의 한국 기업에 대한 영향력 역시 많이 줄어들게 될 것이다. 왜냐하면 설령 이들이 대량의 주식매도를 하고 빠져나간다고 한들, 단기간의 주식폭락 사태를 일으키기는 하겠지만 그것이 1997년 IMF 사태 때처럼 외환위기로 이어지고 경제 전반을 뒤흔들지는 않을 것이기 때문이다. 이 경우 연기금 등을 동원하여 차츰 소화할 수 있다.

셋째, 정치적 측면에서 보면 국제질서의 다극화는 한반도의 긴장 완화를 가져와 결국 한국의 '폭압적 국가권력'을 약하게 만드는 결과를 낳는다. 탈냉전 이후 한반도와 동북아시아에서 조성된 긴장감은 다름 아닌 미국의 '대(對)중국 포위전략'으로부터 비롯되었음이 갈수록 분명해지고 있다. 즉 미국은 중국 봉쇄를 목표로 하면서 이를 위해 남북분단을 이용하고 한반도의 대치와 긴장 상태를 높여가고 있다. 그러나 다극화의 진척에 따라 미국으로 상징되는 현대 제국주의 세력의 퇴조는 불가피하며, 이와 함께 동북아와 한반도에서 미국의 영향력도 자연스럽게 감퇴할 수밖에 없다. 이에 따라서 남북 간의 긴장 완화는 필연적 추세가 된다. 그렇게 되면 그간 이를 빌미로 유지되어온 한국의 '폭압적 국가권력'은 크게 약해질 수밖에 없다. 그리고 이는 최종적으로는 신식국독자의 가장 중요한 물적 토대인 '재벌체제'의 붕괴를 가져온다.

이상에서 국제질서의 다극화가 가져오게 될 한국 사회의 긍정적 변화를 열거하였다. **다극화는 이처럼 한국 신식국독자가 새로운 사회로 전환하기 위한**

유리한 조건을 제공한다. 그러나 그렇다고 해서 한국 신식국독자의 성격이 저절로 바뀐다는 뜻은 아니다. 현시기 다극화는 그 본질상 진보적이지만, 그것이 곧 전 세계적인 자본주의 종식을 의미하지는 않기 때문이다. 다만 지구화 시대를 맞아 지금보다는 좀 더 '공정한' 신국제질서를 가져오는 역할을 기대할 수 있다. 어떤 측면에서는 현대 제국주의라고 하는 국제관계 상부구조에서의 '독점적' 요소가 제거됨으로써 각국 간 경쟁은 더욱 치열해질 수 있다. 그 때문에 비록 현대 제국주의가 쇠퇴하더라도 한국은 재벌체제가 존속하는 한 한국경제의 지나친 대외 의존성은 단기간에 바뀌기가 힘들다.

재벌들이 계속해서 국내시장을 희생하는 대가로 해외시장에서 경쟁력을 확보하는 한, '수출의존-저임금 노동'이라고 하는 한국경제의 고질적인 악순환 구조는 결코 끊기가 힘들다. 오히려 한국의 재벌과 보수 집단은 이 같은 자신들이 익숙한 축적방식을 고수하기 위해서도 (근래의 '사드' 문제에서처럼) 한국 사회에서 현대 제국주의의 신속한 쇠퇴를 막으려 할 것이다. 이 때문에 한국 신식국독자의 낡은 질서의 청산 작업은 생각보다 지루하게 진행될 수 있다. 실제로 한미 FTA가 체결된 배경에는 이 같은 정치적 배려가 많이 깔려있다.[065] 또 현대 제국주의의 쇠락은 필연적이지만, 그것은 역사적인 과정으로써 비교적 긴 시간에 걸쳐 이루어진다는 사실 또한 염두에 두어야 한다.

그렇다면 다극화 시대에 한국 사회가 지향해야 할 방향은 무엇일까? 이 문제에 대한 해답은 많은 부분 우리 스스로 얼마만큼 빨리 재벌체제를 청산하느냐와 관련된다. 현대 제국주의의 쇠퇴에 따라 한국의 '폭압적 국가권력' 역시

---

065 다음 인용문을 참고. "최근 위키리크스가 공개한 자료에 따르면 2009년 미 국무부에 보낸 보고서에서 주한 미 대사는 '한국에서 중국의 영향력이 커지는 시기에 한국을 미국에 묶어두는 상징의 역할을 할 것'이라면서 한미 FTA에 대해 그 정치적 효과를 지적하고 있다. 김종훈 수석 부대표가 말했듯이 '한미 간에 상호방위조약이 있다. FTA 체결은 경제동맹'인 것이다." 《한국 신자유주의의 기원과 형성》, p405. 굵은 강조는 인용자에 의한 것임.

동반적으로 쇠퇴할 수밖에 없기에, 지금과 같은 재벌체제가 더 이상 유지될 수 없는 것도 필연적이다. 그렇다면 결국 한국의 신식국독자는 선진국 국독자를 향해 진화해 갈 수 있지 않을까 하는 의문이 떠오를 수 있다. 사실 이 같은 문제 제기는 우문(愚問)에 불과하다. 신자유주의의 유행과 그것이 몰고 온 금융위기에서 볼 수 있듯이, 선진국 국독자 역시 내부적으로는 많은 문제점을 안고 있다. 그들의 높은 실업률과 거의 정체에 가까운 더딘 생산력 발전은 자본주의 체제 자체가 이미 역사적으로 수명이 다한 체제임을 보여준다. 앞으로 다극화에 기초한 신국제질서 하에서 선진국 국독자의 내부 모순을 외부에 전가할 길은 더욱 협소해지고, 그 위기는 갈수록 깊어질 수밖에 없다. 그런 때에 한국의 노동자계급과 진보세력은 새롭게 맞이하게 될 국내외 정세의 유리한 조건 속에서 굳이 '국가독점자본주의'라고 하는 이미 수명이 다한 낡은 제도에 자신의 눈높이를 맞추어야 할 이유는 전혀 없는 것이다.

8장

한국사회 성격(Ⅱ)

본 장에서는 제7장에 이어 한국 사회와 관련한 주제를 다룬다. 앞장에선 주로 한국 사회의 전체적인 성격과 관련하여 논의하였다면, 본 장은 개별 사안으로서 한국 사회의 핵심 문제라 할 수 있는 재벌 문제를 다룬다.

한국의 재벌 문제는 신식민지국가독점자본주의의 재벌 문제이다. 이 같은 한국 재벌 문제의 특수성을 이해하지 못하면, 왜 종전 후 서구 선진국 국독자에선 재벌이 약화 내지는 해체의 길을 걸었음에도 한국에서는 이와는 반대로 계속해서 그것이 강화되어왔는지를 이해할 수 없다. 본 장에선 재벌체제의 성립과 발전과정을 추적한다. 그리고 이 같은 재벌 문제의 해결책은 '공기업화'의 길이 유력하며, 이는 또한 한국 신식국독자를 개조하는 근본적인 길임을 밝힌다.

8.1. '재벌체제'의 형성

8.1.1. 한국 재벌체제의 초기적 성립

재벌은 사적 독점자본의 한 형식으로, 소유구조가 특정 개인이나 가족 소유를 중심으로 이루어지는 기업집단을 말한다.[066] 그 경우 **'재벌체제'**는 한 나라 국민경제에 대해 재벌이 주도하는 경제를 의미한다. 이렇게 볼 때 재벌체제는 다음과 같이 다시 정의될 수 있다. 즉 총수 개인이나 그 가족에 의해 지배되는 기업집단들이 발전하여 한 사회 전반의 경제를 주도하는 체제이다. 이러한 재벌체제는 한국경제의 본질적인 부분이며, 또 그것은 한국 사회가 여전히 신식국독자임을 보여준다.

한국에서 재벌체제가 형성된 시기를 언제로 볼 것인지는 이견이 있을 수 있다. 시기 구분에 있어 중요한 점은 재벌체제와 재벌을 구분하는 일이다. 앞서 정의에 따르면 재벌체제의 형성 시기는 몇몇 개별 재벌이 출현한 시기가 아니

---

066 재벌에 대한 사전적 정의를 몇 개 소개하자면 다음과 같다. "재계에서 큰 세력을 가진 독점적 자본가나 기업가의 무리, 또는 일가나 친척으로 구성된 대자본가의 집단."[한국민족문화대백과] "거대 자본을 가진 동족(同族)으로 이루어진 혈연적 기업체군."[두산백과] "재벌(財閥)은 복합기업 중에서도 주로 가족이나 일가친척으로 구성된, 근대 일본 및 현대 대한민국의 기업집단을 가리킨다."[위키백과]

라, 일련의 재벌 군(群)들이 출현하여 한국경제를 '주도'하기 시작한 시기가 된다.[067] 그 때문에 재벌체제가 성립된 시기를 정확히 판단하기 위해선 위 재벌체제의 정의와 관련되는 세 가지 측면, 즉 ▲기업집단의 발전 ▲총수경영의 정착 ▲재벌의 경제 주도성에 대해서 각각 살펴보아야 한다.

(1) 기업집단의 발전

소유와 경영에서 상호 유기적인 관련성을 갖는 기업집단의 성립은 독점자본 일반의 자연스러운 요구이자 객관적 과정이기도 하다. 독점자본은 출현한 후 자신의 본성에 따라 그 독점성의 끊임없는 강화를 추구하며, 이를 위해서 횡적 확대와 종적 확대를 지속한다. 한국에서 기업집단은 본격적인 경제개발계획이 추진되기 이전인 1950년대에 이미 출현했다. 1950년대 중반 무렵부터 일반 대중들 사이에는 '재벌'이란 말이 회자되기 시작하였으며, 1950년대 후반에는 삼성, 삼호, 개풍 등이 산하에 적지 않은 계열사를 거느리면서 명실상부한 재벌로 부상하였다.[068] 훗날 한국경제를 대표하는 삼성은 이 무렵 모기업인 무역업을 중심으로 제조업, 금융업 부문으로 다각화함으로써 이미 국내 최대의 금융콘체른을 형성하였다.

그러나 이 시기의 기업집단은 전체적으로 숫자가 그리 많지 않았으며, 그 내부 규모도 작고 또 발전이 완만하였다. 이 같은 자생적인 기업집단의 형성을

---

067 김기원은 그의 논문에서 "재벌체제의 확립기란 재벌체제의 발전이 정점에 달하고 동시에 내재되었던 모순이 발현되기 시작하는 시기"라고 규정하였는데, 이런 측면에서 그는 1980년대 전반을 중요하게 본다.(《한국자본주의 발전모델의 역사와 위기》, p.55.) 필자 역시 그의 견해에 기본적으로 동의한다. 다만 필자는 재벌체제의 '초기적 성립'과 재벌체제의 '확립'을 진일보 구분할 필요가 있다고 보며, 그런 면에서 김기원의 입장과는 다소 차이가 있다. 이 점은 이후 서술할 것이다.

068 이한구, 《한국 재벌형성사》, p.73. 이 밖에도 럭키, 대한산업, 동양, 현대, 쌍용, 코오롱, 한일합섬, 벽산, 태광, 전방, 한국생사, 방림방적 등이 1950년대를 거치면서 업계에 두각을 나타내며 재벌로의 태동을 준비하였다.

훨씬 촉진한 것은 1960년대 초반부터 시작된 정부 주도의 '압축적 자본주의화'라고 할 수 있다. 특히 **중화학 공업화** 정책이 본격적으로 추진되기 시작한 1970년대 중반 이후 한국경제에서 기업집단의 발전은 매우 두드러졌다. 정부는 중화학 공업화라는 국가적 목표를 신속히 달성키 위해 특정 기업을 선정해서 집중적으로 지원하는 특혜 정책을 펼쳤다.

정책을 주도하는 정부의 시각에선 한국과 같은 개발도상국은 그 개발 초기에는 국내시장이 협소하고 또 독과점업체의 규모도 국제 최소단위보다 훨씬 소규모인 관계로, 처음부터 과당경쟁이 일어나는 것은 당시 제한적인 국내 자본과 외환 사정에 비추어 그리 현명하지 못하다고 보았다. 그보다는 정부가 독과점 이윤을 가격 규제 등을 통해 일정 배제시키면서, 이미 존재하는 기존 기업들이 하루속히 국제적 최소규모와 국제경쟁력을 갖출 수 있도록 육성 후 신규참가를 허용하는 것이 유리하다고 생각했다.[069]

이리하여 정부는 직접 중화학 공업에 투자하는 기업을 선정한 후 이들에게 투자기금을 우선적으로 사용케 하였으며, 또 이자율 보조도 적극적으로 실시하는 등의 특혜를 주었다. 예컨대 당시 정부는 최고금리와 기준금리 및 예금 기간별 실행금리를 직접 통제했는데, 중화학 공업화와 관련 있는 산업·수출산업·방위산업·주요 원자재 수입 관련 산업에 대해 낮은 금리를 적용하고 금리조절 대상에서도 제외해 주었다.[070]

중화학 공업은 주지하다시피 거대한 시설과 거액의 자본, 기술 그리고 고도의 경영 능력을 필요로 한다. 따라서 기업도 이에 참여키 위해선 일정한 실력을 갖추어야 하며, 상당 정도 위험 부담을 감내할 각오를 해야 한다. 그러나 정부

---

069 《한국 자본주의의 축적체제 변화:1987-2003》, pp.82-83.

070 《한국자본주의 발전모델의 형성과 해체》, p.159.

가 기업들의 적극적인 참여를 유도하기 위해 이처럼 막대한 특혜를 베풀다 보니, 당시 어느 정도 실력을 갖춘 한국 기업들은 너도나도 뛰어들고 싶어 했다. 이들은 정부가 주도하는 중화학 공업 계획에 참여하는 것을 "영토 확장, 대형화를 달성할 수 있는 최고의 찬스인 동시에 마지막 기회"[071]라고 간주하였다. 왜냐하면 일반적으로 국민경제가 중화학 공업화 단계를 넘어서면 대기업을 세우고 독점자본으로 성장할 기회가 점차 줄어들기 때문이다. 이리하여 중화학 공업과 관련한 분야에 새로운 기업들이 우후죽순처럼 생겨나고, 이 과정에서 동일 소유주를 중심으로 한 기업집단이 1970년대 중반 이후 급속히 형성되었다.

한국의 기업집단이 이 무렵 성행하게 된 데에는 또 다른 이유가 있다. 그것은 다름 아닌 당시의 '은행 대출 관행'과 정부 주도 경제개발의 부산물인 '인플레이션 현상'과 관련된다. 중화학 공업 분야에 새로 진출하는 기업들은 초기의 막대한 소요 자금을 대부분 외부자금 특히 은행으로부터의 자금차입에 의존하였다. 이리하여 원활한 자금조달을 위해서 기업들은 은행이 요구하는 담보물 가치가 있는 자산을 많이 갖고 있어야만 했는데, 당시 은행들은 보통 부동산이나 공장부지 및 기계설비 등 실물자산을 선호하였다. 그 때문에 이후 '대마불사'라는 말까지 나왔듯이, 많은 계열 기업사를 거느릴수록 이러한 기업집단은 은행 대출을 많이 받을 수 있었으며, 또 이렇게 은행 대출이 일정 수준까지 확대된 이후에는 기존 대출이 부실화할 것을 염려한 은행들이 자동으로 추가 대출을 보장해 주었던 관계로 자금조달에 유리하였다.[072]

---

071 위의 책, p.151.

072 다음 인용문은 이를 뒷받침한다. "중화학공업화와 더불어 한국은 전형적인 투자주도 성장 국면에 들어갔다. 이러한 상황은 여러 가지 파생적 행동양식을 만들어낸다. 산업정책 자체가 대기업을 만들어냈고 기업이 크다고 하는 것은 다시 신용을 더 얻기 유리한 위치를 차지하게 된다. 금융제도의 특징은 또한 재벌이라는 특수한 산업조직을 만들어내게 된다." 《한국자본주의 발전모델의 형성과 해체》, p.206.

다른 한편, 경제개발을 주도하는 정부가 당시 부족한 재정수입을 메우고자 화폐 발행을 많이 하였는데, 이 때문에 1970년대 내내 높은 인플레이션이 발생하였다. 인플레이션의 만성화는 사회적으로 실물자산에 대한 선호 현상을 불러일으켰다. 이는 기업들이 빚을 내어 신규 기업을 세우거나 남의 기업을 인수하는 등 토지 및 고정자산에 대한 투기를 크게 부추겼다.

이렇듯 처음에는 정부의 산업정책에 부응하고 미개척 분야로 널려 있던 사업 부문에 진출하기 위해서 기업집단이 형성되었다고 한다면, 이후 차츰 이것이 '진화'하면서 대출의 용이성, 인플레이션의 활용, 부실기업 살리기에 유리한 점 등 다른 이유가 곁들여지며 한국의 독점자본은 더욱 다각화를 추구하여 문어발식 기업집단이 곳곳에서 형성되었다.

(2) 총수경영 관행의 정착

비록 기업집단이 성립하더라도 막상 그 소유와 경영에 있어서는 여러 가지 형식을 취할 수 있다. 예컨대 가족 소유 중심이 아니라 법인 기업집단 간의 상호 교차적 소유형식을 취할 수도 있고, 소유와 경영이 분리된 전문경영인 제도를 채택할 수도 있다. 그렇다면 소유와 경영의 일체화를 의미하는 총수경영 관행은 한국경제에서 어떻게 도입되고 정착되었을까?

일반적으로 자본주의 발전의 초기 단계에는 경영자와 소유주가 동일한 경우가 많다. 또 그런 시기에는 대개 아직 자본시장이 미발달한 관계로 기업공개가 부진하고, 기업 활동에 요구되는 경영 전문성도 그리 높지 않기 때문에 소유주의 강력한 리더십이 그런대로 유효할 수 있다. 주지하다시피 한국의 자본주의는 1960년대 들어서야 비로소 본격적인 개발을 시작했으며, 이후 매우 짧은 시간에 급속한 발전을 이루었기에 아마도 소유와 경영이 일치하는 관행은 기업집단 성립 후에도 계속해서 '총수경영'의 형태로 이어졌을 가능성이 높다.

여기에 덧붙여, 앞서 언급한 한국에서 기업집단이 형성되는 과정은 이 같은 총수경영 관행이 도입되어 정착되는 데 있어 각별한 영향을 미쳤다. 즉, 중화학공업화의 추진을 위해 정부가 베푸는 막대한 특혜는 기업들에게 커다란 유혹이 되었으며, 그 때문에 당시 어느 정도 실력을 갖춘 기업들은 너도나도 뛰어들고 싶어 했다. 하지만 그렇다고 모든 기업이 그런 기회를 골고루 누렸던 것은 아니다. 정부 주도의 경제개발에 참여하기 위해선 '인맥 관계'가 특히 중요하였으며, 이 과정에서 **정경유착**은 필연적이었다. 실제로 1960년대 정부 주도의 경제개발이 착수된 이래 정경유착은 항시적으로 존재하였으며, 많은 경우 그것은 기업의 생사를 가늠하는 관건이었다.

예컨대 1965~1985년 사이의 통계는, 이 시기 재벌의 부침이 매우 심해 1965년에 선정된 10대 재벌 중 오직 삼성과 럭키만이 그 지위를 유지하였고, 나머지는 멸망하거나 쇠퇴하였음을 보여준다. 그 원인은 대체로 정치권력과의 관계 및 정부 경제개발정책에 대한 참여 여부가 주요한 것이었다.[073] 이 같은 사회적 상황에서 재벌총수가 직접 경영을 챙기는 것은 불가피한 선택이었다. 이처럼 정부 주도의 경제개발과정에 필연적으로 따르게 마련인 정경유착의 관행은 한국 기업집단에서 총수경영이 자리 잡게 되는 뿌리 깊은 근거가 된다. 앞장에서 살펴본 것처럼, '강력한 국가자본주의' 전략하에서 사적독점이 육성되고 발전한 한 단면이었다.

이 점을 이해하는 것은 남은 문제에 답하는 데 도움이 된다. 즉, 서구에서도 독점자본이 발전하던 초기에는 소유와 경영이 분리되지 않은 총수경영 관행

---

073 예컨대, "정관계와의 불법 거래를 위해 비자금을 조성하려면 회계를 조작해야 하고, 이렇게 회계가 불투명해진 상황에서 총수가 경영일선을 떠나긴 힘들다. 예컨대 액수가 큰 뇌물은 총수가 직접 배달하지 않을 수 없다"는 등의 사정이 그것이다. 《한국자본주의 발전모델의 역사와 위기》, p.50.

이 유행한 적이 있다. 하지만 제2차 세계대전 이후 점차 재벌의 쇠퇴와 함께 그 관행이 약화하고, 1960년대 들어서는 보편적으로 소유와 경영의 분리가 확연히 발생하였다. 그렇다면 한국에서는 총수경영 관행이 굳어져 오늘날까지 이르게 된 것은 무슨 연유에서일까?

이점은 한국의 특수성이 반영되었다고밖에 볼 수 없다. 그것은 어쨌거나 '정경유착'의 필요성이 객관적으로 사라지지 않은 것의 반증인데, 다만 그 구체적 내용은 신식국독자 전기와 후기에 있어 일정한 변화가 있었다고 보인다. 즉 전자에 있어선 국가 주도형 경제개발로 인해 정치권력이 재벌의 생사여탈권을 갖고 있었기 때문이라고 한다면, 후자는 **재벌체제가 이미 공고화된 상태에서 오히려 재벌이 정치권력의 우위에 서게 된 현실**을 반영한다. 이 점에 대해선 이후 본 장 '2.2. 재벌 과두제의 성립'에서 좀 더 자세히 다룰 것이다.

(3) 재벌의 경제 주도성 확립

1980년대 전반은 재벌의 한국경제에 대한 주도성 확립에서 매우 중요한 시기이다. 우선 재벌이 국민경제에서 차지하는 비중에 있어 상당한 변화가 발생하였다. 아래 표 8-1을 보면, 상위 20대 재벌의 부가가치 생산이 전체 GDP에서 차지하는 비중은 1973년 7.1%로 채 10%에 못 미치던 수준이었는데, 1983년에는 16%로 그 두 배 이상 상승하였다. (총매출액이 아닌 '부가가치생산'임에 주의!)

또 재벌과 중소기업과의 관계에서 볼 때, 중소기업에 대한 재벌의 지배력은 1980년대 전반을 거치면서 공고화되었다. 즉 중소기업 중 하청업체의 비중이 1978년의 18.2%에서 1987년에는 48.5%로 급증하였다. 더 나아가 1980년대에 재벌의 시장지배 원천은 **제도적 진입장벽**으로부터 **기술적 요인**으로 변화하

였다. 이는 "기술적 우위성을 바탕으로 한 근대적 독점이윤이 확보"[074]되었음을
의미한다. 이후 재벌은 이러한 독점이윤을 물질적 기반으로 하여 1987년 노동
자 대투쟁 이후 대기업 노동자들에 대한 일정한 양보를 할 수 있게 되었다. 이
처럼 1980년대 전반에 재벌의 한국경제에 대한 주도성이 대체로 확립되었다
고 볼 수 있다.

표 8-1. 재벌 부가가치 생산의 GDP 대비 비중

	1973년	1978년	1983년	1989년
상위 5대집단	3.5%	8.1%	10.0%	8.4%
10	5.1	10.9	13.0	10.4
20	7.1	14.0	16.0	13.5

출처: 《한국자본주의 발전모델의 역사와 위기》, p.54.

이상 재벌체제의 성립과 관련된 세 가지 측면에 대해 살펴보았다. 1980년대
전반까지 한국경제는 이렇듯 재벌체제가 형성되기 위한 기본조건이 모두 갖추
어짐에 따라 그 초기적인 성립을 보게 된다. 재벌의 순위변동과 재벌 계열사 숫
자의 변화와 관련한 이하의 통계는 그 같은 판단을 좀 더 보강하는 의미를 지
닌다.

먼저 재벌의 순위변동과 관련하여 보자면, 산업구조의 차원에서 1970년대
진행된 한국경제의 중화학 공업화는 재벌체제의 확립에 큰 뒷받침이 되었다.
이 과정을 통해 재벌들은 비교적 안정적인 자기 축적 기반을 갖게 되었는데,
이는 통계상으로 일정하게 반영되었다. 예컨대 1960년 이후 10대 재벌의 순위
변동을 보면 1960년-1972년-1979년-1987년-1996년 사이에 탈락한 10대 재
벌은 각각 6개, 4개, 1개, 1개로 중화학 공업화가 시작된 1970년대 이후 재벌

---

074 《한국자본주의 발전모델의 역사와 위기》, p.56.

순위가 점차로 안정되어 감을 알 수 있다. 또 30대 재벌의 계열사 숫자를 볼 경우, 표 8-2에서 보듯이 1970년의 126개에서 1979년에 479개로 급증한 다음, 다시 1980년대 후반까지 상대적으로 완만한 성장세를 유지하는 것을 볼 수 있다.[075] 이는 재벌들이 초기의 급격한 몰락과 상승을 거친 후 이 무렵부터는 비교적 안정적인 단계로 진입함으로써 '재벌체제'가 형성되었음을 뜻한다.

이와는 조금 다른 각도이지만, 재벌체제의 국민경제 지배력에 대한 정부의 인식 또한 간접적이나마 1980년대 전반에 재벌체제가 확립된 사실을 뒷받침해 준다. 즉, 본격적인 **반독점법**이라고 할 수 있는 〈독점규제 및 공정거래에 관한 법률〉이 제정된 것은 1980년이며, 이보다 한발 진척된 30대 재벌에 대한 출자총액제한 등 좀 더 구체적인 조항을 신설하여 실질적인 재벌규제에 착수한 것은 1986년이었다.

표 8-2. 30대 재벌 계열기업 수의 변동

년도	1970년	1979년	1982년	1985년	1987년	1989년
총수	126	429	402	404	474	513
평균	4.2	14.3	13.4	13.5	15.8	17.1

출처: 《한국자본주의 발전모델의 역사와 위기》, p.56.

일반적으로 재벌체제가 한국에서 발전하게 된 기본요인은 '압축적 자본주의화' 때문이라는 점에 학자들의 의견은 대체로 일치한다. 개발도상국의 압축적 공업화 과정에서는 그 압축성으로 인해서 조기에 독점화와 중화학 공업화가 진척되며, 이 때문에 재벌과 같은 가족 경영에 기반한 비교적 낙후된 소유와

---

075 《한국자본주의 발전모델의 역사와 위기》, p.56. 참고로 이후 변화를 보면 1994년엔 616개, 1997년엔 819개였다. 다만 1997년의 급증은 위장계열사의 적발에 기인한 바가 크다.

경영 형태가 출현한다는 것이다. 다만 이 같은 지적은 **한국에서 왜 중화학 공업화가 달성된 이후에도 재벌체제가 사라지지 않고 존속하는지**에 대한 설명으로는 아직 부족한 감이 있다.

이에 대한 필자의 생각을 덧붙이자면, 그것은 근본적으로는 예나 지금이나 바뀌지 않은 한국경제의 대외 의존적 수출주도형 경제구조와 관련이 있다. 예컨대 한국의 '기업집단' 전략은 경영학적 측면에서 보면 일종의 '혼합경영' 방식이라 할 수 있는데, 서구 선진국에서도 1960~1970년대 한때 유행한 적이 있다. 이는 당시 날로 치열해지는 국내외 경쟁과 미래의 불확실성에 대비코자 하는 독점자본의 일종의 생존방식이었다. 그러나 1980년대 이후 이 혼합경영은 다시 '전문화' 방향으로 수정된다(상권 제2장 참조). 이는 서구 선진자본주의가 그 무렵에 지식경제 시대에 본격 진입함으로써, 개별 기업이 횡적 팽창보다는 전문화를 더욱 중시하게 된 사정과 관련이 있다.

이와는 달리 한국에서 여전히 이 같은 혼합경영 방식인 '기업집단'(재벌)이 유행하는 것은, 기본적으로 한국의 대외 의존적 수출주도형 경제성장 모델 때문이다. 서구 독점자본에 비해서 생산력 수준에서 열등한 한국의 독점자본은, 해외시장 경쟁의 불확실성에 대비하기 위해 국내에서 기업집단을 형성함으로써 이에 대처하고자 한다. 이 같은 '선단식 경영'은 계열 기업사를 동원해서 그룹의 주력 기업을 집중적으로 지원하고, 위험은 그룹 전체로 분산시키는 데 효과적이다. 이 점은 신식국독자의 전기뿐만 아니라 후기에 들어서도 여전히 '재벌'이 한국 독점자본의 기본적인 형식이게끔 하는 중요한 근거이다.

그러나 비록 1980년대 들어 한국에서 재벌체제가 '초기적'으로 성립되었다고는 하지만, 그것은 아직 확고한 것은 아니었다. 문제는 한국의 재벌이 당시까지도 정부에 대한 의존으로부터 완전히 자립적이지 못한 데 있었다. 그 주요한 원인은 재벌이 경영자금을 조달하는 데 있어 국가통제 하의 은행 여신과 외환

통제에 강한 구속을 받고 있었기 때문이다. 이 문제에 대한 해결은 재벌 스스로 독자적인 자본조달 통로를 확보하는 것을 통해 비로소 가능하였다. 이는 재벌체제의 확립을 위해서는 재벌이 진정한 의미의 **'금융자본'**으로 발전해야 할 과제를 아직 안고 있었음을 의미한다. 이 같은 전환은 조만간에 불가피하게 발생하게 되며, 이하에서 그 과정을 살펴본다.

8.1.2.   '금융자본'으로의 전환과 재벌체제의 확립

일반적으로 독점자본은 '금융자본'의 형태를 취하는데, 사실상 독점자본과 금융자본은 서로 떨어질 수 없는 불가분의 관계에 있다. 왜냐하면 애초 산업독점을 낳은 '생산의 집적과 집중'은 상응한 은행(대부)자본의 집적과 집중을 요구하기 때문이다. 이 때문에 더 많은 사회적 자금의 참여와 동원이 필요하고, 이에 따라 산업자본과 은행자본의 결합은 필수적이게 된다.

여기서 필자가 사용하는 '금융자본'은 레닌이 그의 〈제국주의론〉에서 사용했던 개념, 즉 **산업독점과 은행자본의 결합**'으로서의 금융자본을 의미한다(산업독점자본+은행자본=금융자본). 다만 현대에는 은행자본 대신에 '금융**업** 자본'이란 용어를 많이 쓰는데, 여기에는 은행자본뿐만 아니라 보험회사, 연기금 및 각종 투자펀드 등과 같이 '금융업'에 종사하는 자본을 모두 포함하고 있다.

독점자본이 금융자본으로 발전하는 경향은 한국에서도 예외는 아니었다. 아직은 자본주의가 미발달한 개발도상국의 독점자본이었던 한국의 재벌은 특히나 자기자본 비중이 낮았다. 막대한 투자자금이 소요되는 중화학 공업 분야에 진출할 무렵의 한국 재벌은 은행을 비롯한 외부 자본에 대한 의존도가 매우 높았다. 당시의 은행·신용체계는 앞서 제7장에서 보았듯이 국가의 강력한 통제하에 놓여있었기 때문에, 이 같은 상황에서 재벌의 은행에 대한 강한 의존도는 곧 국가독점의 우위와 사적독점의 취약성을 보여주며, 고전적 의미에서 말하는 **사적독점 중심의 진정한 금융자본**은 아직 성립되지 않았다.

그 때문에 당시 막 성립한 재벌체제는 매우 허약하고 초보적이었다. 한국에서 재벌체제가 확고히 정착되기 위해서는 사적독점의 국가로부터의 자립이 무엇보다 시급한 과제였으며, 이를 위해선 한국의 재벌들은 진정한 금융자본으로의 전환을 달성하여야만 하였다. 표현방식에서 다소간 차이가 있지만, 다음의 인용문은 이 같은 한국 사적독점(재벌)이 직면한 과제를 언급하고 있다.

"한편 산업집중의 급속한 진행과 중화학 공업에 대한 지속적 투자는 자금 수요의 집중을 가속화시키면서 파편화된 금융시장에서의 자금조달 상 애로를 가중시키게 된다. 이렇게 보면, 산업자본의 투자영역 확대와 금융시장의 통합을 통한 자금조달의 집중이 1990년대 산업구조 조정에 있어서 축적 상 필요한 과제였다고 할 수 있다. 따라서 사적 자본 축적 영역의 확장과 산업집중에 대한 금융부문의 집중이라는 두 가지 점에서 금융자유화의 핵심을 찾을 수 있다."[076]

인용문에서 필자가 굵은 글자로 강조한 '산업집중에 대한 금융부문의 집중'은 금융자본 출현의 고전적인 명제인 '산업독점과 은행자본의 결합'과 사실상 같은 의미이다. 1980년대 후반에 이것이 한국 자본주의의 중요한 과제가 되었다는 것은, 곧 전기 신식국독자를 통한 '사적독점'의 창출이라는 과제가 완수

---

076 《한국자본주의 발전모델의 형성과 해체》, p.199.

됨으로써 이제는 후기로의 전환이 필요하게 되었음을 의미한다. 또 그것은 다른 의미에서는 **한국에서 고전적 '금융자본'의 정식 성립**이 목전에 이르렀음을 보여준다.

실제로 당시 한국경제는 금융자본의 정식 성립을 위한 조건이 성숙하였다. 즉 1980년대 후반 들어 제조업 분야의 대기업들이 막대한 이윤을 남김으로써 자체 내부 자금력이 강화되었다. 이는 이들 산업자본의 실력을 강화시켜 주었을 뿐만 아니라, 이 같은 유보자금을 바탕으로 재벌이 금융 부문과 같은 새로운 분야로 진출을 모색할 수 있게 함으로써, 한국 신식국독자에 있어 사적독점(재벌) 중심의 금융자본 성립을 촉진하였다.[077]

재벌들의 금융자본으로 전환의 계기는 다음 두 가지 방향에서 주어졌다. 하나는 **국내 금융시장구조의 개편**이고, 다른 하나는 외부로부터의 **국내 자본시장에 대한 개방 압력**이었다. 양자는 상호 밀접한 관련이 있으며, 1980년대 중반까지는 전자가 주요한 측면이었다고 한다면, 이후에는 후자가 재벌의 금융자본으로 전환에 있어 주요한 측면이 된다.

먼저 국내적 요인부터 살펴보도록 하자. 1980년대 들어 한국경제에서 산업집중의 급속한 진행과 중화학 공업에 대한 지속적인 투자는 막대한 자금 수요를 불러일으켰다. 그런데 당시 경직되고 지나친 은행 중심의 단일한 국내 금융시장은 기업들의 자금조달 상의 애로를 가중시켰다. 이에 따라 한국금융

---

077 예컨대, "80년대 후반 한국경제는 중화학 공업부문을 중심으로 제조업의 비중이 정점에 이르렀으며, 대량의 무역수지 흑자로 만성적 외환부족이 양적으로 해소되었고 대기업집단을 중심으로 해서 막대한 유휴 자본을 형성했다. 이 유휴자본은 경제개발이 시작된 이래 최초로 대기업군 스스로 투자계획을 수립하고 실현할 수 있는 기초를 주었지만, 제조업의 성장 한계로 투자영역은 상대적으로 좁았다. 더구나 금융기관 여신 제약을 통한 제조업 이외 부문에 대한 투자 규제가 여전히 존재하고 있었다." 이리하여, "결국 무역수지 흑자 자금의 상당량은 중화학공업 부문에 대한 과잉 중복 투자와 대외채무 상환에 사용되었다."《한국자본주의 발전모델의 형성과 해체》, p.199. 이 같은 사정은 이미 한국의 사적독점이 금융자본으로의 발전이 불가피한 단계에 도달했음을 보여주는 것이다.

시장의 구조 개편과 금융 자유화가 시급한 과제로 떠올랐다. 은행민영화계획 (1981.6.28.)에 입각한 민영화가 한일은행(1981.), 서울신탁은행과 제일은행 (1982.), 조흥은행(1983.) 순으로 추진되었다. 그리고 1982년 대형금융사고(이 철희·장영자 부부 어음사기 사건) 이후의 투자금융 및 신용금고 신설 붐 등은 이 같은 요구에 부응한 조치의 결과였다.

특히 이 시기 제2금융권의 제도권화로 제2금융권이 재벌들의 자금조달의 중요한 통로로 등장하였다. 1982년부터 1983년 초에 걸쳐 12개 사의 투자금 융사가 신설되었으며, 신용금고도 1983년 11월까지 58개 사가 신설되었다. 이 렇듯 한편에선 1980년대 들어 제2금융권이 관련 금융기관들의 신설로 급속 히 확대되었으며, 다른 한편 당시 주거래은행의 계열기업군에 대한 여신관리가 강화됨에 따라 대기업의 제2금융권을 통한 자금조달이 크게 증가하였다. 이 리하여 1980년대를 거치면서 제2금융권 차입이 늘어나 1980년대 말에 이르 면 비은행 금융기관 차입이 예금은행 차입을 넘어서는 결과를 낳았다. 특히 이 과정에서 **재벌기업들은 제2금융권에 직접 진출**함으로써 단기운전자금을 안 정적으로 확보함은 물론, 생명보험사나 리스회사 등을 통해 장기설비자금까 지 조달할 수 있게 되어 국가의 신용 할당으로부터 상당히 자유로워지게 되었 다.[078]

다음으로 해외로부터의 계기를 보면, 1980년대 후반 들어 본격적으로 추진 된 **금융시장의 대외 개방**은 한국금융시장구조를 근본적으로 개편시킴과 함 께, **재벌의 금융자본으로의 전환을 완성시키는 계기**로 작용하였다. 1988년 이 래 본격적으로 진행된 개방화와 자유화는 김영삼 정부의 '세계화' 정책의 추

---

078 이상 위의 책, p172, 177-178 내용 참조.

진과 OECD 가입에 이르러 정점에 달했는데, 한국은 이 과정에서 금융산업의 개편 방향으로 서구식 시장의 도입이라는 목표를 수립하였다. 특히 OECD 가입은 자본계정의 대외적 자유화와 외국인 및 외국기관의 내국민 대우뿐만 아니라, 대내적 금융시장의 자유화와 금융기관의 경영 및 투자의 자율화를 의미하는 것이었기에 과거 개발금융 체제의 제도적 청산을 선언하는 의미를 담았다.[079] 또 이 시기 재벌의 요구에 따라 종합금융사를 무더기로 허용하였는데, 이들은 정부의 아무런 규제를 받지 않고 국제금융시장으로부터 단기자본을 들여올 수 있었다. 이는 한국의 자본수지가 1994년부터 1996년까지 큰 흑자를 기록했음에도 불구하고 1997년 외환위기가 발생하게 되는 원인이 된다.

물론 1980년대 후반 들어 정부가 이렇듯 개방화와 금융 자유화를 적극 추진한 배경에는 대외적인 압력 외에도 내부적으로 재벌의 강력한 요구가 존재하였다. 예컨대 한국의 금융혁신과 금융 자유화는 1980년대 초부터 금융기관이 아닌 정부 주도로 추진되었지만, 1980년대 후반부터는 급진적인 자유화 논의가 재벌을 중심으로 형성되었다. 또 내용적 측면에서도 이자율 규제의 폐지와 같은 일반적인 수준의 금융시장 자유화를 넘어서, 1980년대 말 이후에는 소유권과 관련되는 은행의 '주인 찾아주기' 등과 같이 보다 큰 문제가 핵심 의제로 제기되었다.[080] 이는 재벌들의 적극적인 금융권 진출에 대한 의욕을 반영하는 것임은 두말할 나위 없다.

이렇듯 국내외의 계기를 적극 활용하면서 한국의 재벌들은 1997년 외환위기 직전까지 자신의 산업 활동에 필요한 투자자금을 스스로 조달할 수 있는 능력을 어느 정도 갖출 수 있게 되며, 이로써 진정한 의미의 '금융자본' 전환을

---

079 위의 책, pp.201–202.

080 위의 책, p.198.

이루게 된다. 또 이 같은 전환을 통해서 재벌은 국가권력과의 관계에서도 점차 우위를 확보하게 된다. 이처럼 재벌은 금융자본으로의 전환을 통해 재벌체제를 더욱 확고하게 다졌으며, 이후 국가권력조차 어찌할 수 없는 세력으로 변모하였다.

8.2. 통치 권력화한 재벌

앞에서 지적한 대로, 역사적 경험에 비추어 볼 때 독점자본은 일단 성립한 후에는 만약 국가권력과 같은 외부적 힘에 의해서 강제되지 않는 한 그 본성상 확대를 지속하는 속성을 지닌다. 독점자본의 한국적 형식인 재벌 역시 그와 같은 속성을 지녔다. 1980년대 후반 이후 명실상부한 금융자본으로 전환하는 데 성공한 재벌은 이후 한국경제에서의 주도성을 더욱 확고히 하는 한편, 자기 확장을 지속해 갔다.

물론 이 과정에서 중간에 IMF 외환위기와 같은 시련에 직면하기도 하였다. 하지만 그것도 결국 한국 사회에서 재벌체제의 해체를 가져오지는 못하였으며, 오히려 이후의 결과가 보여주듯 재벌체제가 더욱 강화하는 계기로 작용하였다. 이리하여 재벌은 마침내 **재벌 과두제**를 형성하는 수준으로까지 발전하게 된다. 이는 독점자본 '일반의' 지배와는 구별되는 '극소수' 독점자본에 의한 경제와 정치권력의 지배라는 특징을 지닌다. 이하에서 그 진행에 대해 살펴보자.

8.2.1. IMF 외환위기 시련의 극복

1997년 하반기부터 본격화한 IMF 외환위기는 한국경제를 송두리째 흔들어 놓고 사회 전반에 큰 충격을 주었다. 당시 외환위기의 주범으로 외형적 성장에만 골몰하여 무분별하게 외채를 끌어다 쓴 재벌이 지목되었고, 국내 여론은 그들에 대해 따가운 시선을 보냈다. 이리하여 재벌개혁에 대한 국민적 공감대가 형성되었는데, 때마침 '국민의 정부'를 자처하는 김대중 정부가 등장하여 역대 어느 정권보다도 강력한 재벌개혁을 추진할 수 있는 유리한 조건을 갖추게 되었다.

김대중 정부는 출범 직후 재벌 대책으로 우선 재벌총수들과의 합의 형식을 빌려 경영 투명성 제고, 재무구조 개선, 핵심 사업으로의 집중, 지배주주의 책임 강화, 상호채무보증 해소 등 기업구조조정 5대 원칙을 수립하였다.[081] 김대중 정부는 이 5대 원칙과 관련한 구체적인 정책으로 결합재무제표와 사외이사·감사제도의 실시, 소액주주 권익 향상을 위한 집단소송제와 집중투표제 도입, 상호지급보증금지, 부채비율 200퍼센트 미만으로의 제한, 핵심역량의 정의 및 비핵심 사업에 대한 분리·매각, 재벌 '오너'의 주요 계열사 이사 등재 등의 조치들을 발표하였다.

정부는 그 구체적인 시행 일정도 지정하였는데, 1998년 4월부터 기업집단 내 신규채무보증을 금지하고, 2000년 3월 말까지는 기존 채무보증을 완전히 해소하도록 하였다. 1999년 1월부터 결합재무제표 작성을 의무화하고, 자기자본의 5배 이상 차입금의 이자 손비를 불인정하는 한편, 대기업과 주거래은행

---

081 이하 김대중 정권의 재벌개혁 내용은, 《한국 신자유주의의 형성과 기원》, pp.367–368, 《한국 자본주의의 축적체제 변화:1987–2003》, pp.98–99. 참조함.

간 재무구조 개선약정을 체결토록 하였다. 김대중 대통령은 또 1999년 광복절 경축사에서 새롭게 3원칙을 추가하고 재벌의 순환출자, 부당내부거래, 변칙상속 차단, 계열금융사의 금융지배를 억제하겠다고 선언함으로써 재벌개혁에 한층 박차를 가하였다.

그러나 이 같은 강도 높은 재벌구조조정을 실시하면서도, 다른 한편 김대중 정부는 재벌에게 당근을 제시하는 것을 잊지 않았다. 예컨대 기업 인수합병과 구조조정을 촉진하기 위해 발표한 정책들이 그것인데, 여기에는 의무공개매수 제도와 출자총액 제한제도의 폐지, 자사주 취득한도 확대와 유상증자 요건 폐지, 인수합병 시 기업결합 규제 완화, 자산처분 시 특별부가세 면제, 취득세 및 등록세 감면 등의 내용이 포함된다. 그 결과 재벌들은 계열사 간 순환출자를 늘려서 오히려 그룹 지배를 강화하였으며, 부실계열사에 대한 금융지원을 멈추지 않았다.

순환출자는 1998년 4월 36.6%에서 1999년 4월 45.2%로 증가하였으며, 1996년 4월 10.3%였던 '오너' 개인의 지분은 1998년 4월 4.8%, 1999년 4월 3.4%로 더욱 떨어졌다. 이는 기업자산을 재벌총수 개인의 지배권 강화에 사용하는 현상이 더욱 심해진 것을 의미한다. 위에서 김대중 정부가 1999년 광복절 경축사에서 재벌의 순환출자 억제를 새로운 원칙으로 추가한 것은, 이 같은 재벌개혁의 예상치 못한 결과를 의식한 때문이었다. 이로부터 알 수 있듯이 재벌들은 김대중 정부의 개혁 조치를 오히려 자신들의 입지 강화에 역이용하였다. 이들은 형식적으로는 외부 인사지만 실질적으로는 내부 인사인 사외이사와 감사를 임명하는 식으로 경영 투명성을 훼손하였으며, 기업 정관에서 집중투표제를 배제하여 소액주주권을 제한하는 등 기업지배구조와 관련된 개혁에 대해서만큼은 은밀하면서도 완강한 저항을 했다.

결국 소위 '국민의 정부'에 의한 재벌개혁 시도는 2000년 중반에 이르러서

이헌재가 현대그룹과의 대립으로 재경부 장관에서 물러나고, 2001년 2월 말 정부가 정부 주도 구조 개혁의 완료를 선언하면서 사실상 마무리하였다.

이후 외환위기 발생 3년째인 2001년에 들면서부터 김대중 정부는 초기의 서슬 퍼런 기세는 찾아볼 수 없는 대신에, 재벌정책은 계속적으로 후퇴했다. 김대중 정부는 2001년 여름 재계의 재벌규제 완화 요구를 경제 활성화라는 명목으로 수용하였다. 특히 9·11 테러로 세계 경제가 일시적으로 침체에 빠지자, 정부는 투자를 볼모로 한 재벌의 목소리에 더욱 귀를 기울였다.

특히 재벌개혁 문제에서 관건인 '출자총액제한'과 관련한 정부 정책의 변화를 눈여겨볼 필요가 있다. 2001년 5월 16일 정·재계 간담회에서 출자총액제한 완화 요구가 있은 지 얼마 후 공정거래위원회가 출자총액제한제 예외 사항을 발표함으로써 후퇴가 시작되었다. 2001년 7월 23일 여·야·정 삼자 정책협의회에서 30대 그룹 지정제의 축소방안이 발표되었고, 8월 21일 전경련은 아예 출자총액제한제의 폐지까지 요구하고 나섰다. 이에 대해 정부는 재계 요구의 상당 부분을 수용하겠다고 약속한 후, 우선 2001년 하반기부터 30대 재벌의 금융계열사들이 다른 계열사의 주주총회에서 행사할 수 있는 의결권을 최대 30퍼센트로 높여주었다. 또한 같은 해 11월 공정거래위원회는 IMF 위기 이후 잠시 폐지되었다가 부활한 출자총액제한에 몇 가지 예외를 허용함으로써 재벌 규제를 사실상 무력화시켰다.[082]

이 같은 외환위기를 겪은 이후 한국 재벌체제는 다음 세 가지 측면에서 그전과는 확연히 다른 특징을 보여준다.

---

082 그 후 이명박 정부가 들어선 후인 2009년 4월 '금산분리 완화' 정책의 일환으로 전면 폐지되고 '순환출자 금지'(공정거래법 제14조)법으로 대체되었다.

(1) 외환위기 이전보다 재벌의 한국경제에서 차지하는 비중과 영향력은 전체적으로 더욱 확대되었으며, 이로써 재벌체제는 외환위기를 겪으면서 약화는커녕 오히려 더욱 강화되는 방향으로 나아갔다.

1997년에 공정거래위원회가 지정했던 30대 기업집단 중 16개가 구조조정 과정에서 해체된 데서 볼 수 있듯이, 대우와 현대그룹 외에도 수많은 중소 재벌이 외환위기를 겪으면서 몰락했다. 하지만 삼성, 현대자동차, LG, SK 등 살아남은 재벌기업의 경제적 비중과 사회적 권력은 더욱 커졌다.

아래 표 8-3에서 볼 수 있듯이, 30대 재벌**자산**의 국민총생산(GDP) 대비 비중은 1997년 69%에서 2012년 104%로 크게 확대되었다. 그 중간(2002년, 2005년)에 잠깐 초기 지표에 비해서 낮아지기는 하였지만, 이후 점차 회복하여 2009년부터는 초기의 비중을 상회하게 되었으며, 전반적으로는 꾸준히 확대하는 추세를 보여준다.

30대 재벌의 GDP 대비 **매출액** 비중은 1997년 74%에서 2012년 76%로 바뀌었는데, 그 결과만 비교하면 변화가 그리 크지 않은 것처럼 보인다. 이처럼 자산 측면에서 커다란 비중 확대와는 달리 매출액 비중이 그리 늘지 않는 것은, 먼저 경기변동 즉 2009년 이후 세계 불황과 관련이 있는 것으로 보인다. 외환위기 직전에도 이 같은 비슷한 통계적 현상이 나타난 적이 있다. 한 가지 더 고려할 점은 2013년, 2014년, 2015년의 최근 지표를 감안하면 결과가 다소 달라질 수 있다는 점이다. 그 경우 이 비중은 97%, 93%, 87%로 더욱 크게 나타나게 된다(표 8-4 참조). 이렇듯 매출액에 있어서도 30대 재벌의 그것은 GDP 대

비 비중이 장기적으로는 확대 추세에 있음을 알 수 있다.[083]

이 밖에 비교 기준 년도인 1997년의 수치가 이상적으로 높았던 점 또한 감안해야 한다. 만약 그 이전 1995년, 1996년의 GDP 대비 30대 재벌의 매출액 비중을 본다면 이들은 각각 60.5%, 69.4%로 1997년도의 해당 수치는 당시 이상적으로 높았음을 알 수 있다(1990년도 전체를 통해서 볼 때도 그러하다). 만약 1990년도의 이들 평상시 수치와 2012년도의 그것을 비교하면 그 차이는 비교적 명확하다(표 8-4 참조).

표 8-3. 외환위기 이후 재벌의 경제력 집중 (단위: 조 원)

	1997년		2002년		2005년		2009년		2012년	
	자산	매출액	자산	매출액	자산	매출액	자산	매출액	자산	매출액
30대 재벌 (A)	348	374	397	489	534	585	932	940	1318	963
GDP (B)	506	506	721	721	865	865	1065	1065	1273	1273
A/B (%)	69	74	55	68	62	68	88	88	104	76

출처: 필자가 국가통계포털(KOSIS)과 http://blog.naver.com/idgasan/220528707463 자료를 참고하여 작성.

[083] 필자가 '표 8-4'에서 2012년까지의 통계를 사용한 것은 통계 기준 문제와 상관이 있기 때문이다. **국가통계포털의 GDP 산출기준에는 '2005년 기준'과 '2010년 기준' 두 가지가 있는데**, 필자는 1990년대 재벌의 자산과 매출액 관련 통계 기준이 전자와 좀 더 가까울 것이라는 판단하에 '2005년 기준'을 우선적으로 사용하였다. 그런데 이 기준은 1970~2012년까지의 수치만 나와 있다는 문제점이 있다. 만약 '2010년 기준'을 사용할 경우 대체로 각 년도 GDP가 대략 100조 원 정도씩 증가하게 되는데, 이 경우 분모(즉 GDP)가 커짐으로써 결과적으로 전체 비율(A/B)은 좀 더 작아지게 된다는 점을 염두에 둘 경우, 이는 필자의 논거를 강화하는 결과를 낳는다.

표 8-4. 외환위기 이후 재벌의 경제력 집중 (단위: 조 원)

	1995년		1996년		2013년		2014년		2015년	
	자산	매출액	자산	매출액	자산	매출액	자산	매출액	자산	매출액
30대재벌 (A)	233	248	287	320	1410	1387	1460	1383	1511	1351
GDP (B)	410	410	461	461	1429	1429	1485	1485	1559	1559
A/B (%)	56.8	60.5	62.3	69.4	98.7	97.1	98.3	93.1	96.9	86.7

출처: 필자가 국가통계포털(KOSIS)과 http://blog.naver.com/idgasan/220528707463 자료를 참고하여 작성.[084]

재벌의 외환위기 이후 한국경제에 대한 영향력의 확대는 **산업 분야 전반에 걸쳐서 독점이 강화**되는 경향을 통해서도 확인된다.

국민경제 전반에 걸쳐 독점이 강화되고 있는지를 판단할 수 있는 개념으로는 '**일반집중도**'가 있다. 이는 특정 산업이나 시장을 초월하여 경제 전체에서 차지하는 소수기업의 비중을 나타내는 것인데, 아래 표 8-5는 외환위기를 전후한 시기를 포함해서 한국경제에서 이 같은 독점 현상이 꾸준히 상승 추세에 있음을 확인시켜 준다.

재단법인 시장연구원이 공정거래위원회의 의뢰를 받아 2006년에 실시한 연구 결과에 따르면, 외환위기를 맞아 실시된 구조조정 과정에서 급증했던 일반집중도가 1999~2001년 기간에 벤처 기업들의 급속한 성장에 힘입어 한때 다소 감소하는 추세를 보였다. 그러나 2002년 이후 정보통신 분야를 중심으로 한 벤처붐이 가라앉고, 그 대신 정부의 수출 중시 경제운용에 힘입은 수출주

---

084 GDP 산출방식에 있어 1995~1996년은 국가통계포털의 '2005년 기준', 2013~2015년은 '2010년 기준'을 사용하였다.

도형 대기업들의 상대적 고성장 현상이 재현되면서 일반집중도는 2004년도를 기점으로 다시 큰 폭 상승으로 돌아섰다.[085] 이러한 연구 결과는 외환위기 이후 재벌에의 경제력 집중과 그 영향력 확대라는 필자의 견해와 기본적으로 일치한다. 한국경제에서 유력 대기업은 재벌에 소속된 경우가 대부분이며, 그렇기에 산업 분야 전반에 걸쳐서 독점이 강화되는 현상은 재벌의 국민경제 전반에 대한 영향력이 강화되는 것으로 보아도 무방하다.

표 8-5. 출하액 기준 상위 기업의 출하액 점유율   (단위: %)

	1996년	1997년	1998년	1999년	2004년	2005년	2009년	2010년	2011년
상위 50대 기업	34.4	37.1	38.4	38.0	37.9	38.0	44.9	44.1	45.2
상위 100대 기업	41.2	44.2	45.9	45.1	44.5	44.8	51.1	50.6	51.7

출처: http://kosis.kr.statHtml/statHtml.do

(2) 외환위기 이후 재벌체제의 변화를 가장 특징적으로 보여주는 것은 **소수 상위재벌에의 경제력 집중**과 이들의 지배력이 한층 강화한 점이다.

외환위기를 거치면서 무엇보다 삼성그룹의 약진이 매우 두드러지며, 아래 표 8-6은 이점을 잘 보여준다. 1997년까지만 하더라도 삼성그룹의 자산총액이 5대 상위재벌과 GDP에서 차지하는 비중은 각각 26%와 10%로, 그 순위에서 보자면 아직 현대그룹에 이어서 2위에 머물렀다. 그러나 2012년에 이 비중은 각각 35%와 20%로 확대되면서 재벌순위 1위를 차지하였다. 매출액의 변화는

---

085 재단법인 시장구조연구원, 《시장구조조사》(2006년), p.8.

더욱 확연하다. 1997년 5대 상위재벌 및 GDP에서 차지하는 삼성의 매출액 비중은 각각 29%와 15%였으나, 2012년에는 48%와 20%로 확대되었다. 즉 삼성은 혼자서 상위 5대 재벌 매출액 전체의 거의 절반을 차지하였으며, 전체 GDP의 1/5을 차지하였다.

표 8-6. 삼성그룹 자산, 매출액의 5대 기업집단과 GDP 대비 비중 (단위: 조 원)

	1997년		2002년		2005년		2009년		2012년	
	자산	매출액	자산	매출액	자산	매출액	자산	매출액	자산	매출액
삼성	52	76	72	129	108	139	175	189	256	254
5대 재벌 대비 (%)	26	29	31	40	37	40	38	36	35	48
GDP 대비 (%)	10	15	10	18	12	16	16	18	20	20

출처: 필자가 국가통계포털(KOSIS)과 http://blog.naver.com/idgasan/220528707463 자료를 참고하여 작성.

그밖에 수출에서도 재벌이 차지하는 비중 확대와 소수 재벌로의 집중 현상이 매우 두드러진다. 1960년대 중반 이후 수출주도형 경제가 정착된 이래 수출은 한국경제에서 남다른 중요성을 가진다. 수출에서 소수 상위 재벌기업이 차지하는 비중은 외환위기 이후 더욱 커졌다. 2001년에 국내 수출 상위 10대 기업은 전체 수출의 34.8%를 차지하고 상위 100대 기업이 63.8%를 차지했는데, 이러한 추세가 계속 이어져서 2010년에는 이 수치가 각각 36.5%와 69.4%로 증가하였다. 또 수출 상위 100대 기업이 차지하는 비중과 수출 상위 1,000대 기업이 차지하는 비중의 차이가 겨우 15%밖에 나지 않는 것은 수출이 극소수 대기업에 집중되어 있음을 시사한다. 예컨대 총수출에서 4대 재벌이 차지하는 비율은 2003년에 48%까지 올라갔으며, 같은 해 삼성그룹의 수출은 전체 수출 중 26.8%에 달했다.[086]

(3) 외환위기를 겪는 와중에서, 업종 전문화와 사업구조조정을 통해 **상위**재벌의 주력 기업을 중심으로 한 **이윤 창출 능력이 강화**되었다. 이 역시 상위재벌과 중하위 재벌 간의 격차를 더욱 크게 만든 요인이다.

앞서 언급하였듯이 외환위기 기간에 재벌들은 정부가 추진하는 재벌구조조정을 자신들의 영향력을 높이는데 역이용하였다. 그 대표적인 것이 빅딜(사업교환)인데, 정부는 과잉·중복 설비 전체를 폐기 처분하는 방안보다 재벌 간의 빅딜을 통해 특정 재벌의 골칫거리 제거를 돕거나, 일부 재벌에 자원을 인위적으로 집중시키는 방안을 선호하였다. 이 과정에서 살아남은 재벌들은 정부의 금융지원에 힘입어 비핵심 사업을 포기하고 주력업종에 역량을 집중함으로써 시장에 대한 독점력을 높였다. 다른 한편 과거에 비해 과도한 차입경영을 자제함으로써, 외환위기 전과 비교할 때 전반적으로 이윤 창출 능력이 강화되었다.

외환위기 이후 상위 재벌기업의 이윤 창출 능력의 강화는 이들의 순이익 증대를 통해서 확인할 수 있다. 2000년 들어 삼성, LG, SK 그룹 전체의 순이익은 한국 전체 민간기업 순이익의 78.4%를 차지하였다. 그중 삼성전자·LG전자·SK텔레콤 3사의 순이익 합계만으로도 주식시장에 상장된 515개 회사 순이익의 34%를 차지하였는데, 특히 삼성전자는 혼자서 전체의 27%를 차지하였다. 4대 재벌의 GDP 대비 순 이익률도 2002년 2.3%, 2007년 3.7%로 늘어났으며, 삼성의 GDP 대비 순 이익률은 같은 기간 1.3%에서 1.8%로 상승하였다.[087]

---

086 《한국 신자유주의의 기원과 형성》, p.365.

087 위의 책, pp.363~364.

이 같은 상위 재벌기업들의 순이익 증대는 주요하게는 **시장 독점력의 강화**와 **부채비율의 축소** 두 가지 요인에 기인한다.

먼저 상위 재벌기업들의 시장 독점력의 강화에 대해서 살펴보면, 이는 경제위기 이후 제조업 평균이윤율과 10대 기업의 이윤율 격차가 더욱 확대되고 있다는 사실에서 확인할 수 있다. 이점은 1990년대 상위 100대 기업(사업체)의 이윤율이 제조업 평균이윤율과 거의 같은 수준에서 경향적으로 하락하였던 것과 좋은 대조가 된다. 경제위기 이후 상위 10대 기업 이윤율의 지속적 상승에 따른 제조업 평균이윤율과의 격차 확대는 제조업 상위 10대 기업이 참여하고 있는 원유정제, 자동차, 반도체, 선박제조업 등과 같은 선도적 주력산업을 중심으로 발생하였다.[088] 이들 산업은 한국에서 독점적 시장구조가 형성되어 있는 대표적인 분야이다.

다음으로 부채비율의 축소와 관련해서 보면, 재벌 대기업을 포함한 한국 기업들은 외환위기 이전인 1997년의 경우 자신들이 영업활동으로 벌어들인 이윤 중에서 81.6%(7.1%의 기업평균 이윤 중 5.8%)를 이자 등 금융비용으로 지불하고, 스스로는 단지 18.4%만을 차지하였다. 반면 외환위기 이후 영업이익의 85%(7.0%의 평균이윤 중 6.0%)를 스스로 차지하고, 단지 15%만을 금융비용으로 지불하였다. 이는 경제위기 이후에 한국 기업들의 매출액 대비 영업이익률이 크게 개선되지 않았음에도, 부채비율을 많이 낮춤으로써 금융비용 부담률이 대폭 낮아졌기 때문에 가능하였다.[089] 물론 상위재벌의 대기업들은 이러한 부채비율 축소에 따른 이윤율 증대의 가장 대표적인 수혜자들이었다.

이처럼 상위재벌들을 중심으로 이윤 창출 능력이 강화된 것은 한국 재벌체

---

088 《한국 자본주의의 축적체제 변화:1987-2003》, pp.130-131.

089 이상의 내용은 《한국 자본주의의 축적체제 변화:1987-2003》, pp.216-218. 참조함.

제에 있어 중요한 의미가 있다. 즉 그것은 **국가와의 관계에서 재벌의 자율성을 한층 증대**시켜주었다는 점이다. 1997년 외환위기 전까지만 하더라도 재벌기업들은 국내시장에 대한 독점력에서 그 이후와 비교할 때 확고하지는 못하였다. 특히 은행에 높은 비율의 부채를 지고 있어 자신들이 벌어들인 이윤의 상당수를 금융비용으로 넘겨주어야 했다. 이런 측면에서 볼 때도 1997년 위기 이전까지 재벌들은 국가로부터 일정한 독립성을 획득하긴 하였지만, 당시 국가가 은행의 경영권에 상당한 영향을 미칠 수 있었다는 점을 고려한다면 재벌들은 은행을 통해서 간접적으로 국가의 통제를 받고 있었다. 그런데 1997년 경제위기 이후 한국의 재벌들은 마침내 부채비율을 대폭 줄임으로써 은행으로부터 독립성을 확대시켰으며, 이는 재벌이 "최종적으로 국가의 통제로부터 거의 완전히 벗어난 것을 의미"[090]하였다. 여기서 국가의 통제에서 벗어난다는 것은 재벌이 본연의 경제활동에만 전념한다는 것이 아니라, 이하에서 보듯이 그들이 막강한 경제력을 바탕으로 국민경제를 장악하고 국가권력의 경제정책까지도 좌지우지할 수 있는 이른바 '재벌 과두제'를 형성하였음을 뜻한다.

　지금까지 살펴본 바와 같이 외환위기는 재벌의 한국경제에서의 비중을 더욱 확대하도록 하였으며, 그와 동시에 상위재벌과 중하위 재벌 간의 격차가 더욱 벌어지는 등 경제력의 극소수 재벌에의 집중 현상이 두드러지게 나타났다. 결론적으로, 외환위기를 통해 재벌에의 경제력 집중은 한층 심화하였으며, 이들의 한국경제 전반에 대한 영향력은 더욱 강화되었다. 특히 삼성·현대자동차·LG·SK 등 살아남은 소수 상위재벌의 지배력이 막강해졌다.

---

090 위의 책, p.219.

8.2.2. '재벌 과두제'의 성립

재벌에 의한 경제력 집중이 일정 수준에 이르면 새로운 질적 전환이 발생한다. 외환위기의 혹독한 시련을 극복한 재벌은 이후 한층 강화된 경제력을 바탕으로 **'재벌 과두제'**를 형성하기에 이른다.

국가권력은 일반적으로 지배계급의 이해를 반영하는데, 오늘날 독점자본주의 단계에서는 그중에서도 독점자본가계급의 이해를 특히 반영한다. 그런데 '재벌 과두제'는 이 같은 일반적 의미를 넘어서 소수 몇 개의 재벌이 국민경제 전반과 심지어는 정치권력까지도 상당 부분 자신의 영향력 아래에 놓게 되는 것을 말한다.

일찍이 부하린은 자기 시대의 국가가 대면하고 있는 것은 "분산되어 오합지졸이 아닌 이미 조직된 기업가 조직인 트러스트와 신디케이트 등의 대표"[091]라고 말한 바 있다. 이는 과거 19세기 말~20세기 초에 성행하였던 '금융과두제'를 두고 한 말이다. 이 같은 '금융과두제' 하의 국가는 사실상 트러스트와 신디케이트 등 금융자본가 집단이 선출한 '위원회'였다. 이와 비슷한 일이 외환위기를 겪은 후 한국 사회에서도 발생하였다. 한국의 국가권력은 더 이상 자본가계급 일반의 권력 또는 심지어는 독점자본가계급 일반의 권력이 아니라, 상위 소수 재벌의 이해를 대변하는 위원회로 탈바꿈하게 된 것이다.

외환위기 이후 한국 사회에서 '재벌 과두제'의 출현은 소위 **'삼성공화국'** 현상을 통해서 잘 표현된다. 외환위기 전까지만 하더라도 삼성은 재계에서 아직 압도적인 우위를 점하거나 심지어는 최선두 주자도 아니었고, 다만 한국의 유

---

091 《垄断资本概论-马克思主义的帝国主义理论·历史与当代》, pp.64-65.

력한 재벌 중의 하나였다. 그러나 삼성은 외환위기를 거친 후 무섭게 변모하였다. 앞서 살펴본 것처럼 삼성그룹 매출은 한국 전체 GDP의 20%를 차지하기에 이르렀으며, 삼성전자 한 회사의 순이익만으로도 한국 전체 기업 순이익의 27%를 점하는 등 재벌 중에서도 단연 독보적인 위치에 올라섰다. 이는 상대적으로 다른 경쟁 재벌들이 많이 몰락한 데서 비롯된 결과이기도 한데, 삼성 비리를 폭로한 김용철 변호사는 그의 저서에서 이렇게 쓰고 있다.

"내가 삼성으로 옮길 무렵(주: 1997년)만 해도 삼성의 위상은 지금보다 훨씬 낮았다. 법원과 정부, 언론을 통째로 장악할 만할 힘은 없던 시점이다. …그런데 1997년 외환위기를 거치면서, 경쟁기업들이 망하거나 찢어지는 바람에 저절로 1위 재벌이 됐다. 그리고 아무에게도 통제받지 않는 거대 권력이 됐다."[092]

표 8-7. 2013년도 삼성전자 영업이익의 실감   (단위: 조 원, 배)

	2013년도 예산	예산 대비 배율
삼성전자 영업이익	36.8	1
한국 국방예산	34.3	1.08
서울시 예산+부산시 예산	31.9	1.15
지자체 총 부채	28.0	1.31

출처: 《포스트 삼성》, p.36.

---

092 《삼성을 생각한다》, pp.337-338. 저자 김용철 씨는 외환위기 이후 재벌이 한국 사회를 바꾸어 가는 변화 속도에 대해 이렇게 덧붙인다. "삼성을 비롯한 재벌이 한국 사회를 장악하는 속도가 너무 빨랐다. 1997년 외환위기 이후 불과 몇 년 사이에 삼성 재벌은 정치권과 사법부, 행정부와 언론 곳곳에 자신의 장학생을 심었다. 삼성이 그저 그런 국내 재벌 중 하나였던 시절만 기억하는 이들은 대통령과 법원도 함부로 못 하는 삼성의 힘을 이해하지 못한다."(p340)라고 감탄하였다.

2000년대 들어 삼성은 이 같은 경제력을 발판으로 한국의 정계·관계·언론·법조계·시민사회 등에 적극적으로 촉수를 뻗쳤으며, 자신의 지지 세력을 각계에 백방으로 심음으로써 한국 사회 전반에 대한 장악력을 높여갔다.

예컨대 삼성은 자칭 서민의 정부라는 노무현 정부와의 관계도 매우 돈독했다. 삼성경제연구소가 2003년 초 인수위의 국정운영 백서와는 별도의 국정운영 백서를 작성해서 노무현 대통령 당선자에게 전달할 정도였다. 이 보고서에 담긴 제안은 이후 한미 FTA, 국민소득 2만 달러 시대론, 신성장동력 개발론, 혁신주도형 경제론 등 노무현 정부의 정책으로 정식 채택되어 언론에 등장하였다. 그 밖에도 진대제 삼성전자 사장이 정보통신부 장관에 등용되었고, 이건희 회장의 처남 홍석현 중앙일보 회장은 주미대사로 임명되었다. 또 2004년 9월부터는 정부 조직의 혁신을 기한다는 취지로 중앙공무원들이 삼성 인력개발연구원에서 연수를 받기도 하였다.

이 같은 '삼성공화국' 현상은 결코 노무현과 삼성이 맺은 개인적이고 우연적인 인적 관계로만 설명될 수 있는 것은 아니다(참고로 노무현 대통령과 당시 삼성구조본부장이던 이학수는 고등학교 선후배 관계다). 노무현과 삼성의 관계는 삼성그룹이 자신들의 이익을 위해 평소 수많은 사회적 네트워크를 만들고 그것을 공들여 관리해온 한 실례에 불과하다. 삼성은 한국 사회 구석구석에 이 같은 방대한 인적 네트워크를 구축하기 위해서 평소 계열사를 동원하여 수조 원으로 추정되는 거액의 비자금을 조성하고 관리하였으며 제도정치권, 사법 엘리트, 행정관료, 언론계, 학자, 시민사회단체 등에 돈과 일자리를 제공하면서 이들을 **삼성 장학생**'이라는 하나의 끈끈한 인적 지배 블록으로 묶어 놓았다.

참여연대가 공표한 자료에 따르면 1995년부터 2005년까지 삼성에 취업한 공직자는 74명이었으며, 그중 82.4%(61명)가 재경부·금감위·공정거래위 등의 행정감독기구나 경찰·검찰·법원과 같은 사법 내지 준 사법 기관 출신이었다.[093] 이 같은 삼성의 인적 네트워크는 로비를 수행하고 삼성의 불법행위에 대해 법률적 처벌을 막으면서 삼성의 이익을 사회적 이익으로 포장하는 역할을 했을 뿐만 아니라, 공정거래법·금융산업구조개선법·출자총액제한 등의 재벌규제 정책들을 무력화하는 데도 이용되었다.

그중 재경부와 금감위의 친 삼성적인 태도를 예로 들어보자. 금감위는 삼성생명과 삼성카드의 삼성그룹계열사 불법지분보유(금산법 제24조 위반)에 대해서 아무런 제재도 가하지 않았다. 오히려 재경부는 한술 더 떠서 삼성생명과 삼성카드의 위법행위에 면제부를 주는 부칙 4개 항을 포함한 〈금융산업의 구조개선에 관한 법률〉(금산법) 개정안을 2005년 국무회의에 제출하였다. 이 개정안의 제안은 당시 이정우 청와대 정책실장의 강력한 반대로 국무회의에서 부결되었지만, 그 때문에 이 실장도 청와대를 떠나야 했다. 결국 개정안은 부칙 4개 항을 제외하고 2006년 12월 국회 본회의를 통과하였지만, **소급 적용하지 않기로 하여** 에버랜드를 고리로 한 삼성의 계열사 지배구조와 장남 이재용에로의 불법 승계는 그대로 승인해 주었다.

조금 각도가 다르지만 삼성이 한국 사회에서 갖는 무소불위 권력의 단면을 보여주는 일화가 있다. 삼성 구조조정본부(외환위기 전의 총재비서실) 감사팀과 관련된 것인데, 어느 날 삼성의 구조본은 국가정보원으로부터 항의를 받았다. 그것은 '국정원에서 운용하는 도청기에 이상 전파가 잡힌다'는 이유에서였다. 이는 국정원과 삼성이 경쟁적으로 도청하는 것 때문에 발생한 일이었다. 실제로 삼성의 구조본 감사팀은 이 같은 도청 외에도 삼성 임직원의 금융기관 거

---

093 《한국 신자유주의의 기원과 생성》, p.370.

래내역, 휴대전화 통화내역 등을 '임의로 열람했다'고 한다. 이 같은 삼성의 감사기법과 수준이 '수사정보기관을 능가'한다는 일각의 평가도 있다.[094]

물론 위의 '삼성공화국' 현상은 노무현 정부에서만 발생한 일시적인 현상은 아니다. 그 뒤를 이은 이명박 정부는 평창 동계올림픽 유치를 지원한다는 명목으로 당시 배임과 조세 포탈 등으로 유죄가 확정된 이건희 회장을 넉 달 만에 사면해주었다. 또 2016년 최순실 사건에서 드러난 바에 따르면, 박근혜 대통령은 많은 주주의 반대에도 불구하고 국민연금에 직접 압력을 가함으로써 삼성물산과 제일모직 간의 합병이 성사되도록 도와주었다.[095] 이렇듯 삼성의 권력은 현재 거의 사법부 위에 있다고 해도 과언이 아닐 정도이며, 그것은 시간이 갈수록 강화될 뿐 전혀 약화 될 기색을 보이지 않고 있다.

그런데, '재벌 과두제'에서 **재벌은 과연 어떻게 정치권력을 실제로 통제**하는 것일까? 특히 한국 사회가 후기 신식국독자로 접어든 이후 형식적 민주주의가 나름대로 정착되고 있는 상황에서 이 문제는 관심을 끈다. 여기에는 앞서 소개한 '비자금'을 통한 비공식적 인맥 관리 이외에도, 반(半)공식적 성격을 갖는 **'회전문 인사'**라는 것이 있다. 이는 외환위기 이후 유행하기 시작한 일종의 전문어인데, 한국 사회에서 경제 권력과 정치권력이 어떻게 긴밀하게 상호연계를 갖는지를 보여준다.[096]

외환위기 이후 경제 관료의 입김은 이전보다도 한층 강화되었으며, 이들은 실무 분야에서뿐 아니라 최상위 경제정책에서도 주도성을 발휘하고 있다. 이

---

094 《삼성을 생각한다》, pp.161–162. 김용철 변호사에 따르면 그 같은 일을 수행하는 구조본 임직원들의 자부심은 대단했는데, 즉 그들은 삼성 회장 비서실이 대통령 비서실을 능가한다고 믿었으며, 청와대 비서실이 삼성 비서실을 흉내 내어 만들어졌다고 생각하였다는 것이다. 그런데 "실제로 삼성 내부 문서양식은 정부의 보고문서와 거의 같았다"고 한다. 위의 책, p.137.

095 〈조선닷컴〉, "朴대통령, 작년 6월 말 안종범 수석에게 '삼성 합병 도와주라' 지시", 2016.12.22.

096 이하 '회전문 인사'와 관련한 실례는 《법률사무소 김앤장》과 《한국 신자유주의의 기원과 형성》을 참조함.

제 이들을 제쳐놓고 경제정책의 입안조차 어려운 실정이 되고 있으며, 이들 경제 관료 집단은 소위 '모피아'라는 거대한 비공식 인적 네트워크를 통해 공직자가 공직에서 물러난 후 금융기관에 재취업하도록 알선하는 등 서로의 이해를 도모한다. 금융기관에 다시 취직한 이들 전직 관료의 주된 역할은 현직 재무 관료들을 상대로 자신이 속한 금융기관의 현안 해결을 위해서 로비하는 것이다. 또 고위 관료들은 종종 대기업과 금융기관 혹은 로펌 등에 취직했다가 이른바 '회전문 인사'를 통해 다시 정부에 복귀한다. 이런 경로를 통해 이들은 사회 각계와 각별하게 연결되면서 삼성을 비롯한 재벌집단의 목소리를 정부 내에 적극적으로 반영한다.

참여연대의 조사 자료에 따르면, 이명박 정부 출범 이후 2010년 6월까지 임명된 정부 44개 기관의 88개 직위에서 활동한 전 현직 장·차관급 이상 **고위 공직자 155명 중 123명이 '회전문 인사'**였으며, 특히 기업·협회·법률사무소 등에서 근무한 뒤 재임용됨으로써 이해 충돌을 일으킬 가능성이 큰 회전문 인사는 13명(8.4%)이나 되었다.[097] 이 같은 '회전문 인사'는 물론 재무부 등 경제부처 관련 인사에만 국한되지 않고 그 밖에 법관이나 검사 등 사법부 관련 인사도 중요한 대상이 된다. 이들도 현직에서 퇴직한 후 유명 로펌 등에 거액을 받고 재취직하여 재벌 관련한 소송 등에서 큰 영향력을 발휘하다가, 다시 법무부와 검찰청 혹은 대법원 등의 고위직에 재고용된다.

이상의 '회전문 인사' 사례를 통해서 우리는 외환위기 이후 달라진 국가와 재벌 간 관계의 한 단면을 엿볼 수 있다. 즉 과거처럼 국가가 일방적으로 재벌에 대해서 규제하고 규율을 부과하는 것이 아니라, 반대로 국가가 재벌에 의

---

097 참여연대, 2010년 7월 13일, 〈이명박 정부 고위공직자 회전문 인사 실태조사〉

 후기 국가독점자본주의론과 한국사회 성격 - 하

해 장악되어 그 도구로 이용된다는 사실을 목격할 수 있다. 여기서 **'회전문 인사'는 재벌 과두제의 실현을 뒷받침하는 반(半)공식적인 매개 장치**로 작용한다. 이러한 기제는 앞서 제7장에서 서술한 한국 사회의 신식국독자 후기 진입에 따른 상부구조의 변화된 상황에도 부합한다. 한국의 통치 집단은 재벌 위주 정책을 펼치는 데 있어 과거 개발독재 정권 때처럼 통치권자 개인의 재량에 따라 재벌에게 노골적으로 특혜를 주는 것이 쉽지 않게 되었다. 그 대신 '회전문 인사'는 일정한 형식적 민주적·법적 절차를 지켜야 하는 변화된 정치 현실에 부합한다.

당연히 이 '회전문 인사'에는 불법적인 요소도 많다. 예컨대 '공직자 윤리규정'은 공직자가 퇴임한 후에 일정 기간 원래 업무와 관련한 기업에 취업할 수 없도록 규정하고 있는데, 명백하게 이를 위반하고 취업한 경우가 적지 않으며, 법관이나 검사들에 대한 '전관예우 규정'도 사실상 위법이지만 버젓이 벌어지고 있다. 따라서 필자가 위에서 "일정한 형식적 민주적·법적 절차"를 언급한 것은, 과거처럼 노골적인 권위적인 방식과 비교할 때 얼마간의 절차를 밟아서 좀 더 은밀하고 부드러운 방식으로 '인적 관계'를 통한 거래가 이루어진다는 점을 강조한 것이다.

'회전문 인사'에 대해서 일각에서는 어느 정도 경제 발전을 이룩한 자본주의 사회에서 일반적으로 나타날 수 있는 현상 정도로 치부하는 시각이 있다. 그러나 이는 한국적 상황을 제대로 이해하지 못한 잘못된 것이다. '회전문 인사'는 원래 미국에서 생겨난 용어인데, 미국에서는 일찍부터 재무부 등에서 근무했던 고위 관료가 이후 월가의 금융회사에 취직했다 다시 고위 관료로 복귀하는 현상이 빈번히 발생하였으며, 지금은 거의 관행이 되다시피 한다. 그런데 두 나라의 '회전문 인사'가 표면상으로는 비슷해 보이지만, 한국의 그것이 미국과 다른 점이 한 가지 있다. 즉, 미국의 경우에는 월가의 금융자본, 서부의 하이테크

자본, 동부의 전통산업 자본 등 여러 종류의 독점자본 분파들이 존재하면서 이들 간에 '이익집단 간 경쟁'이라고 하는 일종의 균형 기제가 작동한다. 2016년 당시 미국 대통령 선거에서 서부의 하이테크 기업들이 대체로 힐러리 후보를 지지했던 반면, 중동부의 전통적 제조업자들은 트럼프를 많이 지지한 것이 그것이다.

이처럼 미국에서는 자본 간의 상호견제를 통해 권력이 최소한 어느 특정 분파에 지나치게 쏠리는 현상을 방지할 수 있다. 하지만 한국의 경우는 삼성으로 대표되는 극소수 상위재벌에 집중되는 과도한 경제력으로 인해 그것마저 어렵다. 따라서 **한국의 '회전문 인사'는 단지 일방적으로 삼성을 비롯한 소수 상위 재벌의 정치권력에 대한 통제의 통로**로 이용될 뿐이다. 이 차이점을 이해하는 것은 중요하며, 그러한 의미에서 볼 때 신식국독자 후기인 한국사회는 **독점자본 일반**의 통치와 구별되는, 극소수 재벌(독점자본)에 의한 '재벌 과두제'라고 부를 수 있다.

8.2.3. 전후 재벌 발전의 두 가지 유형

지금까지 한국에서 재벌체제의 형성과 발전에 대해서 살펴보았다. 1980년대 전반에 재벌체제가 처음 성립한 후, 재벌은 IMF 외환위기 직전까지 금융자본으로 발전함으로써 한국 재벌체제를 공고화했다. 외환위기 발발 후 그 시련을 극복한 일부 재벌들은 '재벌 과두제'를 성립함으로써 한국에서 재벌체제는 지금 최고의 발전을 이룩하였다. 여기서 우리는 한 가지 의문을 제기할 수 있다. 경제개발이 상당 정도 이루어졌음에도 **왜 한국에서는** 구시대적인 **재벌체제가 해체되지 않고 시간이 갈수록 강화되느냐**는 것이다. 이는 분명 2차 대전 이후 세계적인 추세와도 어긋난다.

혹자는 이 같은 문제 제기에 대해 그것은 압축적인 경제개발을 이룩한 개발도상국에서 나타나는 '일반적인 현상'이라고 주장할 수 있다. 그러나 이 같은 일반화는 다음 두 가지 측면에서 논박될 수 있다.

첫째, 역사적으로 재벌체제는 단순히 압축적 경제성장을 달성한 개발도상국에서만이 아니라 과거 선진국에서도 재벌이 경제를 주도하던 '재벌 시대'를 경험한 적이 있다.

자본주의가 자유주의 단계에서 독점단계로 이행하던 고전적 제국주의 시대 때 그러하였다. 이 시기 '금융과두제'는 총수와 가족 중심의 소유와 경영이 일체화된 구조를 지니고 있었으며, 이는 오늘날의 재벌에 해당된다. 이들 금융자본(재벌)은 대개 은행자본 혹은 독점적인 산업자본을 중심으로 거대 피라미드형의 기업집단을 형성하였다. 19세기부터 유럽 경제정치에 막대한 영향력을 행사한 로스차일드 가문이 대표적이며, 독일의 '도이체 방크'와 '크루프 가문', 미국의 'JP 모건'과 '록펠러 가문', 일본의 미쓰비시, 미쓰이, 스미토모, 야스다 등 4대 '자이바츠(재벌)' 등이 그것이다. 이 같은 피라미드의 정점에는 지주회사인 핵심 기업 내지는 은행이 존재하였으며, 이들 지주회사 위에는 그 절대적 지분을 장악한 개인 혹은 가족이 존재하였다. 선진국에서 이들 재벌이 해체된 것은 제2차 세계대전 이후의 일이며, 이들 국가에서 국가독점자본주의가 성립한 것과도 관련이 있다. 따라서 재벌이 단순히 개발도상국에서만 나타나는 현상이라고 보는 것은 역사적으로 걸맞지 않다.

둘째, 설령 같은 재벌일지라도 일반 개발도상국에서의 그것과 한국 신식국독자에서의 재벌은 그 성격이 다르다. 한국의 그것은 이미 경제 전반이 현대적 산업화를 이룬 기반 위에서의 '기술적 우위'를 갖춘 재벌이다. 따라서 일반 개도국에서 흔히 볼 수 있는 단순히 정경유착과 같이 경제외적 힘을 빌린 재벌과는 질적으로 성격이 다르다. 다시 말해서, 한국 신식국독자에서의 재벌체제는 사회적 생산력 발전과 또 이에 조응하는 생산과 자본의 사회화가 상당 수준 진척된 가운데서 나타난다는 점에서 일반적인 개발도상국에서 흔히 볼 수 없는 현상이다. 심지어 오늘날 지구화 시대에 들어 한국의 일부 재벌기업은 세계적인 다국적기업으로까지 발전함으로써 '국제독점자본'의 당당한 일원이 되었다. 그런데도 소유구조와 경영에서는 여전히 '가족 경영'이라는 낡은 형태를 벗어나지 못하고 있는 것이다.

그렇다면 다시 처음으로 돌아가서, 왜 한국에서는 산업화의 성공에도 불구하고 재벌체제가 해체되지 않은 채 계속해서 강화되고 있는지에 대한 의문이 남는다. 여기서 앞서 제7장에서 2차 대전 후 성공한 산업화의 길을 선진국 국가독점자본주의형과 신식민지국가독점자본주의형으로 나누어 비교했던 것처럼, 재벌의 운명 역시 이 두 가지 유형으로 나누어 보는 것이 타당할 것 같다. 신식국독자형 재벌에 대해선 앞에서 많이 언급하였기에, 여기선 주로 선진국의 재벌에 대해서만 초점을 맞추기로 하자.

서구 선진국에서 종전 후 재벌은 차츰 소멸의 길을 걸었는데, 이 같은 **재벌의 쇠퇴는 선진국 국독자가 등장하기 위한 선행조건**이었다고 볼 수 있다. 만약 재벌과 같은 사적독점이 너무 강력해서 구제국주의처럼 '금융과두제'가 성립하게 되면, 전후 서구 국가들에서 국독자가 발전할 수 있는 여지는 사실상 좁아지게 된다. 전후 국독자의 발전은 한편에선 세계적 규모의 전쟁과 종전 후 사회경제적 위기를 수습하는 과정에서 '국가독점'이 발전하고, 다른 한편에선 제2차 세계대전 발발 직전까지 막강한 힘을 발휘하던 금융자본으로 대변되던 사적독점이 상대적으로 약화 된 틈을 타서 국가독점이 전체 자본분파를 지도할 수 있는 능력을 획득함으로써 비로소 가능하였다.

서구 선진국에서 금융과두제가 해체되는 경로는 다시 다음 두 가지 유형으로 나뉜다. 즉, 미국·영국과 같이 자체 **'민주적 방식'**을 통한 전환이 하나이며, 다른 하나는 독일·일본과 같은 **'외부적 강압'**에 의한 전환이다. 20세기 진입 후, 서구 자본주의 각국은 독점자본의 발전에 따라서 빈부격차가 심화하고 노자 간의 계급대립이 격화하는 등 사회적 모순이 증폭되어 사회개혁에 대한 요구가 높아졌다. 이 같은 내부 계급대립의 격화와 사회혁명의 위협에 직면하여, 각국의 사회개혁 방향과 성격을 결정지은 것은 당시 각국이 보유한 식민지를 포함한 시장의 크기, 그리고 국가의 민주주의 전통-이는 그 나라의 자본주의 역사와 관련이 있다- 두 가지라 할 수 있다. 미국과 영국의 경우 이 두 가지 조건에서 모두 민주적인 전환에 유리하였으며, 이리하여 재벌을 약화시키고 사회복지체계를 건설하는 사회대개혁을 실행하여 노동자계급으로부터 혁명의 위협을 줄이는 데 성공할 수 있었다. 이리하여 이들 국가는 **'자발적인 재벌해체의 길'**을 걸었다.

이와 관련하여 특별히 미국의 사례를 소개하자. 미국은 1890년대에서 1920년대를 '진보 시대(Progressive Era)'라고 불렀는데, 19세기 말엽부터 경제에 대한 자유방임주의를 비판하고, 정부가 시장에 개입하여 무질서한 독점자본의 경제행위를 규제할 것을 요구하는 사회적 기류가 나타나기 시작했으며, 이후 학계와 사회운동 영역에서 큰 조류로 성장하게 된다. 20세기 들어서 미국경제의 독점화가 더욱 진전되고, 금융자본의 전 사회에 대한 통제가 점차 명확해짐에 따라 이들 소수 지배집단에 대한 폭로와 대항 운동이 거세게 일어났다. 특히 1903~1909년 기간에는 당시 유력한 트러스트(Trust, 기업합동)이었던 록펠러재단이 석유산업에 대한 독점적 지배를 확립하는 무자비한 과정이 언론을 통해 남김없이 폭로되고 고발되는 등, 금융자본의 경제·사회적 통치에 대한 전반적인 거센 저항의 물결이 일었다. 이후 역대 미국의 대통령 선거와 의회 선거에서는 줄곧 독점에 대한 규제를 위해서 국가가 경제에 적극 개입할 것인지를 놓고 여러 차례 뜨거운 쟁점이 형성되었다. 이 같은 전통은 이후 1920년 대 말 대공황을 계기로 루스벨트 대통령이 집권하면서 대대적인 민주적 진보 개혁 정치를 실시하는 배경이 되었다.[098]

이와는 달리 독일·일본 두 나라는 모두 후발 공업국으로 당시 그들이 점령한 식민지는 영국이나 프랑스만큼 많지 않았으며, 다른 한편 국가 주도의 압축적인 자본주의 발전과정을 이루었기 때문에 전통적으로 국가권력의 힘이 강하였다. 그 때문에 이들 국가에서는 20세기 들어 재벌체제가 이전보다 더욱 강화되었으며, 노동자계급의 요구는 힘으로 억압되고 내부모순을 대외침략 정책을 통해 외부로 발산함으로써 해결하려는 정책을 채택하였다. 결국 이들 국가는 자신들이 일으킨 전쟁에서 패배함으로써, 이들 국가의 재벌은 승전국에 의해 전쟁의 원흉으로 지목되어 강제로 해체되고, 국가권력이 민주적으로 개조되는 길을 걷게 되었다. 이를 우리는 **'외압에 의한 재벌해체의 길'**이라고 부를 수 있다.

이처럼 비록 재벌해체의 경로는 다르지만, 두 차례의 전쟁과 경제공황을 겪은 각국에서는 기존 금융과두제를 부정하는 정치·사회적 공감대가 형성되었으며, 그러한 공감대는 종전 후 서구 사회에서 재벌해체가 순조롭게 진행되는 데 유리한 조건을 제공했다.

이러한 정치·사회적 요인 말고도 기업소유구조의 변화 즉 **자본축적의 진전에 따른 경제 내적 변화** 역시 재벌해체에 영향을 미쳤다. 구체적으로는 다음 두 가지를 들 수 있다.

첫째, 생산 및 자본 사회화의 진척으로 더 많은 사회자본이 경제활동에 참

---

098 이상, 《美国通史》(第4卷), pp.237-380. 참조.

여하게 됨에 따라 기업의 소유 분산이 이루어지고 다양화되었다. 전후 과학기술 혁명의 진전과 생산력의 비약적인 발전은 단위 기업의 자본 규모를 크게 확대하였으며, 기업은 더 많은 사회적 자본을 소유 지분에 참여시키는 방법으로 이 같은 막대한 자본 수요를 충당할 수 있었다. 이 과정에서 자본시장이 발달하고 기업공개가 더욱 촉진되었으며, 경영이 규범화되었다. 이에 따라 기존의 총수 개인과 가족 등 개별 주주의 지분은 크게 축소되고, 이들의 힘 또한 약화되었다.

둘째, 국가에 의한 규제를 들 수 있다. 대부분의 선진국은 종전 후 '반독점법'을 강화하여 의식적으로 은행이나 대기업에서 개별 주주의 지분을 제한하거나, 기업 간 상호출자를 가로막음으로써 제한하였다. 이렇듯 전반적으로 은행과 산업자본을 분리시키는 조처를 취함으로써 전전(戰前)과 같은 막강한 금융 과두제가 출현하는 것을 제도적으로 방지하였다.

국가의 이 같은 규제 조치는 설령 은행 등의 금융업 자본과 산업자본이 상호 결합을 한다손 치더라도, 어느 한쪽이 우세를 형성하기가 어렵게 만들었다. 그 대신 주식을 상호 교차소유하는 식으로 양자의 대등한 관계가 성립됨으로써 과거와 같은 피라미드식 구조의 재벌은 붕괴되었다.

이들 요인의 종합적인 작용으로 서구 선진국 국독자에서는 전체 사회적 소유구조에서 **'미시적 분산, 거시적 집중'**[099]이라고 하는 새로운 현상이 나타났다. 즉 개별 대기업 차원에서 소유 지분은 다양한 형태의 주주들에게 분산되어 그 누구도 기업에 대한 절대적인 영향력을 행사하기가 어렵게 되었으며, 이로부터 전문경영인이 기업경영을 전담할 수 있는 토양이 조성되었다. 물론, 사회 전체

---

099 达昌等, 《战后西方国家股份制的新变化》, pp.51-53.

적으로 보면 여전히 자본 및 사회적 부가 최종적으로 소수 사람과 일부 집단에 집중됨으로써 자본주의의 본질을 바꾸거나 자본가계급의 이해를 해치는 것은 아니다.

지금까지 우리는 종전 후 재벌의 운명에 관한 선진국 국독자와 신식국독자의 '두 가지 길'에 대해서 살펴보았다. 양자에 대한 비교를 통해서 우리는 다음과 같은 결론을 얻을 수 있다. 즉, 일반적으로 자본주의 발전에 따라 **장기적으로**는 재벌을 해체하는 경향이 존재한다. 그러나 이와 동시에 **재벌(독점자본)**은 스스로 자신을 무한히 확대하려는 속성 또한 지니고 있다.[100] 그 때문에 만약 국가권력의 개입이나 외부적 강제력에 의해서 억제되지 않을 경우, 재벌(독점자본)은 결국 스스로 정치권력을 통제하는 수준으로까지 발전하고 만다. 이 두 개의 대립하는 작용의 결과, 재벌체제의 해체는 저절로 이루어지기보다는 반드시 일정한 조건을 필요로 한다. 이 점에 있어 앞서 살펴본 서구 선진국 국독자의 재벌체제 해체와 관련된 미·영 및 독·일의 사례는 우리에게 좋은 교훈을 제공한다.

오늘날의 조건에 비추어 볼 때 위의 서구 선진국 재벌체제 해체의 두 가지 유형 즉 '자발적인 해체의 길'과 '외압에 의한 해체의 길'을 해석할 경우, **'민주국가'**와 **'외부적 강제'** 두 가지 요소가 관건임을 알 수 있다. 그런데 한국의 경우에는 신식국독자라는 사회적 특성 때문에 이 두 가지 요소 모두 불리하게 작용하였다. 이점이 한국의 재벌체제가 선진국 국독자와 다른 운명을 갖게 되는 결정적인 이유이다.

---

100 다음 인용문을 보자. "**일단 독점이 출현한 후, 결과는 반대로 원인이 된다.** 대기업은 자신의 독점지위를 얻거나 강화하기 위해 의식적으로 인수합병을 진행하며, 자신의 경제적 실력과 점유율을 더욱 강화하며 이로부터 진일보하게 집중과정을 가속화한다." 《垄断资本概论》, p.127.

구체적으로, 먼저 '민주국가'와 관련하여 볼 때 6·25전쟁과 냉전 시기를 거치면서 비대해진 한국의 국가권력은, 탈냉전 시대인 오늘날에도 남북 대치 상황을 빌미로 여전히 폭압적인 국가권력의 속성을 버리지 않고 있다. 다음, 현대 제국주의로 대변되는 '외부적 강제'의 경우 종전 후 일본과 비교할 때 그것은 낡은 재벌체제를 해체하는 데 긍정적인 역할을 담당했던 것과는 달리, 한국에서는 오히려 재벌의 동맹 세력으로서 재벌체제의 강력한 버팀목으로 작용한다. 만약 현대 제국주의가 원했더라면 IMF 외환위기와 이후 개방화 과정에서 소위 '경제민주화'를 통해서 재벌해체에 대한 실질적인 내용을 담을 수 있었을 것이다. 그러나 그들은 재벌해체에는 전혀 관심을 보이지 않았다.[101]

당시 IMF가 재벌개혁에 소극적이었던 것은 한국의 재벌체제가 자신들에게 전혀 손해가 되지 않을뿐더러, 이후의 한미 FTA 등에서 볼 수 있듯 한국 재벌들 스스로 앞장서서 국제독점자본과 미국의 이익에 발맞추어 행동을 취해주었기에 오히려 그들에게 유리하다고 판단하였기 때문이다. 국제독점자본과 현대 제국주의는 굳이 힘들이게 자신들이 직접 나서 한국 노동자들을 착취하지 않더라도 한국의 재벌을 통해서 얼마든지 그들이 획득한 독점이윤을 공유할 수 있으며, 또한 정치적으로도 재벌이라는 물적 기반 때문에 한미 동맹의 기초는 더욱 강화될 수 있다는 것이다.

이상에서 살펴본 바대로, 한국에서는 재벌의 성장을 일정 한도 내로 제한할 수 있는 국내외적인 조건이 존재하지 않았음을 알 수 있다. 오히려 폭압적인 국

---

101 외환위기 당시 IMF가 한국 정부에 제시한 개혁안에 '연결재무재표' 등 그나마 불철저한 재벌개혁안을 집어넣은 것은 김대중 정부의 요구에 의해서였다(《한국 신자유주의의 기원과 형성》, pp.231–233) . 이는 당시 IMF가 한국경제를 바꿀 수 있는 충분한 권력을 쥐고 있었음을 보여주는 것임과 동시에, IMF는 재벌개혁에 대해서 별반 관심을 갖지 않았음을 또한 시사한다. 만약 IMF가 '출자총액제한'과 같은 재벌해체에 결정적인 타격을 주는 강제조항을 추가하였다고 해도, 당시 한국 정부나 재벌이 반대하기는 어려웠을 것이다. 그러나 미국의 영향력 밑에 있는 IMF는 그렇게 하지 않았다.

가권력과 현대 제국주의가 지원하는 속에서 재벌의 성장은 더욱 촉진되었으며, 이렇게 하여 이미 통치 권력화한 한국의 재벌은 지구화라는 시대의 변화와는 상관없이 재벌체제를 더욱 강화시킬 수 있었다.

8.3. 재벌체제의 반(反) 역사성

한국경제는 그간 일정한 산업화와 경제 발전에도 불구하고 구시대적인 낡은 재벌체제의 존재로 인해 사회생산력의 더 한층 발전과 사회 진보가 심각한 저해를 받고 있다. 또한 다수 사회이익과 극소수 재벌 총수집단의 이해 충돌이 갈수록 심각해지는 것을 피할 수 없다. **재벌체제의 반 역사성**은 이처럼 사회적으로 극소수인 재벌이 한국 사회의 주요 생산수단을 점유함으로써 한국 사회의 발전이 전반적으로 저해되고 있는 상황을 일컫는다. 한국은 재벌체제로 말미암아 오늘날 지구상에서 자본주의 **기본모순이 가장 첨예한 국가**가 되었다.

8.3.1. 자본주의 기본모순과 한국 재벌체제

본 절의 서술을 위해서는 먼저 자본주의 기본모순에 대한 설명이 필요하다. **자본주의 기본모순**이란 '**생산의 사회화와 자본주의적 점유 간의 모순**'을 지칭한다. 그것은 모든 자본주의 모순의 근원이다. 예컨대 노동자계급과 자본가계급간의 모순, 개별 기업에서의 생산의 조직성과 전체 사회적 생산의 무정부상태 간의 모순, 빈부격차 등은 모두 이 기본모순에서 파생한다. 재벌체제로 인한 한국 사회 모순의 심각성을 이해하기 위해서는 먼저 이 기본모순에 대한 이해가 필요하다.

자본주의 기본모순에 대해 맨 처음 체계적으로 서술한 사람은 엥겔스이다. 그는 자신의 저서 〈사회주의, 공상에서 과학으로의 발전〉에서 다음과 같이 설명한다. 즉, 중세기에는 노동자가 자신의 소규모 생산수단에 대한 사유를 기초로 '개인적 생산'이 보편적으로 유행하였다. '자본주의 생산'은 이들 소규모 생산수단을 개인의 생산수단에서 **사회화**된, 즉 **많은 사람이 공동으로 사용할 수 있는 생산수단으로 전화**함으로써 출현하였다. 그리고 이들 생산수단과 마찬가지로 **생산 자체**도 일련의 개인적 행위에서 사회적 행위로 변하였다.

이제 공장에서 생산되는 제품은 많은 노동자의 공동 작품이 되었으며, 필히 그들의 손을 순차적으로 경과한 연후라야 완성품이 나온다. 이 때문에 **생산물 또한** '개인적' 생산물에서 필연적으로 '사회적' 생산물로 되며, 누구도 "이것은 내가 만든 것이기에 나의 제품이다"라고 말할 수 없게 된다. 이점이 과거 중세의 소생산자(장인)이 제품을 직접 만들던 때와 확연히 달라진 부분이다. 당시의 소생산자(장인)는 자신의 노동수단과 스스로 조달한 원료 및 자기 자신 혹은 가족노동을 동원하여 직접 생산을 하였다. 그렇기에 스스로 생산한 생산물에 대해 소유권을 주장한들 아무도 이의를 제기할 수 없었다.

그러나 자본주의사회에 들어서면서부터 생산수단과 생산과정 자체의 성격은 변했다. 생산물은 이미 자신의 노동에 의한 생산물이 아니라 완전히 다른 사람(혹은 자기를 포함한 공동의) 노동의 생산물이다. 그런데도 자본가들은 단지 자신들이 '생산수단의 점유자'[102]라는 이유만으로 이들 생산물에 대해서 소유권을 주장한다. 이렇듯 '생산의 사회적 성격'과 '자본주의적 점유' 간의 모순 때문에 현대사회의 모든 충돌이 발생한다.[103]

자본주의는 이 기본모순의 발전에 의해 사회 전반의 모순이 심화하게 되며, 결국 자본주의 생산양식의 역사적 종말을 가져온다. 자본주의사회는 한편에선 생산과잉으로 인해 재화가 넘치고, 다른 한편에선 유효수요의 부족에 시달린다. 개별 기업 차원에서는 치밀한 계획과 조직성이 존재하지만, 시장 전체로서는 무정부성이 지배하면서 주기적인 공황이 발생한다. 많이 가진 자와 적게 가진 자, 그리고 자본가계급과 노동자계급 간의 갈등은 갈수록 첨예하게 되며, 이 같은 대립은 전 지구적 범위로 확대되어 민족 간의 대립, 선진국과 개발도상국 간의 대립으로 이어진다.

이상의 엥겔스의 자본주의 기본모순에 관한 설명을 따를 경우, **자본주의 기본모순이 가장 성숙한 나라**는 다름 아닌 재벌체제가 강고하게 자리 잡은 한국이다. 그런데 이 기본모순의 성숙 정도는 어떻게 판단할 수 있을까? 그것은 다음 두 가지 기준을 통해서 가능하다. 첫째, 사회적 분업과 생산력의 발전에 따른 **생산사회화가 고도화된** 정도이다. 둘째, 이에 반해 생산수단과 생산물에 대한 **자본주의적 점유**가 더욱 사회 소수집단에 **집중**되는 정도이다. 이 양자의 비교를 통해 자본주의 기본모순의 성숙 정도를 알 수 있다.

---

102 소유와 **점유** 두 개념은 다르기 때문에 구분할 필요가 있다. '점유'는 어떤 물건에 대한 사실상의 지배를 뜻한다[두산백과]. 예컨대, 어떤 토지를 직접 점거하여 그것을 사용하는 것과 같은 행위를 들 수 있다. 그리고 그것이 최종적으로는 권위 있는 실체 즉 공동체(국가)에 의해서 공식적으로 인정될 때 '점유'는 본래의 의미에서의 '소유(Eigentum)'로 이행한다[헤겔 사전]. 이 경우 '소유권'은 그 법적인 표현에 불과하다.

103 이상 자본주의 기본모순에 관한 내용은 〈社会主义,从空想到科学的发展〉,《马克思恩格斯选集》(第三卷) , pp.426-431 참조.

이런 기준에 비추어 볼 때 양자 간의 대조가 가장 극명하게 나타나는 나라가 바로 한국이다.

먼저, 한국경제의 생산사회화가 고도화된 측면을 보도록 하자. 생산사회화는 다음 두 가지 형태를 통해서 표현된다. 하나는 생산의 **집중화·일체화·대형화**이며, 다른 하나는 사회적 **분업**의 발전이다.[104]

여기서 생산의 집중화·일체화·대형화의 측면은 주로 개별 단위의 자본과 사업장 차원에서 바라본 시각이며, 그것들의 규모 및 집중 정도 그리고 전문화와 관련된다. 이는 한국경제에서 '독점'의 발전 및 기업 규모의 확대 등에 대한 조사를 통해 대체적인 상황을 파악할 수 있다. 앞서 살펴보았듯이 1980년대 전반에 한국 사회에서 재벌체제가 성립하였으며, 또 재벌이 한국 독점자본의 주요한 형식임을 감안하면 그것은 곧 독점 즉 집중화·일체화·대형화의 발전임을 알 수 있다. 이 같은 재벌체제는 1997년 외환위기를 겪으면서 더욱 강화되어 몇몇 소수 상위재벌로의 경제력 집중이 이루어졌다. 다른 한편, 대부분 재벌그룹에 소속한 한국의 대기업들은 그 개별 사업장 규모에서도 보통 수천 내지는 수만 명에 달한다. 예컨대 한국경제를 대표하는 삼성전자와 현대자동차의 경우 각각 9만 5,374명(2016년 9월)과 6만 7,829명(2016년 9월)의 국내 고용인원을 보유하였다(네이버증권 제공).

다음, 사회적 분업의 측면을 보면 1980년대를 거치면서 한국경제에서 대기업과 중소기업의 **하청 계열화**가 양자 관계의 주요한 형식으로 자리 잡았다. 중

---

104 [Baidu百科]。엥겔스는 〈사회주의, 공상에서 과학으로의 발전〉에서 생산의 사회화의 의미를 주로 단위 사업장 내 생산수단·생산과정·생산물의 사회적 성격과 관련하여 파악하였다. 현실에서 이 같은 형태의 생산사회화 고도화는 주로 생산의 집중화·일체화·대형화로 나타난다. 그러나 생산의 사회화는 이 밖에도 '사회적 분업'과도 관련이 있다. 맑스는 그의 저서 〈정치경제학비판〉에서, "교환의 필요와 생산품의 순 교환가치로의 전화는 **분업, 즉 생산의 사회성과** 동일한 정도로 발전한다"라고 서술하였다. 《마克思恩格斯全集》(46卷上), p.91. (인용문 중 굵은 강조는 인용자에 의한 것임)

소기업 가운데서 하청업체의 비중은 1978년 18.2%에서 1987년 48.5%로 급증하였으며, 1990년대와 2000년대 들어서 이 비중은 더욱 높아졌다. 예컨대 한국 중소기업의 주문생산판매 비중은 1993년 53.3%에서 2003년 81.8%로 증가하였다. 2002년 현재 300인 미만을 고용하는 중소기업은 총 10만9,681개로 우리나라 전체 제조기업 수자의 99.4%를 차지하며, 이들 중 80%가 넘는 기업들은 고립된 채 스스로 완제품을 생산하는 것이 아니라 대기업과의 긴밀한 관계 속에서 부품생산을 한다.[105]

또 이 같은 사회적 분업은 지구화 시대에 들어서 국경을 넘어선 국제적 분업으로까지 확대 발전하고 있다. 본서 제2장에서 소개한 '지구적 공급체인'이 그것인데, 이미 다국적기업으로 성장한 한국의 대기업들도 이러한 국제 분업에서 일정한 몫을 차지하고 있다. 예컨대 삼성전자의 2015년 글로벌 임직원 수는 80개국, 200개 거점에서 총 32만 5,677명이며, 이는 전년도 31만 9,208명보다 6,400여 명 늘어난 숫자이다.[106]

지금까지 살펴본 바와 같이 생산의 집중화 및 대형화의 측면에서 보든, 혹은 사회적 분업의 발전 측면에서 보든지 간에 한국경제의 생산사회화 정도는 이미 상당히 고도화하였다.

다음으로, 자본주의적 점유의 측면을 살펴보도록 하자. 한국 사회의 이 같은 생산사회화의 고도화에 대비되는 것이 재벌총수와 그 가족에 의한 생산수단에 대한 **점유 강화**이다. 이는 다음 두 가지 측면에서 확인할 수 있다. 첫째,

---

105 이상 관련 통계수치는 《한국 자본주의의 재생산구조 변화: 1987-2003》, p.127에서 인용. 최근의 통계수치를 보면 제조업 중소기업의 약 62%가 대기업과 하청 관계를 유지하고 있다(2023년 한국중소기업연구원). 한국 제조업의 하청관계는 평균 0.81(1에 가까울수록 계열화 심화)이다. 참고로 다른 제조업 선진국과 비교하면 일본은 0.63, 독일은 0.58이다. 주요 산업별 비율을 보면 자동차(78%), 조선(75%), 반도체(68%), 화학(61%)이다.

106 삼성전자, 2016년, 《지속가능경영 보고서》.

재벌의 한국경제에서 차지하는 비중 및 그 중요성의 확대이다. 둘째, 재벌그룹 내에서 총수와 그 가족 지분이 지속적으로 축소하는 추세에도 불구하고, 여전히 그들이 그룹 전체에 대한 지배력을 강고하게 유지한다는 사실이다.

먼저 첫 번째 측면과 관련하여 보면, 앞서 8.2.1.에서 살펴본 것처럼 외환위기를 거치면서 상위재벌에의 경제력 집중은 한층 강화되었다. 아래 표 8-9는 그 한 단면을 보여준다.

표 8-9. 한국 상위재벌에의 경제력 집중(2014년 말 현재)

	삼성 재벌	2~10위 재벌	10대 재벌
GDP 대비 매출액	20.4%	46.8%	67.2%
GDP 대비 자산총액	42.0%	67.8%	109.8%

출처: 《삼성전자가 몰락해도 한국이 사는 길》, p.176.

이 같은 재벌의 한국경제에 대한 영향력 확대는 다시 재벌체제의 특성상 재벌총수 및 그 가족 등에 의한 전체 한국경제에 대한 통제력의 강화로 이어진다. 그것을 잘 보여주는 지표가 바로 '내부지분율'이다. 여기서 **'내부지분율'**이란 그룹 전체 발행주식 가운데 소유주와 소유주의 이해관계인들이 보유한 주식 비율을 말한다. 여기에는 동일인 지분에다 특수 관계인(동일인의 친인척과 계열사 임직원)이 보유한 지분, 계열사 지분, 자사주·자사주펀드가 포함되며, 이를 통해서 소유주(총수)의 그룹 전체에 대한 장악 정도 및 그 구성 내역을 파악할 수 있다.

내부지분은 보통 소속 계열사가 출자를 통해 보유한 지분이 대부분인데, 30대 재벌의 경우 내부지분율은 1990년대 초반 얼마간 하락하는 듯이 보이다가 외환위기 이후에 다시 높아졌다. 2011년 공정거래위원회의 발표에 따르면 '상호출자제한 기업집단' 중 총수가 있는 38개 그룹의 내부지분율이

54.2%였으며, 특히 10대 대기업 집단의 내부지분율은 20년 만에 최고치인 53.5%에 달했다.

이 같은 **내부지분율의 상승에 대조되는 것이 총수 일가가 직접 보유하는 지분의 축소**이다. 38대 그룹과 10대 그룹의 총수 지분은 각각 2.23%와 1.1%에 불과하였다. 삼성은 겨우 0.54%이었고 가족 지분까지 합해도 0.99%에 불과하였다. 38개 그룹에 소속된 1,364개 기업 중 총수 일가가 100퍼센트 소유한 계열사는 62개(4.55%)인 반면, 총수 일가 지분이 전혀 없는 계열사는 949개(69.6%)나 되었다. 이것은 재벌 계열사 10곳 중 7곳은 대기업 총수들이 본인이나 친인척 지분 없이 계열사 출자만으로 지배하고 있다는 것을 의미한다.[107]

이상에서 우리는 총수 일가에 의한 재벌그룹에 대한 지배의 공고화를 가져오는 내부지분율의 확대가, 이들 총수 일가가 직접 보유한 지분의 지속적인 축소와 함께 진행되고 있음을 알 수 있다. 이는 재벌기업들이 사업 규모를 확대하는데 필요한 막대한 자금에 대해 주식시장을 통한 조달 비율을 늘린 결과이다. 그럴 경우 기업재산에 대한 총수의 출자 비중은 필연적으로 줄어들게 된다. 결국 총수는 사실상 소액주주 내지는 소액 이해관계자에 불과하면서 현행 기업지배제도를 교묘하게 이용하여 마치 100% 지분을 소유한 것처럼 권력을 행사하고 있는 사실이 드러난 셈이다.

이러한 상황에서 재벌로의 경제력 집중의 심화는 결국 국민경제 전체에 대한 총수 일가의 영향력을 최대한으로 확대시켜주는 셈인데, 우리는 이로부터 한국에서 자본주의 기본모순의 심각성 정도를 알 수 있다.

---

107 이상 외환위기 이후인 2011년 자료는 〈매일경제〉, 2011년 7월 28일에서 나옴. 《한국 신자유주의의 기원과 형성》, pp.371-372에서 재인용.

8.3.2. 사회이익과 재벌이익의 대립

총수 일가가 적은 소유 지분만을 가지고서도 거대 기업집단을 지배할 수 있는 한국 재벌 특유의 소유와 경영의 분리, 그리고 더욱 근본적으로는 한국경제 전반의 생산사회화 추세와 배치되는 낡은 재벌 소유형식의 잔존은 한국 사회에서 자본주의 기본모순의 심각한 심화를 초래한다. 그것은 크게는 재벌이익과 전체 사회이익의 대립, 적게는 기업이익과 총수 개인이익의 괴리를 낳는다.

재벌이익과 사회이익의 대립은 우선 재벌의 태생적인 업보라 할 수 있는 '**경영권 불법 승계**' 문제를 통해서 극명하게 드러난다. 한국의 총수 일가는 전체적으로 매우 적은 지분만을 보유하고 있기에, 재벌그룹 전체에 대한 지배력을 유지하기 위해서는 끊임없이 고심하지 않을 수 없다. '경영권 불법 승계'와 같은 문제는 그로부터 생겨나는 제반 문제 중 하나이며, 한국 재벌의 '아킬레스건'이다. 이 문제는 세계 곳곳에서 흔히 볼 수 있는 일반적인 부자들의 재산상속 혹은 탈세 행위와는 성격이 다르다. 총수 일가의 경영권 기반이 취약한 조건에서 재벌그룹 전체에 대한 지배권을 억지로 자기 자식에게 세습시키려고 하는 데서 비롯된 한국 사회의 특유한 현상이다. 그 과정에서 총수 개인의 합법적인 재산에 대한 상속뿐만 아니라, 그룹 내 공식 자산이나 계열사 주식 지분 등을 후계자에게 헐값에 인수시키는 등 갖가지 편법이 동원된다. 한국의 대표적인 재벌인 삼성그룹은 그 같은 '경영권 불법 승계'의 좋은 사례를 제공한다.

현재 삼성의 공식 후계자인 이재용의 경우, 그는 1995년 일본 게이오대학 재학시절에 부친 이건희로부터 물려받은 61억 원을 종자돈 삼아 후계승계 작업을 시작했다. 빌딩 한 채 값도 안 되는 이런 적은 돈으로 자산 규모가 수백조 원을 넘어서는 한국의 대표적 재벌을 인수하는 과정은, 삼성에버랜드 전환사채(CB)와 삼성SDS의 신주인수권부사채(BW) 헐값 발행 사건에서 보듯이 당연히 비리와 불법의 연속일 수밖에 없었다.

이재용의 종잣돈을 불리는 작업은 당시 회장비서실의 후신인 삼성그룹구조조정본부(약칭 '삼성구조본')가 맡았는데, 주로 주식을 순차적으로 사고파는 과정을 통해서 이루어졌다. 즉 상장 직전에 주식을 헐값에 사서, 상장 이후 막대한 차익을 거두는 방식이다. 삼성구조본이 세운 치밀한 계획에 따라 그룹 산하 계열사들은 상장 일정과 지분 배치를 조정했다. 에스원, SECL(삼성엔지니어링), 서울통신기술 등이 이런 계획에 동원됐으며, 이들 비상장 주식 가격의 산정도 삼성구조본 재무팀 관재담당에서 결정했다. 이재용이 대주주가 된 회사의 상장 차익을 늘리기 위해 삼성의 다른 계열사 사업을 떼어다 이들 회사에 넘기기도 하였다. 이 같은 수법을 통해 이재용의 재산은 얼마 지나지 않아 순식간에 불어났다.

사실 그의 부친인 이건희도 똑같은 방식으로 삼성그룹에 대한 경영권을 세습하였다. 즉 이재용이 재산증식 방식에서 사용한 '계열사 유상증자→ 법인주주의 실권→ 제3자 명의로 후계자가 실권주 인수'는 사실상 한국 재벌들이 보편적으로 선호하는 불법 상속을 위한 '고전적 수법'이다. 물론 이러한 편법적인 계열사의 주식발행과 헐값 인수를 감추고, 만일 사고가 발생할 경우 이를 원만히 수습하기 위해서는 평소 정치권과 사법부 등 주변에 불법 로비를 해두지 않으면 안 된다. 이로부터 계열사 회계장부 조작, 불법 비자금 조성, 정치권 로비 등 재벌의 다른 큰 비리들이 줄줄이 연이어진다.

재벌은 '혈통'에 기초한 지배를 특징으로 한다는 점에서, 앞의 후계문제는 재벌의 존속과 관련된 근본 문제라 할 수 있다. 이는 한국 사회에서 재벌모순은 그 본질이 결국 사회이익과 총수 이익의 대립임을 보여준다. 또 극소수 상위 재벌에 경제력이 집중한 '재벌 과두제'에서 사회의 기본모순은 일반적 경우보다 훨씬 심각함을 뜻한다. 즉 이 같은 기본모순은 사회 대 자본가계급 일반의 대립, 심지어 사회 대 독점자본가계급 일반의 대립을 넘어 전체 사회 대 극소수 총수 일가의 대립으로 발전하게끔 한다.

재벌의 후계승계 문제는 비록 정치권력과 경제 권력이라는 차이가 있긴 하지만, '절대권력'을 자손에게 물려준다는 의미에서 마치 봉건왕조의 왕권세습에 비유할 수 있다. 그 때문에 이미 '헌정 국가' 형식을 갖추고 형식적 민주주의를 실시하는 후기 신식국독자 상부구조와도 곳곳에서 충돌이 발생할 수밖에 없다. 그 과정에서 온갖 불법과 비리를 수반하며, 이리하여 한국의 재벌은 **매번** 후계승계가 이루어질 때마다 태생적 '불법성'을 새롭게 잉태한다. 그 때문에 재벌체제는 한국 사회 전체를 부정과 부패로 계속해서 오염시키는 온상 역할을 한다.

다음으로 재벌이익과 사회이익의 대립은, 재벌이 사회 전반의 사회적 생산력을 자신의 이윤추구를 위하여 활용함에도 그 과실 대부분을 극소수 총수와 관계된 이익집단으로만 돌리는 데서도 잘 드러난다. 재벌들이 각종 불법과 편법을 동원하여 벌어들인 이윤 대부분은 재벌과 한국 주식시장에 투자한 외국인들이 가져가 버린다.

그중 한 예를 들어보자. 삼성, 현대차, LG, SK 등 국내 4대 그룹 상장사의 2014년 회계연도 배당금(중간배당 포함)의 투자자별 귀속현황을 조사한 결과에 따르면, 이들 4대 그룹 소속 상장사의 배당금 총액은 7조 7,301억 원으로 전년(6조 364억 원) 대비 1조 6,937억 원(28.06%) 늘었다.

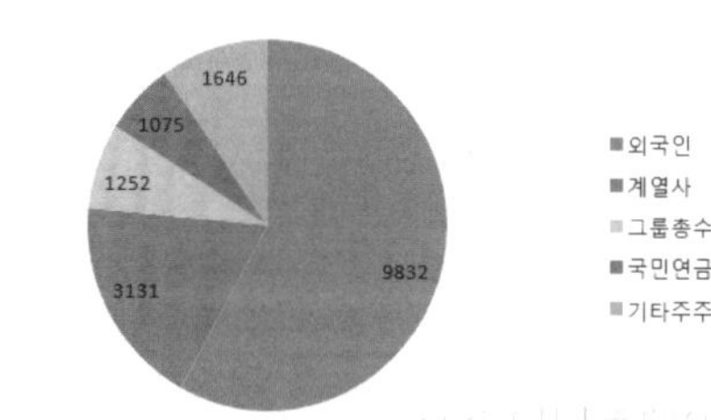

※ 삼성,현대차,LG,SK등 4대그룹의 13·14년 배당증가액은 총 1조693?억원

이 배당금 증가분 중 9,832억 원(58.05%)이 외국인 투자자 몫으로 돌아갔

고, 3,131억 원(18.49%)은 4대 그룹계열사, 1,252억 원(7.39%)은 그룹 총수 가족 몫으로 각각 돌아갔다. 전년 대비 **배당금 증가분의 84%가량이 외국인, 그룹 총수 및 계열사로 유입됐다**는 얘기다. 국민연금이나 소액주주 등 기타 주주에게로 돌아간 몫은 2,721억 원(16.06%)에 불과했다.

결국 한국의 노동자들이 아무리 열심히 일해야, 그 성과의 대부분은 재벌총수와 외국인 투자가(국제독점자본)의 몫이 된다는 얘기다. "재주는 곰이 부리고 돈은 주인이 챙긴다"는 말이 딱 들어맞는다. 삼성전자가 분기당 수조 원씩 이윤을 남겨도 한국의 비정규직 수가 늘어만 가고, 영세 자영업자를 비롯한 대다수 서민들의 삶이 팍팍해지는 이유가 여기에 있다.

한국 재벌체제의 또 한 가지 치명적인 약점은, 이처럼 성과는 재벌이 독차지하는 반면 그로부터 발생하는 위험은 전체 한국 사회에 떠넘긴다는 점이다. 한국경제의 소수 재벌에의 의존 및 재벌의 '선단식 경영'은 언제든 총체적 경제위기로 현실화할 가능성을 안고 있다. 다시 삼성의 예를 들어보자.

삼성전자는 재계 1위인 삼성그룹 내에서도 독보적인 위치를 차지하는 한국의 대표적인 기업이다. 삼성전자의 2014년 매출액은 약 138조 원으로 삼성그룹 전체 매출액의 45.5%를 차지하는데, 그 당기순이익은 14조 6,000억 원으로 삼성그룹 전체 계열사 당기순이익의 69.5%를 차지하였다. 삼성그룹에서 차지하는 삼성전자의 중요성은 이처럼 매출액과 당기순이익의 비중에만 국한된 것은 아니다. 삼성전자를 중심으로 삼성그룹 전체 전자 부문 계열사들이 수직계열화되어있으며, 또 삼성전자는 삼성생명, 삼성물산과 직간접적인 출자를 통해서 연계되어 있다. 따라서 삼성전자는 삼성그룹의 핵심이며 삼성그룹 전체를 떠받치고 있는 골간 회사라 부를만하다.

여기서 삼성생명은 삼성전자 보통주의 7.21%를 보유하고 있는데, 이는 2014년 평균 시가총액으로 보면 13조 원이 넘는다. 삼성생명의 자본총액이 약 22

조 원이므로 삼성생명의 삼성전자 주식 보유액은 삼성생명 자본총액의 약 60%에 해당한다. 따라서 만약 삼성전자가 휴대폰 부문에서 중국 기업에 추월당해 경쟁력을 상실하거나, 메모리반도체 시장의 침체로 인해 삼성전자의 주가가 폭락하게 되면 삼성생명은 엄청난 자본손실을 입을 수 있다. 즉 계열사 간 순환출자구조로 인해 삼성전자의 주가 급락이 삼성생명의 자본손실 및 주가 하락을 불러일으키고, 이것이 다시 삼성화재의 자본손실과 주가 하락으로, 그리고 삼성화재의 주가 하락은 삼성전자의 자본손실과 주가 하락으로 되돌아오는 순환 과정을 거치게 된다(표 8-10 참조). 서울대 박상인 교수의 시뮬레이션 실험에 따르면, 삼성전자의 주가가 70% 이상 급락할 경우 삼성전자뿐만 아니라 삼성생명과 삼성물산도 사실상 파산할 개연성이 높은 것으로 나타났다. 이는 삼성그룹 전체의 파산을 의미한다.[108]

표 8-10. 삼성그룹 계열사 간 순환출자 구조(2015년 9월말 기준) · 단위: %

	삼성전자	삼성생명	삼성물산	삼성SDI	삼성전기	삼성화재
삼성전자	12.47	6.24	3.51	0	0	1.09
삼성생명	0	5.46	19.34	0	0	0
삼성물산	0	0	12.24	4.73	2.61	1.37
삼성SDI	19.31	0	0	0.21	0	0
삼성전기	22.80	0	0	0	2.65	0
삼성화재	0	14.04	0	0	0	12.65

출처: 2015년 대규모 기업집단 현황 공시. 《삼성전자가 몰락해도 한국이 사는 길》, p.198에서 재인용.

이 같은 급격한 주가 하락이 과연 일어날 수 있을까 믿기지 않는 사람이 많을 것이다. 이 경우 삼성전자보다 더 오랫동안 휴대폰 시장을 석권했던 노키아의 사례를 한번 참고하는 것도 유익하리라 본다. 노키아는 여러 면에서 삼성

---

108 《삼성전자가 몰락해도 한국이 사는 길》, p.203.

전자와 좋은 비교 대상이 된다. 첫째, 2000년에 노키아의 자국인 핀란드에서의 GDP 점유율은 4.0%였는데, 2013년 삼성그룹의 한국 GDP 점유율은 4.7%였다. 둘째, 2000년에 노키아는 핀란드 법인세의 14.2%를 책임지고 있었는데, 2014년 삼성그룹은 국내 법인세의 19.3%를 납부했다. 셋째, 2000년에 노키아는 핀란드 수출의 20.7%를 차지했는데, 삼성그룹은 2012년에 한국 수출의 28%를 담당했다. 따라서 '단일 기업 경제'라고 불렸던 핀란드보다 한국은 '단일 기업집단'인 삼성 재벌에 더욱 의존하고 있는 실정이다.[109]

노키아가 한창 전성기를 구가하던 1999~2000년 그 주가는 60유로 이상을 호가했다. 이후 대략 10년이 지나 노키아가 몰락하기 시작한 2010년 1월 1일에 주가는 종가 기준으로 15.54유로로 하락하였으며, 2년 반 후인 2012년 6월에는 다시 1.37유로로 90% 이상 급락했다. 삼성전자도 이 같은 일이 발생하지 말라는 법은 없다.

만약 삼성그룹이 파산하게 되면 그것은 결코 삼성만의 문제로 끝나지 않는다. 삼성은 2014년 그룹 자산총액이 한국 GDP의 42.0%를 차지하였으며, 삼성과 연계된 하청기업의 고용 인력은 대략 150만 명에 육박할 것으로 추산된다.[110] 그 때문에 삼성그룹의 파산으로 이들이 줄줄이 도산할 경우 한국은 곧 심각한 실업대란을 맞게 된다. 더욱 무서운 것은 함께 찾아올 금융대란이다. 1997년 IMF 외환위기의 악몽을 겪었던 한국인들에게 금융대란은 잊지 못할 공포이다. 주식시장이 붕괴하고 외국인 자금이 빠져나가기 시작하면 한국경제의 금융시스템 전체가 마비되는 것은 순식간의 일이다. 이는 다시 은행의 파산과 수많은 금융기관 종사자의 해고를 낳게 될 것이며, 이렇듯 악순환의 쓰나미

---

109 위의 책, p.177.

110 위의 책, p.204.

는 한국 사회 전체를 큰 재앙으로 몰고 가게 된다. 결국 삼성그룹의 몰락은 한국경제와 사회 전반의 동반 파산을 가져올 수 있다.

그렇다면 과연 이 같은 종말적 시나리오는 정말 현실화할 수 있을까? 여기서 잠깐 우리의 주의를 노키아의 몰락 원인으로 돌려보자. 그 당시 1990년대 중반부터 거의 10년 이상 휴대폰 시장을 주도하며 잘 나가던 노키아는 왜 몰락한 것일까? 그것은 한마디로 **'창조적 파괴의 불가항력'** 때문이었다. 훗날 연구가들에 의해 밝혀진 바에 따르면, 노키아의 고위 임원들은 노키아가 아직 전성기를 구가하고 있던 2003년 무렵 자신들이 하루아침에 망할 수 있다는 무언지 모를 불안감을 가지고 있었다고 한다. 그 때문에 노키아는 나름대로 끊임없이 혁신을 위해 노력했으며, 지금의 삼성전자보다 더 많은 연구개발투자(R&D)를 수행했다. 예컨대 삼성전자의 매출액 대비 R&D 투자 비중은 2008년에 그 최고치인 9.5%에 달했는데, 노키아가 최고치를 기록했던 2009년의 그것은 무려 14.4%였다. 또 노키아는 신기술과 관련된 기업을 인수하거나 다른 기업들과의 합작회사 설립에도 적극적이었다. 그런데도 노키아는 자신의 몰락을 막지 못하였다. 이는 **'파괴적 혁신'** 혹은 '단절적 혁신'이 왜 기존 1위 사업자에게서 일어나기가 어려운지를 보여준다. 이 같은 창조적 파괴에 대해 슘페터주의자들은 이렇게 설명한다.

> "기존 독점기업과 잠재적 진입 기업들이 단절적 혁신의 성공으로 기대하는 새로운 시장에서의 독점이윤은 동일하다. 그러나 단절적 혁신이 발생하면 독점기업은 기존 시장에서의 이윤이라는 기득권을 상실하게 된다. 따라서 단절적 혁신으로 발생하는 기대수익은 잠재적 진입 기업들보다 기존 독점기업에 더 적게 된다. 그러므로 단절적 혁신을 위한 R&D 투자비용이 동일하다면 기존 독점기업은 R&D 투자에 상대적으로

소극적이게 되고, 결국 단절적 혁신은 잠재적 진입 기업에 의해 이뤄질 확률이 높다."[111]

노키아의 고국인 핀란드의 경우, 사회적으로 사회보장체계가 비교적 잘 갖추어져 있고 또 노키아가 해외 아웃소싱에 많이 의존하였기 때문에 그 몰락으로 인한 국내 경제에 대한 충격은 덜 한 편이었다. 그러나 한국은 이 모든 면에서 훨씬 불리하다. 삼성의 수직계열화와 금산복합 출자구조로 대표되는 한국 재벌의 '선단식 경영'은 마치 삼국지의 '연환계'를 연상시킨다. 그것은 웬만한 폭풍에는 끄떡없이 서로를 보호해주기도 하지만, 그러나 단 한 차례 '화공'으로 전멸할 수도 있는 취약성을 지닌다. 일단 선단이 전멸하면 그것은 곧바로 국민경제 전반의 쇠망으로 이어지게 된다. 이점이야말로 지금 한국 사회가 직면한 가장 심각한 위협이라 할 수 있다. 특히 오늘날 지식경제 시대의 급격한 기술변화는 이러한 위험성을 시간이 갈수록 높게 한다.

이처럼 개별 기업 혹은 그룹의 운명을 곧바로 국가 전체 운명과 직결시키는 것은, 얼핏 보면 양자 이해의 고도한 일치처럼 보일 수 있지만 실상은 재벌이 국가를 볼모로 잡은 셈이다. 그것은 총수와 그 가족 집단의 이익을 극대화하는 반면에 사회 전체의 이익은 극소화시킨다.

---

[111] 위의 책, p.84.

8.4. 재벌개혁 논쟁

지금까지 살펴본 바대로 한국은 재벌체제로 인해 사회 전체의 이익과 소수 점유자인 총수 일가의 이익 간에 필연적인 대립이 존재하며, 점차 양자 간의 전면적인 충돌이 불가피하다. 그렇다면 한국 재벌체제로부터 발생하는 이러한 문제에 대한 해결책은 무엇일까? 이에 대해 지금까지 거론되고 있는 방안은 경제민주화론, 재벌과의 대타협론, 재벌 공기업화론 세 가지가 있다. 이들 각각에 대해 살펴보도록 한다.

8.4.1. '경제민주화론'과 '재벌과의 대타협론'

(1) 경제민주화론

먼저 '경제민주화론'부터 살펴보면, 이는 간단히 말해서 재벌해체론이라 할 수 있다. 즉 총수 일가가 소수의 지분으로도 재벌 전체를 지배할 수 있는 것은 계열사 간 상호출자를 통해서이기 때문에, 순환출자 제한 등 재벌규제 정책을 엄격하게 실시하면 이 같은 고리를 끊을 수 있다는 주장이다. 그렇게 되면 총수 일가는 자신들이 가지고 있는 지분만큼만 권리를 행사할 수 있고, 그들은 지금과 같은 절대적 영향력을 가진 경영주가 아니라 평범한 대주주로 전락하며, 재벌기업은 주주 전체의 기업으로 바뀌게 된다는 것이다.[112]

이상이 소위 경제민주화론이 주장하는 '주주 민주주의'에 관한 핵심 내용이다. 물론 이 같은 경제민주화론의 주장이 관철된다면 한국의 재벌과 재벌체제는 해체되고 소위 '주주 민주주주의'가 실현될 수도 있다. 또 그런 상황이 온다면 지금의 상황과 비교할 때 일정한 긍정적인 측면을 갖는다.

그러나 이들의 주장에는 다음과 같은 한계가 있다.

첫째, 이들은 생산사회화와 자본주의적 점유 간의 모순이 무엇을 의미하는지를 기본적으로 이해하지 못한다. 이들의 주장대로라면 단지 **총수 일가의 점유를 재벌기업 주식소유자의 점유로 바꿀 뿐이며,** 현 재벌체제의 모순을 근본적으로 해결하는 것과는 거리가 멀다. 앞서 살펴보았듯이 한국경제는 그간의 경제성장과 산업화의 달성으로 생산의 집중화·일체화·대형화가 이미 상당 수준에 이르렀으며, 사회적 분업 역시 고도화되었다. 현재 재벌기업들은 다수의 중소기업과의 관계에서 '완성사–부품사' 혹은 '원청–하청' 구조를 구축함으로써 한국경제 전반을 이끄는 위치에 있다. 이러한 상황에서 재벌기업이 비록 총수 일가의 통제를 벗어나 주주 민주주의가 실현된다고 할지라도, 그 주식소유자의 의지가 결코 한국 사회 대다수 성원의 의지를 대변할 수 없으며 양자 간의 거리는 여전히 멀다고 할 수밖에 없다.

왜냐하면 재벌기업에 대한 주식소유자는 한국 전체 민중에 있어서 볼 때 여전히 소수 '돈 있는 집단'에 불과하기 때문이다. 게다가 주주 민주주의란 것도

---

112 고려대 장하성 교수는 '주주 민주주의론'의 대표적인 인물이다. 그는 2008년 6월 '장하성 펀드'를 출시하였는데, 그것은 '한국기업지배구조개선펀드'로서 투명경영 등 기업지배구조 개선을 통해 기업의 가치를 높이고 소액주주를 보호할 것을 목표로 하였다.

따지고 보면 '1인 1표'가 아닌 '1주 1표'를 뜻하는 것임을 우리가 명심할 필요가 있다. 몇몇 대주주가 연합하기만 해도 나머지 소액주주들은 모두 압도당하게 된다. 결국 이 같은 경제민주화란 총수 일가의 점유를 사실상 몇몇 대주주의 점유로 대체할 뿐이며, 사회이익과 소수집단 이익 간의 충돌을 여전히 피할 수 없게 만든다.

둘째, 설령 이들이 주장한 대로 재벌해체가 이루어진들, 결국 사회 전체적으로는 미국과 서구 사회에서 시장 우선주의에 기초한 '신자유주의' 병폐가 재현될 뿐이다. 앞 절에서 소개했듯이 전후 서구 사회에선 재벌의 해체와 함께 주식 소유에 있어 미시적 분산이 이루어졌다. 그런데도 사회적 부가 소수 계층에게 집중되는 현상은 근절되지 않았으며, 신자유주의 시대의 도래와 함께 이 현상은 더욱 강화되었다. 위의 경제민주화론자의 방안은 결국 이러한 신자유주의를 한국 사회에 적극적으로 도입하자는 것에 불과하다.

셋째, 이 방안의 치명적인 약점은 한국경제가 IMF 외환위기와 한미 FTA 협정을 거치면서 '전면 개방' 상태로 들어선 점을 고려하지 않고 있다는 점이다. 국제 금융자본은 현재 한국 주식시장을 움직이는 강력한 세력이 되었으며, 재벌에 소속된 우량기업과 유수 시중은행 주식의 절반이 이들에 의해 장악된 실정이다. 이 같은 상황에서 단순히 재벌해체만을 목적으로 조처를 취한다면, 이는 분명 한국경제에 큰 재앙을 초래할 수밖에 없다. 이렇듯 '경제민주화론'자들의 주장은 현실성을 결여하고 있다.

(2) 재벌과의 대타협론

다음으로 '재벌과의 대타협론'에 대해 살펴보자. 이들의 주장은 대충 이러하다. 국민이 연기금을 동원하여 현재 상장된 재벌기업들의 주식을 매입함으로써 외국인의 인수합병 위협으로부터 현 재벌총수 일가의 경영권과 지배주주의 지위를 보호해주는 대신, 재벌은 그 대가로 국내 투자를 늘려 경기를 살리고 고용을 높이는 것으로 보답하도록 한다는 것이다.[113]

'재벌과의 대타협론'을 주장하는 이들은 앞서 경제민주화론자와는 달리 현재의 재벌 계열사 간 상호출자 등은 별반 문제로 삼지 않는다. 한마디로 현재의 재벌체제가 비록 얼마간 문제점을 지니고는 있지만, 그래도 재벌을 해체하여 국제 금융자본이 전면적으로 지배하는 상태가 되는 것보다는 낫기 때문에 그들을 보호해주고 그 대가를 얻자는 것이다. 이들은 이 같은 대타협의 실례로 스웨덴과 같은 북유럽국가의 노사관계를 거론한다. 그 나라에선 재벌체제를 그대로 두는 대신 재벌은 노동자들의 고용을 보장해 주며, 또 노동생산성만큼 임금인상을 실시함으로써 노동자들의 몫을 챙겨준다는 것이다. 이에 대해 노동자들도 더 열심히 일하는 것으로 화답함으로써 일종의 선순환이 이루어지게 된다. 이들은 이 같은 사례를 한국에도 도입할 수 있다고 본다.

앞서 경제민주화론과는 달리 외환위기 이후 국제 금융자본의 영향력이 높아진 한국경제의 현실을 고려한 점에서, 그리고 현재 이미 진행된 생산 집중화의 기초위에서 나름대로 복지사회의 대안을 모색한 점에서, 이들 '대타협론'자들의 주장은 일정 긍정적인 면이 있다. 그러나 현 재벌체제를 사실상 그대로 인정한 채 재벌 행위의 변화만을 요구하는 이 같은 '대타협론'은, 얼핏 앞서 방안보다 실현 가능성이 커 보이지만 다음과 같은 치명적인 결함을 지니고 있다.

첫째, 이들이 사례로든 국가들에서 '대타협'이 가능했던 것은 정치적으로

---

113 재벌과의 대타협론의 대표적 인물이라 할 수 있는 장하준 교수의 입장을 직접 들어보자. "솔직히 김대중 정부 이후 재벌개혁 한다고 해서 노동자들이 어떤 이익을 얻었습니까. …그럴 바에야 차라리 스웨덴식으로 나가는 게 낫죠. 스웨덴에는 발렌베리 같은 엄청난 재벌이 있습니다. 그런데 스웨덴은 그 재벌을 인정해 주는 대신 세금도 많이 걷고 사회적 책임도 부담시켜 결과적으로는 엄청난 재벌이 없는 영국 같은 나라들보다 훨씬 더 평등하고 부유한 스웨덴식 사회를 만들었거든요.", "유럽식 사회계약이죠. 족벌 지배를 인정해 주는 대신 노동자의 경영 참여를 허용하고 세금도 많이 내라는 겁니다." 《쾌도난마 한국경제》, pp.85-86.

'민주적 전통'이 있었기 때문이다. 그러나 한국은 이러한 조건이 결여되어 있다. 앞 절에서도 언급하였듯이 전후 서구 선진국 국독자에서 재벌체제가 자율적인 해체의 길을 걸었던 것은 영·미 등 국가의 민주적 전통이 중요한 요소로 작용하였다. 이들 국가는 밑으로부터 사회변혁의 강한 압력에 부딪혔을 때, 자신의 민주적 전통으로 인해 통치 세력인 재벌들이 노동자계급의 반항을 무력으로 진압하기가 여의치 않았다.

스웨덴과 같은 북유럽국가도 사정은 기본적으로 비슷하다. 이들 국가에서 재벌이 타협에 응한 것은 마지못한 어쩔 수 없는 선택이었다. 하지만 한국의 경우는 이와는 근본적으로 다르며, 한국 재벌들은 그럴 필요성을 느끼지 못한다. 한국은 6·25전쟁과 반세기 가까운 냉전 및 국가 주도의 경제개발과정을 거치면서 폭력성이 충만한 국가권력이 존재한다. 재벌들은 이 같은 권력 하에서 장기간 보호를 받았으며, 일단 재벌체제가 성립한 후에는 스스로 이 권력을 주무를 수 있게 되었다.

또 한국의 재벌들은 국내시장을 희생한 대가로 해외시장에서 경쟁력을 획득하는 축적방식에 깊숙이 젖어있다. 이러한 익숙한 축적방식을 버리고 낯선 방식을 택하라고 하는 것은 이들에게는 별로 내키지 않는 일이다. 특히 개방화된 조건에서 이전보다도 치열한 국제경쟁에 시달릴 수밖에 없는 재벌로선 새로운 선택은 매우 모험적이다. 그보다는 차라리 자신들이 손에 쥔 국가권력을 동원해서 노동자들의 반항을 힘으로 제압하고, 기존의 축적방식을 그대로 가져가는 것이 용이하다. 이는 우리가 현실에서 쉽게 관찰할 수 있는 한국 재벌들의 사고방식이다.

둘째, '대타협론'자들이 간과하고 있는 또 한 가지 사실은 한국의 재벌들은 이미 상당 부분 **국제독점자본으로 전화**하였다는 사실이다. 이들 '대타협론'자들은 자주 신자유주의를 비판한다. 하지만 이들은 신자유주의는 주로 국제 금융(업)자본의 논리를 대변하는 이데올로기와 정책이라고만 생각하며, 국내 재벌들은 이에 맞설 수 있는 '산업자본'의 범주에 속한다고 착각한다. 그 때문에 이들은 **국내 재벌은 피해자가 아닌, 스스로 신자유주의의 일원**이라는 사실을 간과하고 있다.

복지론자들-이는 '대타협론'자의 또 다른 명칭이다-이 자신의 논적인 경제민주화론을 비판하면서 지적하는 주주자본주의의 문제점은, 사실은 국내 재벌 또한 이미 국제독점자본으로 변신한 사실을 보여준다. 예컨대 주주자본주의에서 나타나는 단기 이윤추구 성향은 사실상 국내 재벌의 국제독점자본적 성격과도 일정한 관련성이 있다. 그것은 오늘날 국제독점자본이 세계시장에서 격심한 경쟁에 처해있는 일반적인 현실을 반영하며, 단지 '주주자본주의' 때문에 생긴 것은 아니다. 이와 관련하여 일본 작가 미쓰하시 다카야키는 그의 저서에서 이렇게 쓰고 있다.

"수많은 경쟁자와 추격자에 둘러싸인 삼성전자 등 한국 글로벌 기업들은 조금도 숨 돌릴 틈이 없다고 해도 과언이 아니다. 한국 국민의 인건비를 올리고 고용을 늘리고 협력업체와 동반성장을 추구하는 등 한가한 쪽에 눈을 돌릴 겨를이 없는 것이다." (그러면서 그는 또 한국 대기업 한 간부의 다음과 같은 불평도 전한다.) "우리는 날마다 숨 막히는 경쟁에 쫓기고 있다. 이익이 나왔다고 해서 비난받고 국내 고용과 거래처인 국내 중소기업의 이익을 늘리라고 주문받아도 대처할 여유가 없다."[114]

---

114 《부자삼성, 가난한 한국》, p.109.131.

국제 금융자본이 국내 재벌기업들의 주요 주주로 등장하고 있는 사실 자체가 국내 독점재벌의 일정한 성격 변화를 나타낸다. 국제독점자본은 지분 투자를 통해서 한국 기업소유구조 상에서 자신을 실현하고 있다. 즉, 이는 국제독점자본이 금융(업)자본 형태로 자유롭게 국경을 넘나들면서 손쉽게 다른 국가의 산업자본으로 전화될 수 있음을 의미한다. 이 측면에서 보면 국내 재벌의 주주 역시 마찬가지로 이중적인 신분을 갖는다. 그들은 국내 재벌기업의 소유자이면서 동시에 또한 국제독점자본가 대열의 일원이다. 이들은 삼성에 투자한 국제 금융자본과 함께 삼성의 이윤 분배과정에서 그들과 이해관계를 같이하며, 또한 금융 자유화를 통해 그 자신이 언제든지 국제 금융자본으로 전환할 수 있고, 다른 나라의 금융 및 산업자본 운동에 참여할 수 있다는 점에서 신분이 일치한다. 다음의 다국적기업에 관한 기술은 이 같은 상황을 이해하는 데 도움이 된다.

"국제 금융시장의 자금을 충분히 이용하는 것은, 이미 다국적기업에 하나의 중요한 자금조달 원칙, 즉 융자 분산화 원칙이 되었다. 국제 금융시장 융자를 이용하는 것은, 주요하게는 국제채권시장에서 채권을 발행하고, 국제은행단의 대출을 받으며, 국제 주식시장에서 회사 주식을 발행하고 상장하는 것, 해외 투자 대상국의 채권과 주식시장에서 대출금을 빌리거나 자기회사 주식을 발행하고 상장하여 매매하는 것 등이다. 융자리스크를 회피하기 위해, 다국적기업의 융자전략은 날로 더 많은 선택의 여지가 있다. 융자방식과 기한 측면에서, 은행 대출·유로 어음 및 유로 상업어음·유로 중기어음과 유로채권 등 선택사항 등이 있다. …국제 금융시장의 신속한 발전과 융자방식의 날로 증가와 다양화는, 다국적기업의 융자 분산화를 위한 유리한 조건을 제공하며, 이 때문에 다국적기업의 외부 융자가 점하는 비중은 날로 커진다."[115]

오늘날 지구화 시대의 독점자본에 있어 '민족국가'가 갖는 의미는, 자기가 소속한 국가의 이익을 위해서 자신의 전 지구적 이윤추구 욕구를 제한시킬 만큼 충분한 의미를 지니는 것은 아니다. 그러나 다른 한편 그렇다고 해서 지구적 차원의 국제독점자본가계급의 성립을 낙관하고 이제 민족국가의 보호 장치가 필요 없다고 생각할 만큼 미미하지도 않다.

셋째, 다음은 좀 더 본질적이다. 즉 이제 국내 재벌기업은 **시장(유통)**뿐만 아니라 **생산** 측면에서도 또한 국제화하였다는 사실이다. 과거와는 달리 오늘날 지구화 시대에는 재벌들은 국내 자원만을 활용하지 않으며, 전 지구적 차원에서 자유롭게 생산 활동을 하고 시장을 이용할 수 있기에 기존의 '일국적 조건'에 갇힐 필요가 없다. 이 같은 상황에서 여전히 일국적 사정만을 염두에 둔 채 제시하는 '대타협론'은 재벌들에겐 그다지 매력이 없다.

현재 한국의 상위 재벌에게는 국내의 시장과 생산은 그들의 전체 경영활동 중 일부만을 차지할 뿐이다. 이는 다른 나라의 저임금 노동력을 활용하는 문제에서뿐 아니라, 연구개발(R&D)과 같은 기업 활동 영역에서도 마찬가지다. 상위재벌 기업들은 해외의 우수인력을 적극 영입하여 글로벌 R&D 네트워크를 구축하고 있는데, 예컨대 삼성전자는 2012년 말 현재 미국, 영국, 러시아, 중국, 일본, 인도, 이스라엘, 폴란드 등 13개국에 18개의 연구소를 설치하고 1만 2,000여 명의 해외 연구원을 확보하고 있다.[116]

---

115 《世界経済概论》, pp.112–113.

116 《삼성전자가 몰락해도 한국이 사는 길》, p.143.

년도	2002	2003	2004	2005	2006	2007	2008	2009	2010	2011	2012
국내	12.0	12.9	13.5	14.7	16.6	17.1	17.3	17.9	19.3	21.0	22.0
해외	5.5	6.9	7.8	8.2	8.8	9.2	10.4	9.5	12.1	17.0	20.0
총계	17.5	19.8	21.3	22.9	25.4	26.3	27.7	27.4	31.4	37.0	42.0

출처: 삼성그룹, 《포스트삼성》, p.75에서 재인용.

'대타협론'자들이 제시하는 복지국가를 건설하고 노동생산성 향상에 기초한 자본가와 노동자들이 모두 상생하는 경제를 실현하기 위해서는 현재 한국의 산업구조를 한 단계 고도화하여야만 한다. 그런데 이처럼 산업구조를 고도화하려면 우선 그 나라의 자원(생산요소) 구조를 먼저 바꾸어야만 하는데, 즉 그간 값싼 노동력 위주의 경제에서 새로운 '혁신경제'로 나아가지 않으면 안 되고 그러기 위해서는 무엇보다도 **창조적 인적자원**'을 많이 육성해야 한다. 그것은 또한 대규모 교육투자, 인간적 삶의 질을 높일 수 있는 사회 안전망과 복지제도, 환경에 대한 지속적인 투자가 이루어져야 함을 의미한다.

만약 전 세계가 1950~60년대처럼 케인스주의 사조 하의 복지국가 시대였다고 한다면, 자본은 우선 '국내에서' 이 같은 인적자원의 양성을 고려했을 수도 있다. 그러나 오늘날 국제독점자본은 일국 내 자원구조에 구속되지 않고 지구적 차원에서 그것을 활용할 수 있다. 또한 극심한 세계시장의 경쟁과 국제 금융자본 혹은 소위 '주주자본주의'의 단기 이윤추구 압력 때문에, 이 같은 장기적인 '인프라 투자'에 전념할 의욕이 존재하지 않는다.

특히 한국과 같은 신식국독자는 더욱 그러하다. 그 때문에 과거 국독자의 전성기에 자원의 일국적 이용이라는 제약 속에서 사회적 투자와 '대타협'이 용이하게 도출될 수 있었던 상황과 오늘날의 변화된 조건을 혼동해서는 안 된다.

어떻든 삼성이나 현대자동차, LG, SK와 같이 이미 국제독점자본이 된 국내 상위재벌들은 마음만 먹으면 세계 각국에 연구기관을 설립하여 국내보다 더욱 유리한 조건으로 각국의 인재와 기술들을 활용할 수 있다고 생각한다. 이처럼 소위 글로벌 경영의 기치를 높이 치켜든 이들에게 백년대계를 내다보아야 하는 '국민교육'을 운운하는 것은 소귀에 경 읽기일 뿐이다.

이상을 종합하자면, 이미 '재벌 과두제' 수립에 성공하고 국제독점자본으로 성장한 국내 재벌을 '대타협'의 대상으로 상정하는 것은, 그야말로 재벌개혁의 기초를 허상 위에 세우는 것과 같다.

8.4.2. 재벌 공기업화론

이제 마지막 남은 '재벌 공기업화론'에 대해 검토할 차례다. '재벌 국유화'는 과거 민주노동당이 훗날 통합진보당으로 바뀌기 전까지 당 강령으로 채택하였던 방안이다. 그것의 유래를 따지자면 1980년대 민주 변혁운동 시기까지 거슬러 올라가는 오랜 전통을 지니고 있다. 지금 시기 다시 이런 주장이 제기될 수밖에 없는 이유는 다음과 같다.

먼저, 재벌 공기업화는 재벌 문제가 안고 있는 사회이익과 총수 이익의 대립을 가장 철저하게 해결할 수 있는 유일한 방안이다. 앞서 다른 방안들은 모두 재벌총수 일가가 재벌 소유자산에 대한 점유를 통해 한국경제 전반에 대한 통제를 수행하는 데 대해 불철저한 태도를 취했다. 예컨대 '경제민주화론'은 총수 일가의 점유를 사회 소수집단에 불과한 주식소유자들의 점유로 바꾸려 하였으며, '재벌과의 대타협론'은 그것마저 포기한 채 현 재벌체제를 그대로 인정하고 단지 재벌의 행위만을 바꾸려 하였다.

그것들은 재벌기업을 사회의 직접적 통제하에 놓는 문제에 대해선 생각조차 못한다. 그러나 이 방법만이 그간 재벌 문제의 핵심인 사회 절대다수의 이익과 소수 총수집단 이익 간의 대립을 가장 철저하고 근본적으로 해결할 수 있는 길이다. 이 방안을 따르면 현재 재벌이 점유하고 있는 막대한 사회생산력은 전체 공동체 자산으로 환원된다. 그리하여 사회생산력이라는 본래의 취지에 맞게 이제부터는 소수 재벌집단의 이익을 위해서가 아니라 전체 사회성원의 복지를 위해서 이용될 수 있다.

재벌 문제의 해결방안이 공기업화일 수밖에 없는 이유는 이하 현실적 이유가 더 있다.

(1) 과거 재벌개혁 경험과 관련된다. 그간의 한국 재벌개혁 역사는 재벌 문제는 본질적으로 **정치문제**라는 것을 보여준다. 그 때문에 재벌개혁을 이루기 위해선 선행조건으로 정치개혁이 필요하고, 그 과정에서 재벌 공기업화가 이루어지게 된다.

1980년대 전반에 재벌체제가 정식 성립된 이래 한국의 역대 정권은 나름대로 재벌개혁을 시도해 왔다. 예컨대 전두환과 노태우 정권은 반(反) 독과점법 정비와 주력 기업 선정 정책을 실행하였으며, 문민정부인 김영삼 정권도 업종 전문화를 중심으로 한 재벌정책을 추진하였다. 외환위기 시기 김대중 정권은 재벌기업 간 상호채무보증을 해소하고 총수책임경영을 통한 독립경영체제를 확립하고자 하였으며, 이후 출자총액제한제도를 부활시키는 등 역대 정권 중 가장 강력한 재벌개혁을 추진하였다. 그러나 이후 결과가 보여주듯 이들 정부가 추진했던 재벌개혁은 모두 실패하였다. 왜 이처럼 역대 정권의 재벌개혁이 모두 실패할 수밖에 없었을까?

그 원인을 따지다 보면 결국 우리는 한 가지 사실을 발견하게 된다. 즉 **재벌의 '선단식 경영'이 대외 의존적 경제성장을 추구하는 한국 신식국독자적 축적방**

식에서 나름의 **합리성**을 지닌다는 점이다. 예컨대, 수출주도형 경제성장을 추구하는 한국경제에서 재벌은 견인차 역할을 한다. 애초 자본과 기술이 선진국에 비해서 열세인 조건에서 재벌의 선단식 경영은 나름 계열사를 동원해 필요한 자금을 조달하고 자원을 집중하는 데 유리하였다. 또 한국경제가 초보적인 산업화를 이룩한 후에는 반도체와 같은 첨단산업에 진출하는 데도 일정 기여하였고, 경제위기 상황에서는 위험을 분산시켜주기도 하였다. 재벌체제는 이렇듯 그 폐단과 동시에 나름의 긍정성을 가졌기에, 그간 한국 사회에서 일정 정도 대중적 설득력과 '합법적 지위'를 누렸다고 할 수 있다.

재벌개혁을 주장하는 사람들은 이러한 측면을 결코 간과해서는 안 된다. 매번 규제가 강화될 때마다 재벌들은 국제경쟁력 저하를 들먹였으며, 그것을 우려한 사회여론을 조성하고 방패막이로 삼았다. 그 같은 책략이 번번이 먹힐 수 있었던 것은 객관적으로 그 같은 조건이 존재하였기 때문이다. 물론 위에서 열거한 재벌체제가 갖는 일정한 합리성은, 바꾸어 놓고 보면 한국경제가 대외 의존적인 경제성장을 계속해 왔기 때문에 생긴 것이며, 또 그 같은 조건 속에서만 유효하다. 따라서 재벌개혁을 이루기 위해선 이 같은 신식국독자 축적방식을 먼저 바꾸지 않으면 안 된다.

그렇다면 신식국독자 축적방식을 개조하기 위해선 무엇을 해야하나? 현실에선 다시 그것을 떠받치는 재벌에 손댈 것을 요구한다. 왜냐하면 재벌이야말로 그 같은 대외 의존적인 자본축적 운동을 담당하는 실체이기 때문이다. 결국 우리는 다시 재벌개혁 문제로 돌아오게 되는데, 이처럼 재벌개혁은 그간 다람쥐 쳇바퀴 돌듯 제자리걸음만 해왔다. 우리가 이와 같이 순환논리의 늪에 빠지게 된 이유는 무엇일까?

그것은 애초 재벌 문제를 '신식국독자 축적체제'의 요소가 뒤얽힌 '정치문제'가 아닌, 단순한 '경제문제' 차원에서 바라보고 개혁을 추진하려 했기 때문이다. 역대 정권들이 채택한 주력 기업 선정이나 업종 전문화 내지는 순환출자를 막기 위한 '출자총액제한제도' 등은 모두 그러하였다. 정부는 이 같은 정책과 관련 법률 제정 등의 수단을 빌려 재벌의 변신을 유도하고, 이를 통해 선진국과 같은 기업 전문화의 달성과 오너(대주주) 책임경영제의 수립을 목표로 삼았다.

그러나 한국 사회에서 재벌 문제는 이미 순수한 경제영역을 넘어선 지 오래다. 재벌들은 앞서 살펴본 것처럼 1980년대 후반 들어 진정한 금융자본으로 변신하였으며, 특히 외환위기를 거치면서 '재벌 과두제'를 성립시켰다. 이 같은 조건에서 정부의 재벌 관련한 정책들은 곧 **'재벌 과두제'의 강력한 저항**에 부닥쳐 실패하고 마는 것은 어찌 보면 당연한 일이라 할 수 있다. 이처럼 거대한 장벽으로 등장한 '재벌 과두제'는 바로 신식국독자 축적체제에서 한국 재벌이 진화한 결과인데, 그것이 재벌개혁과 관련하여 갖는 의미는 다음과 같다.

첫째, 재벌이 제2금융권을 장악하고 또 금융개방을 이용하여 국제 금융시장에서 자유로운 자금조달 능력을 획득함으로써, 정부의 가장 강력한 재벌규제 수단이었던 여신관리제도가 효력을 상실했다. 이로써 형식적인 법률과 행정 조치 외에 정부에게 마땅한 경제적 통제 수단이 없게 되었다.

둘째, 소수 상위재벌에 경제력이 집중한 결과 정부에 의한 재벌 상호 간 경쟁을 매개로 한 통제 또한 어렵게 되었다. 반대로 이들 소수 재벌을 중심으로 담합이 용이해짐에 따라서, 재벌들은 국민경제를 볼모로 삼아 정부 개혁정책에 강력히 맞설 수 있게 되었다. 예컨대 정부의 재벌규제가 심할 경우 이들은 의도적으로 투자를 줄이면서 경제 불황을 부추기고 그 책임을 정부 탓으로 돌릴 수 있다.

셋째, 소수 재벌은 거대한 비자금 동원력을 갖추고 정치·관료·사법·언론계 등 자신의 이해와 관련된 분야 인사들을 매수할 수 있는 능력을 확보하였으며, 사회여론을 조작하고 '회전문 인사'를 통해 정부의 재벌정책을 내부로부터 주무를 수 있게 되었다.

여기에 더해 현대 제국주의 요소, 즉 주식시장을 통한 국제 금융자본의 한국 기업에 대한 소유와 경영권에 대한 위협은 '순환출자제한' 조치처럼 재벌의 내부 지배구조를 허물 수 있는 제도의 엄격한 실시를 저지하는 좋은 구실을 제공한다.[117]

이렇듯 자신의 막강한 경제력과 정치권력에 대한 통제력을 바탕으로 기업 전문화와 책임경영 실현을 바라는 **자본주의의 정상적 개혁**조차 거부하는 현 재벌체제에 대해, 이제 순수한 경제적 논리가 통할 수 있는 여지는 사라지고 만다. 그렇다면 이 같은 장벽을 뛰어넘을 수 있는 다른 대안은 무엇일까? 여기서 곧바로 '재벌 공기업화'라는 결론을 끌어낼 필요는 없다. 왜냐하면 앞서 언급한 '순환출자금지'와 같은 조치를 엄격히 실행하기만 해도 재벌개혁을 위한 '제도적' 방안으로서 여전히 유효하기 때문이다. 대신 국가가 좀 더 과감하게 재벌에 대한 개혁정책을 추진해 나갈 것이 요구된다.

이 경우 문제는 다름 아닌 국가권력 자체에서 발생한다. 하지만 '재벌 과두제'의 성립이 의미하는 바는 재벌이 이미 국가권력을 통제하고 있다는 사실이며, 그것을 자신의 방패막이로 삼고 있다는 뜻이기도 하다. 따라서 **재벌개혁의 선행조건은 '국가권력의 민주적 개조'일 수밖에 없다**. 즉 재벌개혁의 첫 번째 수순은 현재 이들에게 볼모로 잡혀있는 국가권력을 민주적으로 개조하는 일

---

117 다음과 같은 우려는 그 같은 빌미가 충분히 성립할 수 있음을 보여준다. **"한미 FTA가 발효된 상황에서 삼성그룹이 해체되면 어떻게 될까요?** 삼성전자가 그룹에서 분리되어 나오면 당연히 국내외 사모펀드들이 그 회사 경영권을 잡으려고 덤벼들겠죠. 골드만삭스 같은 미국계 대형 투자은행들이 그 딜의 주간사 역할을 하면서 그에 필요한 자금을 빌려주고 엄청난 수수료를 받아 챙길 수도 있고요. 그런데 그걸 우려한 정부가 개입해서 미국계 사모펀드가 아니라 제대로 된 한국 대기업이 삼성전자 경영권을 인수할 수 있도록 돕고, 더 나아가 골드만삭스가 아닌 국책은행인 산업은행에 그 딜의 주간사 역할을 맡기려 한다면 어떻게 되겠어요? 미국계 사모펀드와 골드만삭스가 한국 정부를 투자자 국가 소송으로 제소하는 거죠."《무엇을 선택할 것인가―장하준·정승일·이종태의 쾌도난마 한국경제》, p.320.

로부터 시작된다. 결국 이 때문에 '재벌 공기업화' 방안은 유일한 해결책이 될 수밖에 없는데, 그 과정을 살펴보자.

여러 통로를 통해서 이미 국가권력을 감시·통제하고 있는 재벌들은 필사적으로 이 권력을 사용하여 대항하려 할 것이다. 반재벌 진보세력은 이 같은 저항을 분쇄하여야만 재벌개혁을 완수할 수 있다. 결국 국가권력의 통제를 둘러싼 재벌과 반재벌 세력 간의 한판승부가 불가피해진다. 여기서 반재벌 세력의 최종 승리는 단순한 선거를 통한 집권만으로는 실현되지 않는다. 국가권력에 대한 철저한 민주적 개조를 통해서 그것을 사회의지의 직접적 통제 하에 놓음으로써만 비로소 그 임무가 달성된다. 과거 노무현 정권이 행정부를 장악하고, 나중에는 국회에서 다수 의석까지 획득한 상황에서도 집권 기간 내내 개혁에 저항하는 관료들의 복지부동과 검찰의 항명 파동에 시달려 제대로 뜻을 이루지 못한 선례가 있다.

이 같은 경험에서도 알 수 있듯이, 만약 현재의 국가권력 실체를 그대로 둔 채 선거를 통해 형식뿐인 정권을 얻는 것만으로는 재벌개혁을 완수할 수 없다. 관료와 검찰 뒤에는 앞서 '삼성공화국'에서 살펴보았듯이 재벌의 손길이 이미 거미줄처럼 뻗쳐있다는 사실을 염두에 두어야 한다. 이쯤에서 다시 '삼성공화국'의 위력을 체험하는 것이 도움이 된다.

김용철 변호사와 천주교정의구현전국사제단의 폭로를 계기로 노무현 정권 말기인 2008년 초부터 삼성 특검이 진행된다. 특검은 결국 우여곡절 끝에 4조 5,000억 원 이상의 비자금을 밝혀내고 이를 공표했지만, 이런 거액 비자금에 대해서 비리에 가담한 자들은 모두 면죄부를 받았다. 이 특검을 이끈 조준웅은 삼성 비리가 '기업의 구조적이고 내재적인 관행'이기 때문에 수사할 수 없다고 말했다. 그것은 과거 군사독재 때 '성공한 쿠데타는 처벌할 수 없다'는 주장과 똑같은 논리였다. 한국의 사법 정의는 한때 민주화 투쟁 덕택으로 '성공한

쿠데타'를 처벌하는 수준까지 도달했지만, 거기서 더 나아가지 못하고 '성공한 재벌'의 경제범죄는 처벌하지 못한 채 멈춰 서고 말았다.

특검의 진행과 이후 삼성 비리 재판과정을 보면 삼성으로 대표되는 재벌체제가 한국 사회에서 얼마나 강고한지를 알 수 있다. 당시 비자금 운용의 핵심 통로였던 삼성증권은 김용철 씨 폭로(2007.10.29.)가 있고 난 뒤, 2007년 11월과 12월 두 차례에 걸쳐 고객 증권 계좌 신청서 43만 개를 폐기했다. 그러나 당시 금감원은 삼성증권에 대한 검사를 별다른 이유 없이 미루다가, 해를 넘겨서야 검사에 착수해서 삼성증권에 증거 인멸을 할 수 있는 충분한 시간을 주었다. 그렇다면 국세청은? 국세청은 재벌 계열사에 대한 지분 이동 조사를 가끔 하기에, 국세청 조사국에는 삼성 계열사의 실질 지분 이동자료가 모두 보관되어 있다. 이런 자료만 잘 분석해도 경영권 승계 과정에서 빚어진 불법행위를 쉽게 찾아낼 수 있는데도 국세청은 이런 자료를 제대로 활용하지 않았다. 오히려 국세청은 재벌의 탈세 혐의를 파헤치기는커녕, 특검의 자료 협조 요청을 번번이 거절하는 등 삼성 비리에 대한 수사를 가로막았다.

이 밖에 3심까지 재판을 맡은 법관들은 모두 이건희·이재용 부자에게 한결같이 유리한 판결을 내려서, 이들의 불법 상속을 최종적으로 합법적인 것으로 만들어 경영권을 보존할 수 있게끔 해주었다. 또 재벌 비리를 파헤치고 정계와 사법부의 이런 광범위한 불법 유착을 고발해야 할 언론들은 대부분 자신의 책임에는 눈 감았다. 오히려 폭로자인 김용철 씨에 대해 '내부고발자' 운운하며 독자들에게 '배신자'라는 인상을 주는 등 초점을 재벌 비리에서 지엽적인 문제로 옮기는 데 더욱 열중했다. 심지어 김용철 씨를 도와 삼성 비리를 용감하게 폭로했던 천주교 사제들도 천주교 본부에 의해 지방 교구로 옮겨지는 등 일종의 징벌성 처벌을 받았다. 이 같은 한국 사회의 보이지 않는 벽에 부딪힌 김용철 씨는 이렇게 고백했다.

"나는 (프레시안)과의 인터뷰에서 '우리 사회 주류의 질서가 정말 튼튼
하구나'하고 느꼈다고 말했다. 정치인, 법조인, 언론인들이 보이지 않는
그물망으로 단단하게 묶여 있다는 것이다. 물론 이 그물을 쥐고 있는
것은 재벌이다. 이게 현실이다. 그리고 이런 질서는 너무 안정적이어서,
바깥에서 아무리 이야기해도 바뀌지 않는다."[118]

선거 승리는 반재벌 세력에게 있어서 중요하긴 하지만 아직 작은 승리에 불
과하다. 그것은 재벌체제에 포섭된 현 국가권력에 대한 민주적 개조로 가기 위
한 징검다리의 의미만을 갖는다. 선거 승리를 통해서 관료와 검찰을 비롯한 권
력의 실체들이 진정으로 사회 다수 의지에 복종토록 만드는 과제가 아직 남아
있기 때문이다.

이리하여 이 같은 목표가 마침내 이루어졌을 때는 막상 재벌과의 타협은 별
반 의미가 없어진다. 왜냐하면 그간 자신들의 반항 때문에 재벌은 이미 스스로
입지를 축소해서 상호 타협이 성사될 수 있는 도덕성과 영향력이 존재하지 않
기 때문이다. 이들의 반항이 격렬할수록 더욱 그러하며 지금까지 역대 정권의
재벌개혁 선례에 비추어 볼 때 재벌들이 그렇게 나올 가능성이 크다. 이렇게
되면 한국의 재벌개혁은 '공기업화'라고 하는 사회 절대다수 의지의 가장 직접
적인 관철 방식만이 남게 된다.

(2) 다음으로 현실적 수단과 관련하여 볼 때도, 재벌 공기업화는 재벌개혁의
가장 유력한 방안이다. 예컨대 현 공정거래법 제14조 '순환출자금지'에 따라

---

118 《삼성을 생각한다》, p.391. 인용문 중 굵은 강조는 인용자에 의한 것임.

    후기 국가독점자본주의론과 한국사회 성격 - 하

현행 제도 내에서의 재벌개혁을 끝까지 견지하더라도, 만약 그것의 엄격한 실시를 전제로 한다면 그 논리적 귀결 역시 재벌 공기업화다.

애초에 현 재벌의 순환출자 고리를 끊기 위한 목적으로 실시되는 '순환출자 금지' 조치 때문에, 관련 재벌들은 그 규준을 초과하는 지분을 주식시장을 통해서 처분할 수밖에 없다. 그런데 이를 소화할 수 있는 능력을 지닌 세력은 현재 국내에선 재벌을 제외하면 **국민연금**밖에 없다. 재벌체제를 약화시킬 목적에서 시행하기에 당연히 재벌들은 제외될 것이다. 이 때문에 연기금은 자연스럽게 주요 재벌기업들의 최대 주주로 떠오른다. 이로부터 재벌기업의 소유주는 재벌총수에서 자연스럽게 국가로 바뀌게 된다.

사실 **국민연금**은 현재도 주요 재벌기업에 있어 최대 주주이다. 예컨대 아래 표(8-12, 8-13, 8-14)를 보면 국민연금은 삼성전자 총수 일가의 지분 4.86%(홍라희+이재용+이부진+이서현)와 현대자동차 총수 일가의 지분 5.46%(정몽구+정의선+정명이+정성이)보다 많은 주식을 보유하고 있다. 여기에 더해 엄격한 순환고리의 차단으로 쏟아져 나올 주식을 보태게 된다면, 국민연금은 명실상부한 최대 주주의 자격을 확고히 하고 경영권을 장악할 수 있다.

표8-12. 국민연금 주식 보유 현황 (단위: 억 원, 2023년 말 기준)

구분	회사별	소유 주식 환산액	지분율
1	삼성전자	341,048	7.28%
2	SK하이닉스	82,235	7.98%
3	LG에너지솔루션	55,196	5.52%
4	삼성바이오로직스	36,167	6.69%
5	NAVER	33,861	9.31%
6	현대차	30,759	7.15%
7	기아	28,576	7.11%
8	POSCO홀딩스	26,894	6.37%
9	삼성SDI	24,678	7.6%
10	LG화학	23,484	6.67%

출처: 국민연금기금운용본부

표8-13. 삼성전자 총수 일가 지분 (단위: 주, %, 2024년 3분기 기준)

주주별	소유 주식(주)	지분율(%)
홍라희	97,978,700	1.64
이재용	97,414,196	1.63
이부진	47,745,681	0.80
이서현	47,290,190	0.79

■ 합계: 4.86%

표8-14. 현대자동차 총수 일가 지분 (단위: 주, %, 2024년 3분기 기준)

주주별	소유 주식(주)	지분율(%)
정몽구	11,395,859	5.44
정의선	5,598,478	0.02
정명이	1,445	0.00
정성이	1,445	0.00

■ 합계: 5.46%

국민연금의 운용자산 규모는 2007년 200조 원을 돌파한 후 2025년 기준으로 약 1,200조 원이다. 한국의 2025년 GDP 추정치가 약 2,200조 원임을 감안할 때 국민연금 운용자산 대비 GDP 비중은 약 55%에 해당한다. 이 같은 증가세는 2043년까지 계속될 것으로 예측되며, 그때의 기금 규모는 2,607조 원에 이르게 될 것이다.[119] 자금 규모의 확대에 발맞추어 국민연금의 국내 자본시장에서 차지하는 지위 또한 급속히 높아지고 있다.

앞으로 한국의 국민연금이 선택할 수 있는 길은 다음 두 가지 중 하나이다. 지금처럼 계속해서 재벌체제를 보조하는 역할을 하든지, 아니면 직접 재벌 대기업에 대한 소유자로 나섬으로써 재벌개혁의 돌파구를 열어주든지이다. 만약 앞서 언급한 국가권력에 대한 민주적 개조가 이루어진다면 국민연금은 후자의 역할을 할 수 있는 기회가 당연히 주어진다.

---

119 《외환위기 10년, 한국금융의 변화와 전망》, p.129.

9장

한국의 민족문제

9.1. 한국 민족문제의 특수성

전 지구적 범위로 존재하는 현대 제국주의는 '민족문제'가 세계적인 보편적 문제이게끔 만든다. 그러나 만약 남북분단으로 인한 '통일문제'가 없다고 한다면 한국에서 민족문제는 기껏해야 개발도상국(신흥공업국 포함)과 현대 제국주의 간의 모순, 혹은 '발전과 저발전'이라는 일반적인 범주를 벗어나지는 않는다. 하지만 한국 사회에서 민족문제는 한 민족과 다른 민족 내지는 다른 국가와의 '대외적 측면' 외에, 민족 '내부적 측면' 즉 민족분단으로 인한 '통일문제'를 포함한다. 이 때문에 민족문제는 한국 사회에서 일반적인 의미를 넘어 훨씬 복잡한 성격을 띤다. 이 **통일문제**야말로 **한국 사회 민족문제의 특수성**을 보여주는 것이며, 이 때문에 우리는 한국의 민족문제에 대한 신중한 접근이 필요하다.

한국 변혁운동이 1987년 이후 전진하지 못하고 있는 이면에는, 이 민족문제를 제대로 처리하지 못한 한계가 크게 작용한다. 민족문제를 둘러싼 이견과 대립은 한국 변혁운동 전체를 NL과 PD 2개 진영으로 갈랐으며, 이러한 혼란과 분열은 자연히 노동운동에도 영향을 주어 노동자계급의 단결을 저해하도록 만들었다. 그 때문에 한국 민족문제에 대한 올바른 인식을 정립하는 일은 우리 운동의 전망을 생각할 때 여전히 중대한 과제가 아닐 수 없다.

먼저 한국의 민족문제가 가지고 있는 두 측면 중 대외적 측면, 즉 현대 제국주의와 관련된 문제부터 살펴보기로 하자. 제국주의는 현대 제국주의에 이르러 그 지배방식이 과거의 영토에 대한 직접적 지배로부터 경제를 매개로 한 간접 지배방식으로 전환하였다. 이에 따라 세계적 범위에서 보면 각국에 대한 제국주의의 영향력은 과거에 비해 상대적으로 약화되었다. 이제는 정치적 독립보다 경제개발이 개발도상국들이 직면한 관심사가 되었다. 자신들의 저개발 상태를 어떻게 극복할 것인지, 서구 선진국과의 관계에서 원료 및 값싼 노동력 공급지라는 국제 분업 상의 불리한 위치를 어떻게 탈피할 것인지가 중요한 이슈로 등장하였다.

한국 역시 이 같은 현대 제국주의와 개발도상국 간에 존재하는 '발전-저발전' 문제의 보편성을 공유한다. 비록 한국이 경제개발에 성공함에 따라 현대 제국주의가 주도하고 있는 국제경제에서 그 입지는 예전보다는 향상되었지만, 여전히 전반적으로는 서구 선진국에 비해 불리한 위치에 있으며 미국의 달러 패권 하에서 현대 제국주의의 수탈 대상이 되고 있다. 이 때문에 한국은 현대 제국주의 질서를 해체하고 공정하고 평등한 신국제질서를 수립해야 하는 과제를 다른 광범위한 개발도상국들과 공유한다. 지난 1997년 외환위기 당시 IMF의 압력에 의해 형성된 왜곡된 한국의 금융 및 경제구조의 개혁, 이후 체결된 한미 FTA의 불리한 경제협정조항에 대한 시정 등은 그 구체적인 내용이다.

냉전 종식 후 미국은 자신의 단일패권적 지위를 유지하기 위한 세계전략의 일환으로, 대(對)중국 포위망 구축을 목표로 하는 한미일 삼각동맹의 수립을 동북아시아 전략의 핵심으로 삼았다. 이는 정치·군사 동맹의 성격을 띠는 것으로서, 그 실현 과정은 필연적으로 주변의 군사적 긴장을 수반한다. 이 때문에 지역 경제 발전의 위축은 물론이고, 한반도를 포함한 동북아 전체의 평화와 안정에 심각한 위협 요소가 되면서 우리 민족의 생존 역시 크게 위협받고 있다.

미국이 한국을 중시하는 이유는 한반도가 지닌 특수한 지정학적 가치 때문이다. 한국이 미국의 전략에서 갖는 중요성은 저명한 국제정치 전략가 브레진스키의 다음 언급에서 잘 엿볼 수 있다.

"미국은 광대한 유라시아 대륙의 최서단과 최동단 해안에서 모두 성공적으로 자신의 지위를 확립하였다. 이들 대륙의 교두보를 보호하는 것(서부 '전선'의 베를린 봉쇄와 동부 '전선'의 한국전쟁에서 집중적으로 표현된)은 이후 냉전 시기의 첫 번째 전략적 시험이 되었다."[120]

그는 미국의 대일본 관계에서 볼 때도 한국이 미국에 매우 중요한 존재임을 강조한다.

"그것(한국-역주)과 미국의 밀접한 관계는 미국이 일본 본토에 지나치게 많은 군대를 주둔하지 않고서도 일본을 보호할 수 있게 해주며, 이로써 일본이 독립된 하나의 중요한 군사 대국이 될 수 없게 만든다. 한국 지위의 어떠한 변화―원인이야 통일에서 기인하든, 혹은 확장 중인 중국의 세력 범위로 들어가서이든, 혹은 둘 다이든 간에―에도 모두 필연적으로 미국의 극동에서의 역할을 크게 변화시키게 되며, 또 이로 인해 일본의 역할을 변화시키게 된다."[121]

이 같은 전략적 판단에 따라, 한국은 냉전 종식 후에도 미국으로 대표되는

---

120 《大棋局-美国的首要地位及其地缘战略》, p.6.

121 위의 책, p.40.

현대 제국주의와의 관계에서 일반적인 경제적 의미 외에 **정치·군사적으로도**
계속해서 중요한 의미를 부여받게 되었다. 현재 미국의 세계 패권에 가장 위협
적인 존재로 사회주의 중국이 부상한 이상, 그리고 이에 따라 미국이 '아시아
회귀' 전략을 공개적으로 천명한 이상, 이 두 강대국 간의 갈등은 앞으로도 상
당 기간 지속될 것으로 예상된다. 이 때문에 한국이 어떻게 냉전 이후 새로운
세계 재편전략과 관련하여 현대 제국주의가 추진하는 이러한 대(對)중국 포위
망 구축의 정치·군사적 동맹의 굴레에서 벗어날 수 있을지는, 앞서 개발도상국
의 일반적인 경제적 측면에서의 반제국주의 과제와는 다른 별도의 과제로 남
게 되었다.

그렇다면 이처럼 정치·군사적 측면에서 현대 제국주의가 한국 사회에 침투
하여 관철될 수 있는 계기는 무엇일까? 첫째는 경제적 조건을 들 수 있다. 냉전
초기인 1950년대에는 한국의 경제개발 수준이 낮았기 때문에, 현대 제국주의
는 정치적 동맹구축을 위한 목적으로 한국을 원조대상국으로 삼았다. 이 같
은 원조경제를 매개로 한 경제적 예속은 당시 한국의 정치·군사적 예속을 위한
물적 토대가 되었다.[122]

그런데 1960년대 이후 한국의 경제성장과 함께 상황이 바뀌기 시작하였으
며, 특히 탈냉전과 지구화 시대인 오늘날에는 사정이 많이 달라졌다. 그간 한
국 신식국독자의 생산력 발전에 따라 국내 독점자본(재벌)은 국제독점자본으
로 발전하였으며, 이는 현재 한미 간 정치·군사동맹 결성에 있어 든든한 물적
토대로 작용하고 있다. 본래 국제독점자본은 현대 제국주의에 대해 친화적인

---

122 한국전쟁 이후 1950년대의 경제복구 과정과 자본축적은 "미국의 원조를 물적 기반으로 하여 민생안정과 산업부흥이라
는 정책 기조 하에 소비재의 수입대체산업화로 진행"되었으며, 이는 "한국경제가 수출지향적 경공업화를 추진할 수 있는 다음
단계로의 이전 내지 발전의 기초가 되었다." 《한국자본주의 발전모델의 형성과 해체》, p.120. 이로부터 알 수 있듯 미국의 세계
전략과 연관된 1950년대의 원조는 한국경제에 큰 영향을 미쳤다.

측면이 있다. 그것이 주도하는 통일적인 지구시장의 구축과 대 사회주의권(중국) 봉쇄전략에서 양자의 이해가 일치하기 때문이다.[123]

이 측면만 보더라도 오늘날 한국 사회의 민족문제에 있어 제국주의적 요소의 함의는 일반적인 그것과는 많이 다르며, 단순히 신식민지 국가의 경제적 종속만의 문제가 아니라는 사실을 알 수 있다. 하지만 한국과 같은 신식국독자에서 국제독점자본의 성격은 '이중적'이다. 한국의 국제독점자본(즉 다국적기업으로 성장한 재벌기업)은 패권국가인 미국 및 기타 선진국 국제독점자본과 한편에선 경쟁 관계에 있기에, 이 측면에서 보자면 한국의 독점자본은 중국과 같은 거대한 사회주의권 시장을 필요로 하며, 이를 위해 현대 제국주의의 압력을 일정 외면하고 사회주의국가와 타협을 진행할 수도 있다. 따라서 경제적 조건만 가지고서는 한국 민족문제 중 현대 제국주의와 관련된 정치·군사적 측면, 즉 한미일 정치·군사동맹의 추진을 설명해 내기엔 부족하다.

둘째, 현대 제국주의 요소가 한국 사회에 침투할 수 있는 좀 더 직접적인 계기는 '남북 대결' 상황, 즉 민족모순의 내부적 측면인 '통일문제'에서 찾아질 수 있다. 현대 제국주의가 한미 군사동맹이라는 형식을 빌려 한국 사회에 깊숙이 침투하고 뿌리내릴 수 있는 동인은 바로 한미 양국이 북한이라고 하는 공동의 적을 상정할 수 있기 때문이다.

물론 여기서 미국의 진정한 목적은 북한에 있기보다는 그 전략적 경쟁상대인 중국에 대한 포위망을 구축하는 데 있다. 하지만 이 같은 의도는 공개적으로 표방할 수는 없는 것이기에 형식상 북한을 상정한 한미 동맹을 통해 그것을

---

123 최근 위키리크스가 공개한 자료에 따르면, 2009년 주한 미 대사는 본국에 보내는 보고서에서 한미 FTA가 "한국에서 중국의 영향력이 커지는 시기에 한국을 미국에 묶어두는 상징의 역할을 할 것"이라고 하였으며, 한국 측 김종훈 수석 부대표도 한미 "FTA 체결은 경제동맹"이라고 맞장구를 쳤다. 《한국 신자유주의의 기원과 형성》, p.405. 한미 FTA는 이처럼 애초부터 정치적 성격 또한 강하게 지녔는데, 이 조약 체결에서 누구보다 적극적이었던 세력은 삼성과 같은 한국 재벌이었다.

실현한다. 그런데 '북한 문제'는 그 성격상 애초 한반도의 남북분단으로부터 생긴 민족문제에 속한다. 그 때문에 우리는 여기서 한국의 민족문제의 양 측면인 **제국주의 문제와 통일문제의 내적 연관**을 발견할 수 있다. 이렇듯 통일문제로 인해서 한국의 민족문제는 더욱 복잡하게 되었으며, 현대 제국주의 요소가 이 통일문제를 계기로 자신의 영향력을 훨씬 강화할 수 있게 됨에 따라 한국에서의 민족문제는 개발도상국 일반에서의 의미를 뛰어넘어 매우 특수한 의미를 담게 되었다. 물론 같은 논리로 한국의 통일문제 역시 현대 제국주의 요소 때문에 매우 복잡하게 되었다고 할 수 있다.

역사적인 긴 시각에서 보자면 제국주의는 현대 제국주의에 이르러 그 전반적인 영향력이 과거에 비해 크게 약화되었으며, 이 같은 추세는 앞으로도 계속되리라 보여진다. 그럼에도 불구하고 한국에서 군사기지나 외국군 주둔으로 상징되는 현대 제국주의의 규정성이 강하게 나타나는 원인은 바로 다름 아닌 통일문제 때문이다. 즉 남과 북이 대치하는 상황에서 소위 남한의 동맹국인 미국은 한국 정부를 도와서 남한에 미군을 주둔시키고, 자신의 군사전략을 관철할 수 있는 명분과 합법적인 근거를 얻게 된다. 이는 반대로 남과 북이 지금과 같은 적대적인 '대치 상태'를 지속하는 원인을 규명하는 데도 중요한 단서가 된다.

남한과 북한은 원래 하나의 민족이라는 점에서 이 둘의 분리는 당연히 민족통일의 과제를 낳는다. 그러나 그렇다고 해서 남과 북이 지금처럼 반드시 '적대적'인 대치 상태를 계속해야 할 이유가 있을까? 현재와 같은 남과 북의 적대적 상황을 설명할 수 있는 몇 가지 이유를 상정해 볼 수 있다.

첫째, 6·25 전쟁과 같은 쓰라린 동족상잔 비극의 역사적 경험은 분명 존재한다. 한때 전쟁을 치렀던 당사국들은 상당 기간 적대적 관계를 지속하는 경우를 우리는 주변에서 흔히 목격할 수 있다. 한국 사회도 북한과 치른 전쟁의 상처를 반세기가 훨씬 지난 오늘날에도 말끔히 씻어 내지 못한 채 지금까지 이어 오고 있다. 그러나 이것만 가지고서는 70여 년이 지난 지금까지 이러한 적대적 관계가 **지속될** 이유로 충분치 않다. 한국보다 더 큰 규모의 내란을 오랫동안 겪었던 중국의 대륙 정부와 대만이 오늘날 화해하고 '3통'(우편·항공·통상 교류)을 이루어 자유롭게 왕래하고 있는 것만 보아도 잘 알 수 있다.

둘째, 이념적 차이를 상정해 볼 수 있다. 자본주의와 사회주의라는 두 체제는 원래 화해하기 어렵고 적대적이다. 이들 각각이 남과 북에 형성되어 그간 두 사회의 이질화가 심화해온 사실을 부정할 수 없다. 그러나 서로 다른 양 체제의 존속 자체가 반드시 격렬한 대립을 가져온다고는 볼 수 없다. 특히 이념 문제가 점점 부차화하고 있는 탈냉전 시대에, 사회주의 중국과 아세안 등 그 주변 국가들의 관계에서 볼 수 있듯이 지금은 어떠한 사회체제를 갖는지와는 무관하게 국익에 이익이 된다면 충분히 상호교류를 통해 경제적 이익을 추구할 수도 있는 시대이다.

셋째, 민족 분열을 들 수 있다. 개인들의 경우 사랑하는 사람일수록 한 번 남이 되면 서로를 더욱 증오하는 관계로 변화되는 경우를 볼 수 있다. 그러나 민족 관계에서 같은 민족이 두 개로 갈라졌다고 해서 꼭 지금처럼 원수처럼 적대시하며 반목할 이유는 없다. 과거 통일 이전의 동독과 서독 관계에서 볼 수 있는 것처럼, 하나의 민족이면서 그리고 이념적으로는 서로 다른 두 개로 분열되었으면서도 상호교류와 평화 공존이 가능하였던 사례를 우리는 찾아볼 수 있다.

이렇게 하나씩 따져나가다 보면 이제 마지막으로 외부 세력인 **현대 제국주의 요소**만이 남게 된다. 원래 우리 민족의 분단은 자신의 의지에 의해서라기보단 외세의 압력에 의해 강요되었으며, 그것이 이후 고착하는 데서도 외세의 영향이 크게 작용하였다. 그뿐만 아니라 현대 제국주의의 간여는 남북 관계를 '적대적' 대결로 성격 지우는 데도 결정적 기여를 하였다. 이를 좀 더 살펴보도록 하자.

　처음 한반도에 대한 신탁통치 결정이 내려질 때까지만 하더라도 남북분단은 국제연합에 의해서 내려진 임시 조치에 불과하였다. 그러나 이후 그것이 '항구화'하고 또 '적대적' 성격으로 고착화 하는 데는 특히 **냉전**의 공헌이 컸다. 이 같은 냉전체제의 성립에 있어 한국전쟁은 중요한 계기로 작용하였다. 그리고 냉전체제가 일단 형성된 이후에는 반대로 한반도 정세가 그 영향을 깊게 받았다.

　예컨대 한반도에서 공산주의와 '자유세계(자본주의)' 간의 이념대결이 전면화하였는데, 남한 정부는 북한 정권을 '북한 공산 괴뢰도당'이라고 불렀으며, 이에 대해 북한은 '미제의 꼭두각시'라고 남한 정부를 멸시하였다. 이는 미국이 종전 후 자신 주도 하의 국제질서 구축을 위해 추진하였던 동서 진영 간의 '이념적 대결 구도'가 한반도에서도 강력하게 관철된 것을 보여준다. 이리하여 한국은 미국이 주도하는 자본주의 진영에 편입되었으며, 그 속에서 사회주의 진영과의 대결에서 첨병 역할을 하면서 미국의 지원과 지도에 강하게 의존하였다.

　이 같은 구도에서 현대 제국주의를 이끄는 미국의 의도는 잘 관철될 수 있었다. 냉전 시기 미국이 소련을 비롯한 사회주의진영에 대해 실시한 기본전략은 '봉쇄전략'이었는데, 한반도에서 이 같은 봉쇄전략은 미국의 남한 정부에 대한 정치·군사·경제 전반의 영향력을 통해서 충분히 관철되었고, 남한 정부도 대체로 자진해서 이 같은 미국의 의도에 잘 따라주었다. 즉 남한 정부는 대북 관계에서 교류와 협력보다는 **단절과 대결** 정책을 주요하게 추구하면서 미국 정책에 보조를 맞추었다. 미국은 냉전 시기 내내 남과 북이 자신의 영향력을 벗어나 적극적인 교류를 하는 것을 가로막았으며, 비록 그들의 입맛에 맞는 군사정부라 할지라도 독자적으로 북한 정권과 교류를 진전시키고자 할 때는 의혹의 시선을 보내며 달가워하지 않았다.

현대 제국주의 요소가 남북 간의 적대적 대결 관계를 고착화시킨 주요 요인임은 냉전이 종식된 오늘날에도 변함이 없다. 지금도 갖가지 명의로 진행되는 한미 군사훈련을 통해 한반도의 평화 정착에 찬물을 끼얹고, 남북 간의 군사 대결과 긴장 국면을 조성하는 것을 우리는 목격할 수 있다. 여기서도 알 수 있듯이 비록 과거와 같은 동서 양대 진영 간의 이념대결 국면은 해소되었지만, 미국은 한국이 여전히 자신이 주도하는 군사동맹 체계에서 대 중국 포위망 구축에 일조하길 바란다. 그리고 이를 위해 '대(對)북한 군사동맹'이라는 형식이 필요하기에, 미국은 남북 간에 화해 국면이 정착되기보다는 긴장과 대결 국면이 지속되길 원한다.

이상에서 알 수 있듯이, 한국 민족문제의 양 측면인 '자주 문제'와 '통일문제'의 관계에서 볼 때, 그 주요한 측면은 '자주 문제' 즉 현대 제국주의와의 관계임을 알 수 있다. 현대 제국주의 때문에 통일문제가 처음 발단되었으며, 또 이후 남북 간에 적대적인 관계가 고착되었다. 반대로 통일문제가 적대적인 남북 대결의 성격을 띰에 따라, 민족문제에서 현대 제국주의 요소는 자기를 강화할 수 있는 좋은 계기를 마련하였으며, 실제로 지속해서 한국 사회에 침투하고 관철될 수 있었다. 이 때문에 자주 문제가 해결되면 통일문제의 성격은 지금과는 근본적으로 달라질 수 있다. 이 점에서 자주파의 주장은 설득력이 있다. 그러나 이는 자주와 통일문제 양자 관계에서 볼 때 그러하며, 자주 문제가 한국 사회의 기본모순을 의미하지는 않는다. 이는 이하에서 살펴본다.

9.2. 민족문제와 재벌 문제

민족문제는 재벌 문제와 함께 한국 사회의 기본문제 중의 하나이다. 한국 변혁진영 내에는 이 문제에 대해 남다른 집착으로 그간 통일 투쟁과 반외세 자주화 투쟁에 앞장서 온 세력이 있는데, '엔엘(NL)'이라 불리는 사람들이 바로 그들이다. 이들이 민족문제를 중시하는 정도는 "민족주의는 한국 사회에서 '최강의 이데올로기'이고, 이념들 중 '부침 없는 지존의 위치'를 유지하고 있는 이념"[124]이라고 규정한 데서도 잘 엿볼 수 있다. 이들 민족 자주파에 대한 올바른 태도 정립은 한국 변혁운동과 노동운동에 있어 매우 중대한 의미를 가진다. 통치계급은 그간 한국 변혁운동 내 소위 NL과 PD파의 분열을 의식적으로 조장하고 이용해왔다. 그간의 역사적 경험은 이 같은 양대 진영의 분열은 한국 변혁운동을 크게 약화시킬 뿐만 아니라, 만약 이 같은 분열이 제대로 극복되지 않는다면 변혁운동의 궁극적 승리는 매우 요원할 수밖에 없다는 교훈을 준다.

한국 사회에서 민족주의 운동진영이 성립된 근원을 따지자면 멀리 일제 식민지하의 독립투쟁과 해방 직후 남북 북단이 시작된 무렵까지 거슬러 올라가

---

[124] 정수일 외, 2010, 《재생의 담론, 21세기 민족주의》, p.51.

야 한다. 그러나 지금의 소위 '민족 자주파'가 직접 성립된 시기만을 보면 그것은 1980년대 민주화 투쟁 기간이라 할 수 있다. 1982년 미문화원 방화 사건을 계기로 엔엘은 처음으로 한국 사회에서 미국으로 대표되는 현대 제국주의의 존재와 우리 사회의 종속성 문제를 대중적으로 제기하는 데 성공하였다.

1985년 이후 한국 변혁운동 진영에서 사회구성체 논쟁이 한창일 때는 '식민지반봉건사회론'을 제출하면서 논쟁의 중요한 한 축을 담당하기도 하였다. 비록 당시 이들의 이론은 한국 사회에서 해방 이후 자본주의가 발전한 사실을 인정하지 않는 등 객관 현실과 상당히 동떨어진 감을 주기는 하였지만, 그러나 변혁진영이 한국 사회의 '종속성' 문제에 대해 진지한 관심을 기울이도록 하는 데 적지 않은 공헌을 하였다.

1990년대 이후 이들은 한국 사회의 변화된 현실을 일정 수용하는 한편, 또한 현대 제국주의에 대해서도 과거 식민지 시대의 그것과는 질적으로 다른 점을 인정하는 등 인식 상에서 얼마간 변화를 보여준다. 예컨대, "한국 사회가 여전히 자본주의의 발전이 정체되었고, 기형적인 발전을 하고 있다고 보는 시각은 이 사회를 제대로 보는 데 상당한 장애를 갖게 만든다"[125]라든지, "2차 대전 이후 더 나아가서는 1950년대 말 이후 제국주의는 기본적으로 신식민주의의 양태를 띠게 된다. 신식민주의의 커다란 특질은 **간접 지배**이고, **집단적인 성격**을 띤다. 간접 지배라는 점에서 신식민지에 세워진 정권을 단순히 종주국의 꼭두각시라고만 생각해서는 안 된다. 그리고 그 예속의 정도는 종주국과 신식민지 국가 사이의 관계에 따라 천차만별이다"[126] 등과 같은 서술이 그것이다.

그런데 이처럼 현대 제국주의와 신식민주의에 대한 일부 시각의 변화에도

---

125 《재생의 담론, 21세기 민족주의》, p.203.

126 위의 책, p.204. 위 인용문들은 현재 소위 '합리적 NL파'라고 불리는 분파의 인식변화 정도를 잘 보여준다.

불구하고, 이들이 한국 사회를 파악하는 핵심 개념인 '종속성'에는 여전히 큰 결함이 존재한다. 이 점은 위의 한국 사회에서 자본주의의 발전을 인정한 글 뒤에 곧바로 이어지는 다음의 글귀를 통해서도 잘 드러난다.

> "물론 여기서 분명히 해둘 점이 있다. 자본주의가 발전한다고 해서 예속의 문제가 저절로 해결되는 것은 아니다. 예속의 문제는 정치적, 군사적, 문화적인 상부구조에 해당되는 문제로 자본주의가 발전하면 그에 따른 변화가 있을 뿐 그것이 곧바로 예속의 해결은 아니다."[127] (굵은 강조는 인용자에 의한 것임)

이 같은 인식 상의 결함 때문에 이들은 여전히 한국 사회에 대한 과학적 이해에 도달할 수 없으며, 실천에서도 과거와 별다른 차이점을 보여주지 못하고 있다. 아래에서 좀 더 논의해 보자.

앞의 인용을 보면 예속의 문제를 "상부구조에 해당되는 문제"라고 규정하고 있다. 그렇다면 예속은 과연 단지 '상부구조'만의 문제일까? 이는 이 글의 저자가 **상부구조**라는 사적 유물론의 기본 개념을 제대로 이해하지 못하고 있음을 보여준다. 상부구조는 원래 경제 관계를 총칭하는 '하부토대'라는 개념과 함께 사적 유물론의 주요 개념 중의 하나이다. 양자는 필연적으로 상호 연관성을 가지며 그중 규정적인 것은 후자, 즉 하부토대이다.

이 점은 오늘날 한국 사회에서도 그대로 적용된다. 즉 한국의 정치적 예속의 근저엔 필연적으로 경제적 예속이 존재한다. 예컨대 국제 분업과 국제통화체계

---

127 위의 책, p.203.

에 있어 불리한 위치, 수출 중심의 대외 의존적 경제구조, 해외 금융자본의 한국 자본시장 지배 등이 그것이다. 이들 내용과 관련해선 이미 제7장에서 전반적인 논의를 진행했기 때문에 여기선 더 이상의 언급은 생략한다. 다만 지적할 점은, 이렇듯 상부구조와 하부토대를 **기계적으로 분리**하기 때문에 이들은 한국 사회가 그간 '자본주의 발전'을 이루었음을 인정하면서도 그 같은 언명은 표면상에 그칠 뿐, 그 발전이 필연적으로 동반하는 한국 사회의 계급구조 및 계급대립의 변화, 그리고 사회 기본모순의 변화로까지 인식의 진전이 이루어지지 못하고 있다는 사실이다.

이들의 이 같은 인식 상의 한계는 기본적으로 자신들의 쁘띠부르주아적인 계급적 속성과 관련이 있다. 그리고 그 실천적인 중요한 의미는 무엇보다도 현실영역에서 재벌 문제에 대한 기회주의적인 태도에 이론적 근거를 제공한다는 점이다. 한국 사회는 그간 살펴본 바와 같이 **재벌 문제로 인하여 필연적으로 반외세 자주화 투쟁과 반독점 투쟁이 긴밀한 연관을 형성**할 수밖에 없다. 이 때문에 양자는 함께 통일적으로 수행되어야 하는데, 그럼에도 불구하고 이들은 굳이 이 양자를 억지로 분리시키려 한다. 심지어는 이 둘 사이에 긴 시간적 순차를 두면서 전자(즉 반외세 자주화 투쟁)를 중심으로 새로운 '변혁단계'를 상정하는 데까지 나아간다.

그 결과 '재벌 공기업화' 요구는 끝없이 뒤로 밀려지게 되며, 반독점 투쟁은 개량적인 재벌개혁에 대한 요구를 제출하는 정도로 전락하고 사실상 자취를 감추고 만다. 자주파가 이렇듯 반외세 자주화 투쟁과 반독점 투쟁을 기계적으로 분리하고 '재벌 공기업화' 요구를 한없이 뒤로 미루는 것은, 한국 사회에서 여전히 외세를 척결하고 민족 자주성을 확립하는 민족모순 해결이 최우선 과제라는 이들의 전통적인 인식에 기인한다. 이들은 이를 위해서 민족 내부 역량이 총단결하여야 한다는 소위 '대동단결론'을 여전히 견지하고 있는데, 이는 완전히 시대착오적인 발상이다.

한국 사회에서 반외세 자주화 문제와 반독점 문제가 긴밀한 연관성을 갖는 것은 본서의 앞부분에서 서술한 재벌체제, 폭압적 국가권력, 현대 제국주의 삼자가 긴밀한 연관을 가지면서 총체적으로 신식민지국가독점자본주의를 구성한다는 사실에서 잘 드러난다(제7장). 그리고 이들 간의 상호관계에서 볼 때, 후기 신식국독자에 들어서 재벌은 한국 사회에서 확고하게 그 지배적 지위를 확립하였으며, 이로부터 재벌체제는 이들 삼자관계에 있어 가장 중심적인 위치에 서 있음을 앞서 지적한 바 있다(제8장 2절 참조). 그 때문에 한국 변혁운동의 과제 역시 전기 신식국독자에서는 개발독재 정권을 겨냥한 '반독재 민주화'를 목표로 하였다면, 이제는 반독점(反재벌) 투쟁이 그 주요한 목표가 될 수밖에 없다.

재벌은 이 시기에 '재벌 과두제'를 수립하여 정치권력을 사실상 통제할 수 있게 되었으며, 또한 한미 동맹의 적극적인 옹호자로서 그 유지를 위한 공고한 물적 기초를 제공하고 있다. 그 때문에 한국 사회는 '재벌 공기업화' 요구를 더 이상 미룰 수 없으며, 이를 전면에 제기하여야만 하는 시기가 된 것이다.

지금 시기 **'재벌 공기업화'** 요구를 전면적으로 내거는 것은 **반독점적 요구**이자, 또한 **통일과 민족 자주화를 위한 요구**이기도 하다. 먼저, 경제적 측면에서 볼 때 이미 국제독점자본으로 성장한 재벌을 공기업화하는 것은, 끊임없이 빈부격차를 심화시키는 신자유주의를 거부하고, 해외시장에 지나치게 의존적인 국민경제의 왜곡된 구조를 수정하며, 내수를 중시하는 복지사회를 건설키 위한 기본적인 물적 토대를 확보한다는 의미를 지닌다.[128] 이미 자본축적의 중심축을 해외에 두면서도 국민경제의 골간을 계속해서 장악하고 있는 이들 국내 재벌을 공기업화하지 않는다면, 국부의 많은 부분은 소수의 재벌관계자와 외국 금융자본 손에 집중되고 밖으로 유출될 수밖에 없다. 그리되면 내수 위주의 경제도, 민족자주 경제의 수립도, 복지국가도 모두 공염불에 불과하게 된다.

다른 한편, 국제독점자본으로 성장한 국내 재벌을 공기업화하는 것은 정치적 측면에서 볼 때도 현대 제국주의 세력과 그 국내 동맹 세력과의 결합의 중요한 물적 토대를 제거한다는 의미를 지닌다. 이러한 물적 토대가 사라짐으로써 현대 제국주의는 한미일 삼각동맹과 같은 정치·군사적 블록의 형성이나, 한미 FTA와 같은 신자유주의적 경제 질서 구축에 필요한 한국 내부의 강력한 동맹 세력을 잃게 된다. 반대로 재벌 세력이 지금처럼 사실상 한국경제의 명맥을 틀어쥔 채 존재하는 한, 한국경제의 신자유주의로의 지속적인 편입과 현대 제국주의에 의한 국제질서 재편 과정에 대한 동조를 막을 길이 없다. 앞서도 지적하였듯이 주한미군이 존속하는 데 있어 가장 큰 지지 세력은 다름 아닌 국내의 독점재벌이다. 이들은 비록 중국 시장에 대한 의존 때문에 때로는 미국의 패권 질서의 구축 시도에서 일탈하는 듯이 보이기도 하지만, 그것은 일정 한도 내에서며 기본적으로는 사회주의에 대한 공동 대응에서 본질적인 이해가 일치한다. 최근의 사드 배치를 둘러싼 쟁점은 이 점을 잘 보여주고 있다.

반독점 투쟁을 통하여 재벌 문제가 해결되면 한국 사회의 신식국독자적 성

---

128 합리적 자주파는 '민족주의'는 신자유주의를 반대하는 대안 담론으로 기능해야 하며, 승자독식의 시장 만능주의를 반대하고, 당면한 경제위기 속에서 **한국경제가 수출주도형이 아닌 내수 중심으로 전환해야 한다**는 등 소위 '21세기 민족주의' 이론을 제출한다. 《재생의 담론, 21세기 민족주의》, pp.308-309.

격은 근본적으로 바뀌고, 반외세 자주화 문제 또한 동시에 해결된다. 하지만 그 역은 성립하지 않는다. 즉, 반외세 자주화 문제가 해결되었다고 해서 반독점 문제가 저절로 해결되는 것은 아니다. 비록 현대 제국주의는 물러났을지라도 서구 사회에서 보듯이, 독점자본은 노동운동 내의 노동귀족을 양성하여 이들과 새롭게 동맹을 구축하고 얼마든지 그들의 통치를 연장할 수 있다. 한국 또한 자본주의가 이미 상당 정도 발전한 상태이기에 이 같은 기회주의 세력이 등장할 수 있는 여지는 충분하다. 사민주의를 표방하는 세력이 한국의 정치무대에 이미 존재하며, 다만 아직 영향력 있는 정치세력으로 성장하지 못했을 뿐이다. 만약 이들이 현대 제국주의의 공백을 차지할 경우, 한국 사회의 반독점 문제의 해결은 처음부터 다시 시작할 수밖에 없다.

상황이 이러한 데도 자주파는 여전히 "나라가 위기에 처했을 때, 민족모순이 계급모순에 우선한다는 것은 역사에 의해 명증된 논리"[129]라는 억지 주장을 되풀이하고 있다. 현재 반외세 통일운동이 한국 사회에서 날로 힘을 상실해가고 있는 이유는, 자주파가 이처럼 '대동단결' 노선을 추구함으로써 노동운동에 대한 장애물로 전락한 때문이다. 현장에서 그들은 의식적이든 무의식적이든 노동운동 내의 신노사 협조주의와 조합주의를 전파하는 역할을 앞장서서 하는 경우가 많다. 그들은 마치 노동운동과 파업 투쟁이 활성화될수록 '민족대단결'을 훼손하는 것으로 착각하는 듯하다. 노동자계급은 오히려 노사협조주의에 물들게 될 때 투쟁성이 약화 되고, 노동운동의 투쟁력의 약화는 결국 민족주의운동을 비롯한 한국 변혁운동 전반의 침체를 가져올 수밖에 없다는 사실을 그들은 아직도 깨닫지 못하고 있다.

---

129 《재생의 담론, 21세기 민족주의》, p.53.

10장

한국경제 개조방안

지금까지 본서에서 논의된 내용들을 기초로 이하에선 한국경제의 대안을 모색해 보기로 한다. 이하에서 구조 개혁 측면에서 재벌 공기업화 이후 한국경제의 운영 기제와 지구화 시대의 재벌 공기업화가 갖는 의미에 대해서 살펴보도록 하겠다.

10.1. 공유제 기업이 주도하는 시장경제 건설

앞서 한국경제의 대외 종속성과 재벌체제를 혁신할 수 있는 근본 방안으로 재벌 공기업화를 제기하였다. 그러나 '재벌 공기업화'에 대해 많은 사람이 과거 소련의 계획경제를 연상하기 때문에 설명해야 할 부분이 아직 많다. 먼저 분명히 할 것은, 재벌 공기업화가 곧바로 계획경제를 의미하지는 않는다는 점이다. **재벌 공기업화**는 기본적으로 사회적 생산의 일차 목적을 '다수 성원의 복지향상'에 둘 것인지 아니면 '이윤추구'에 둘 것인지, 즉 **무엇을 위한 생산**'인지와 **관련된 문제만을 해결**할 뿐이다. '**어떠한 방식**으로 **생산**'할 것인지 그 구체적인 경제 운영 방식과 관련한 논의는 아직 진행되지 않았다.

이 문제와 관련하여 자본주의사회에서 생활하고 있는 우리로선 비교적 익숙한 케인스주의의 역사적 실천에 대한 평가로부터 실마리를 찾아보는 것이 좋겠다.

10.1.1. 케인스주의 성과와 한계가 주는 시사점

2008년 경제위기를 계기로 신자유주의가 파산하자, 한국 진보진영 일각에서는 다시 케인스주의를 통해서 해법을 찾으려는 시도가 있었다. 제2차 세계대전이 끝난 직후 전 세계적으로 풍미했던 케인스주의는 한때 자본주의의 비교적 긴 호황을 이끄는 등 적지 않은 공헌을 하였다. 그러나 이 케인스주의 또한 1970년대에 들어선 후 선진 각국이 누적된 재정적자, 인플레이션 만연, 그리고 기업투자 부진에 따른 경기침체에 빠지는 것을 막지는 못했다. 케인스주의는 결국 1980년대 이후 신자유주의에 그 주도권을 넘겨주고 한 시대를 마감했다.

자유경쟁 시장의 '자유방임'이라는 교리를 뒤엎고 국가의 적극적 개입을 옹호했던 케인스주의가 왜 결국 실패하고 말았을까 하는 의문이 남는다. 다시 되돌아보면, 그 원인이 국가의 적극적인 개입 때문이라고는 볼 수 없다. 왜냐하면 신자유주의가 득세한 오늘날에도 국가의 개입은 재정정책, 화폐 정책, 복지정책 등을 통해서 여전히 전 방위적으로 이루어지고 있기 때문이다. 결국, **케인스주의가 실패한 원인**은 여러 가지가 있지만 그중 가장 핵심적인 것은 **부자에 대한 세금 징수를 통해 부의 일정 부분을 빈곤층으로 이전코자 했던 케인스주의 정책이 자본주의적인 소유관계와 근본적으로 모순되었기 때문**이다.[130]

사회복지를 주요한 내용으로 하는 공공부문의 확대는 이미 거스를 수 없는 역사적 추세이고, 과학·환경·위생·교육·주택 등에 대한 국가의 투자는 현대 시장경제가 존립하기 위한 필수적인 조건이 되었다. 이렇듯 자연스럽게 **확대일로에 있는 공공부문의 재원을 어떻게 마련**해야 할지는 현대 시장경제가 안고 있는 큰 숙제라 할 수 있다. 케인스주의가 종국에 실패할 수밖에 없었던 이유는, 이러한 공공부문의 재원을 전적으로 자본주의적 사적소유에만 의존하여 조

---

130 이에 대해, 최근 일부 국내외 좌파 학자들은 "이윤율의 경향적 저하 법칙"의 관철을 저지하지 못한 것이 케인스주의의 실패 원인이라고 주장한다. 즉 **공공복지의 확대를 통해서 충분할 정도의 과잉자본을 퇴출시키지 못했다는 것**이다. 그렇다면 왜 충분한 정도의 공공복지 확대 정책을 실행하지 못했을까? 하는 의문이 여전히 남는다.

달하려 하였기 때문이다.

공공부문 재원 조달에서 그 같은 방식은 불가피하게 자본주의적 소유관계와 심각한 충돌을 일으킨다. 점점 높아만 가는 세율은 '세수 초과부담'[131]을 발생시키고, 그것은 부유층의 '세수 저항'이나 '투자 기피', 혹은 자본의 해외 도피와 같은 형식으로 표출되었다. 그리고 부유층의 투자 회피와 사보타지는 다시 경제성장의 둔화와 실업률의 증가를 낳고, 이는 결국 실업구제기금의 확대라는 부담으로 되돌아왔다.

이리하여 부유층에 대한 추가적인 세율 인상은 곧 한계에 도달하게 되며, 이 때문에 정부는 부족한 재원을 메우기 위해서 부가세 등 간접세의 비중을 확대하거나 국채 발행을 확대하게 된다. 그러나 간접세 비중을 확대하는 것은 빈부 격차를 심화시키는 원인으로 복지재정의 추가적 확대 요인이 되며, 국채 발행은 누적적이고 만성적인 재정적자로 귀결되어 국내 인플레이션을 발생시키는 결정적 요인이 된다. 이리하여 경기침체와 인플레이션이 결합한 '스태그플레이션'이 출현하게 되었으며, 케인스주의는 결국 스태그플레이션이라는 괴물을 탄생시키면서 역사의 저편으로 사라지고 말았다.

2008년 금융위기가 발생한 이후 전 세계는 만성적인 경제위기로 고통을 받았다. 그것은 신자유주의가 몰고 온 것이긴 하지만, 그렇다고 해서 다시 케인스주의로 복귀하는 것은 불가능하다. 왜냐하면 부자들은 자기 재산이 국가에 의하여 세금이란 명목으로 '수탈' 당하는 경험을 두 번 다시 겪고 싶지 않기 때문

---

[131] '세수 초과부담'은 조세로 인해 자원의 합리적인 배분이 왜곡됨으로써 정부가 징수하는 세액에 추가하여 초래되는 사회적 비용을 말하며, 수학 공식으로는 '$\frac{1}{2}\varepsilon wL_i t^2$'로 표시한다($\varepsilon$:탄력성, w:세율, L_i: 기초수량, t: 세금의 크기). 여기서 주목할 것은 t (세금의 크기) 가 2차식으로 되어 있다는 점이다. 즉 U자형의 2차 곡선이 보여주듯, 세금이 일정 한도 이상 올라가면 '세수 초과부담' 역시 급속히 빠른 속도로 증가한다. 이는 납세자의 조세저항이 커지는 것을 의미하는데, 이러한 조세저항은 극단적일 경우 '투자해서 모두 세금으로 빼앗길 바에는 차라리 놀고 마셔버리자'라는 식으로 표출된다.

이다. 이미 금융 개방화와 지구 경제의 일체화가 과거 1970~80년대에 비해 비교할 수 없을 정도로 진행된 현재 조건에서, 부유층이 해외자금 도피 등을 통해 세수 저항을 하는 것은 그때보다 훨씬 쉬워졌다. 따라서 케인스주의로의 복귀는 현실적으로 불가능하다.

케인스주의는 분명 인류 사회발전에 일정한 공헌을 하였다. 국가권력을 통해서 부자들이 갖고 있던 부의 일부를 징수하여 빈곤층에 이전시킴을 통해 한편으론 과잉자본 문제를 일정하게 해소함과 함께, 다른 한편 유효수요를 늘려 한동안 '성장과 복지' 두 마리 토끼를 한꺼번에 잡는 데 성공했다. 하지만 부자들에 대한 날로 가중되는 수탈(세금 징수)은 불가피하게 자본주의적 소유관계와 충돌을 일으켰으며, 그들의 반발을 초래하여 결국 실패하고 말았다. 여기서 우리는 다음과 같은 문제 제기를 할 수 있다. 만약 **시장경제를 통해서 창출된 재부가, 부자들의 이해를 건드리지 않고서도 사회 저소득계층에 공유될 수 있는 장치**를 발견할 수 있다면, 케인스주의는 실패하지 않아도 될 것이다. 그런데 과연 그런 방법이 있을까?

인류 사회는 이제 과거 케인스주의가 부딪쳤던 바로 그 지점에서 다시 새로운 출발을 모색해야 한다. 여기서 자연스럽게 다음과 같은 의문이 떠오른다. 즉, **공공복지를 위한 재원의 조달이 꼭 자본주의적 사적소유 또는 민간기업에 의존해야만 가능한 것일까?** 만약 국유화를 바탕으로 한 사회주의 계획경제가 부적합한 것으로 판명되었다면, 시장경제를 유지하는 환경 속에서 공유제와 사유제의 적절한 결합을 통해 혼합적인 경제 운영을 하는 것은 어떨까? 만약 이 같은 방법이 가능하다면 국가는 공공재원의 조달을 위해 지나치게 부자들을 수탈하지 않아도 될 것이다.

이 경우 **공기업**이 갖는 긍정적인 의미를 발견하는 일은 그리 어렵지 않다. 여기서 공기업의 개념을 먼저 분명히 하자. 공기업은 국가가 대주주인 기업을 뜻한다. 즉 국가가 100% 지분을 가진 순수 국유기업뿐만 아니라, 국가의 지분이 51% 이상인 절대 지배기업과 50% 이하이지만 상대적 지배력을 갖는 기업 모두를 일컫는다. 이것은 현대적 기업에서 경영권이 갖는 의미를 중시하기 때문이다.

시장경제를 통해서 창출된 사회적 부가 부자들의 몫을 지나치게 건드리지 않으면서도, 사회적 약자층에도 공유될 수 있는 구조는 이러한 공기업의 존재를 생각하지 않고서는 불가능하다. 그것은 공유제(公有制)라는 소유관계의 의미를 잠깐만 떠올려도 쉽게 알 수 있다. 공유제는 그것이 전체 사회성원의 공동소유물임을 의미한다. 그 때문에 그것의 수익은 당연히 전체 사회성원에게 귀속되며, 이로부터 부자이든 가난한 사람이든 그 사회 공민이면 누구나 골고루 혜택을 볼 수 있다. 따라서 공기업으로부터의 수익을 가지고 국가가 사회복지에 이용한다고 한들, 그것은 누구의 재산을 건드리지 않기에 어느 누구도 불평을 늘어놓을 수 없다. 다른 한편, 이것은 완전히 시장경제의 틀 내에서 이루어지는 행위에 속한다. 왜냐하면 시장경제는 합법적 경제활동을 통해서 기업이 획득한 수익을 주주에게 분배하는 것을 허용하기 때문이다. 따라서 현대 시장경제에서 공기업은 시장경제의 불균형을 해소하고 사회발전을 위해 필수적이다.

그런데 여기서 왜 공기업의 비중을 단순히 확대하는 것이 아니라, 그것이 '시장경제를 주도'해야 하는지에 대한 의문이 생길 수 있다. 그 이유는 다음과 같다.

첫째, 공기업이 국가의 공공재원 조달에서 실질적인 중요한 역할을 할 수 있어야 하기 때문이다. 즉 운수·가스·수도·전력 등 공공서비스와 관련한 영역뿐만 아니라, 수익성이 좋은 일반 경쟁 부문에서도 공기업은 확고한 입지를 차지해야 한다. 그런데 좋은 수익성이 창출되는 부문은 대부분 국민경제에서 주도산업이거나 혹은 핵심 첨단산업인 경우가 많다. 따라서 이러한 분야의 영향력 있는 기업을 국가가 많이 보유하게 되면 공기업은 자연히 시장경제에서 주도적인 위치에 설 수밖에 없다.

둘째, 시장경제를 주도하는 세력이 공기업이냐 민간기업이냐는, 결국 전체 국민경제의 지향하는 바가 이윤추구를 위한 것인지 혹은 사회 전체성원의 공공복지 증진을 위한 것인지를 결정짓는다. 공기업이 주도하는 시장경제만이 국민경제가 전체 사회성원의 공공복지 증진이라는 근본 목적에 복무토록 할 수 있다. 만약 민간기업이 주도하고 공기업은 단순히 그 보조적 위치에 머문다면, 이러한 시장경제는 여전히 이윤추구의 도구로 전락하는 신세를 모면할 수 없다. 오늘날 국가독점자본주의하에서 공공부문이 수행하는 역할이 바로 그 좋은 실례이다. 국가독점자본주의하에서 공기업은 민간 자본이 담당하기를 꺼리는 사회공공 영역을 중심으로 주로 포진하며, 이 때문에 사회 전반은 여전히 이윤추구를 목적으로 하는 사적 자본의 지배하에 놓이게 된다.[132]

따라서 국민경제가 진정으로 전체 사회성원의 복지 증진을 위한 목적에 복무하도록 하기 위해서는 반드시 공기업이 시장경제 전반을 주도해야 한다. 그리고 그 목적이 훼손되지 않는 한도 내에서 비로서 이윤추구의 여지가 주어져야 하며, 그것은 곧 민간기업이 활동할 수 있는 범위를 규정하게 된다. 이로부터 공기업은 공공서비스, 에너지와 핵심 자원, 철도·도로·항공 등의 기간산업 등 전통적 영역에서뿐만 아니라, 금융·부동산·자동차와 같은 국민경제의 지주산업, IT 첨단산업·인공지능·생명공학·항공우주 등 신성장산업의 전략 분야에서도 우월한 입지를 구축하고 민간기업을 이끄는 위치에 설 수 있다.

---

132 "자본주의에서 공공부문은 총자본가로서의 국가가 사적 자본들의 재생산에 없어서는 안 되지만 사적 자본들로서는 감당할 수 없는, 이른바 생산의 일반적 조건을 창출하여 담당하는 부문이다." 김성구, 〈신자유주의 시장절대주의의 위기와 사회화의 전략〉, 2008, 사회공공연구소 설립 기념 토론회 자료집 《자본의 신자유주의, 노동의 사회공공성》, p.22.

그렇다면 이렇듯 국민경제에서 공기업 비중이 확대되면, 경제 전반의 효율성
은 저하되지 않을까? 이 의문에 대해 답하도록 하자.

10.1.2. 공기업과 경제의 효율성 문제

기업과 시장경제와의 관계에서 볼 때, 공기업이 주도하더라도 국민경제 전반
의 '시장경제' 성격은 변하지 않는다. 왜냐하면 국민경제 내에는 공기업 이외에
도 민간기업이나 외자기업 등 다양한 소유 주체들이 광범위하게 존재하며, 이
러한 다양한 주체 간의 자유로운 경쟁을 통해 국민경제는 시장경제의 성격 및
활력을 변함없이 유지할 수 있기 때문이다.[133] 따라서 이하에선 '공기업이 주도
하는 시장경제'와 국민경제의 효율성에 관한 문제로 논의를 집중토록 한다.

이 문제는 다음 두 가지 측면에서 살펴볼 수 있다.

첫째, 미시적 차원에서 볼 때 공기업과 민간기업의 효율성을 비교하는 일이
다. 둘째, 공기업 비중이 확대될 경우 거시적 차원에서 국민경제 전반에 미치게
될 영향이다.

먼저 첫 번째 문제와 관련해서 보면, 아직도 많은 사람이 공기업은 비효율적
이라는 고정관념에 사로잡혀 있는 것을 볼 수 있다. 그러나 이것은 자본주의국
가 내에서 신자유주의의 여론 공세, 그리고 기존의 공기업이 주로 사회서비스
나 기간산업에 분포되었던 객관적 사정과 관련이 있다. 이들 분야는 애초 공공

---

133 참고로 공유제 기업이 주도하고 있는 중국 시장경제의 소유 주체별 기업 숫자를 보면, 2006년 기준으로 국유기업
은 11.9만 개, 민간기업은 497.4만 개, 자영업체는 2,576만 개다. [中]于幼軍 等编写, 2007, 《十七大报告辅导读本》,
p.167.173. 이 같은 중국의 사례는 '공기업이 주도하는 시장경제'라는 명제가 더 이상 이론적 증명이 필요 없는 하나의 '현실'
임을 보여준다.

성결을 우선시하기에 효율성 문제는 부차적일 수밖에 없다. 오히려 이 분야의 공기업이 이윤추구를 우선적인 목표로 삼는다면 서민들의 생활을 더욱 어렵게 만들어 사회적 문제가 될 것이다.

그런데 지금 여기서 논의하는 '공기업' 문제는 기존 공기업의 전통적인 영역을 훨씬 넘어서 일반 **경쟁영역**까지 포괄하는 것이기에 시야를 좀 더 넓게 가질 필요가 있다. 즉 기업 효율성 문제와 관련하여 **똑같이** '일반 경쟁영역'의 공기업과 민간기업을 비교하는 것이 공정한 토론방식이다.

일반 경쟁영역의 공기업의 경쟁력과 관련해서 보면, 이 영역에 있는 공기업은 일반적으로 대규모 생산을 수행하는 기업이 많다. 그 때문에 이들 기업은 우선 '규모의 경제'를 실현할 수 있고, 내부적으로는 고급 기술인재를 많이 보유하고 있으며, 연구개발투자(R&D) 또한 대규모로 수행할 수 있다. 한국의 경우 과거 민영화되기 전의 포스코나 KT 등을 떠올리면 이 점을 잘 이해할 수 있다.[134]

또한 경영관리 면에서도 전문경영인을 영입하는 등 현대적 관리기법을 도입할 수 있으며, 기업 활동을 규범화할 수 있는 등 민간기업보다 유리한 점이 많다. 특히 현대기업의 핵심 문제라 할 수 있는 소유와 경영의 분리로부터 파생되는 '**대리인문제**'[135]에 있어 공기업은 일반 민간기업보다 유리한 조건에서 그것을 해결할 수 있다. 예컨대, 공기업은 국가 공유자산에 관한 전문 관리기구의 설치를 통해 전국적으로 통일적인 관리·감독 기능을 수행할 수 있다. 이러한 '공유

---

134 중국의 경우 3대 통신사인 중국이동(中国移动), 중국전신(中国电信), 중국연통(中国联通) , 그리고 세계적인 통신부품 회사 종씽(中兴) , 대표적인 자동차회사인 상하이자동차(上海汽车), 일기자동차(一起汽车) , 창안자동자(长安汽车), 그밖에 중국 굴지의 건설회사인 바오리 (保利), 중국 내 최대 슈퍼마켓인 화롄(华联) 등이 모두 일반 경쟁영역의 일류의 기업들이다.

135 대리인문제(Agency Problem)란 1976년 젠센과 맥클링에 의해 제기된 이론이다. 한 개인 또는 집단이 자신의 이해에 직결되는 일련의 의사 결정 과정을 타인에게 위임할 때(예: 전문경영인과 주주 관계) 대리인 관계가 성립된다. 즉, 주인과 대리인 간에는 정보의 불균형, 감시의 불완전성 등으로 역선택, 도덕적인 위험이 존재하게 된다. 이러한 대리인 문제는 '전문경영인' 체제의 큰 문제점으로 지적되고 있다.[네이버 지식백과]

자산 전담 기구'를 설치할 수 있는 능력을 지닌 대주주의 특수한 존재 형태는, 경영의 위탁자인 소유주가 대리인(전문경영자)과의 관계에서 **관리·감독 기능상 규모의 경제**를 실현할 수 있도록 해준다.

아래 표 10-1은 중국 국유기업들의 효율성 지표가 일반 민간기업이나 외자기업과 비교할 때 결코 뒤떨어지지 않는다는 사실을 실증적으로 보여준다.

표 10-1. 중국 전국 국유기업 및 규모 이상 비 국유 공업기업 주요 경제 효율성 지표 비교[136]

년도	국유기업		민간기업		외자기업	
	총자산 공헌율(%)[137]	노동생산율 (위안/1인, 연간)	총자산공헌율 (%)	노동생산율 (위안/1인, 연간)	총자산공헌율 (%)	노동생산율 (위안/1인, 연간)
1998	6.51	29,054		31,693	6.76	52,311
1999	6.77	35,741		35,208	7.93	61,260
2000	8.43	45,998		38,060	9.76	71,403
2001	8.17	54,772		40,154	9.83	75,913
2002	8.71	65,749		44,424	10.46	81,313
2003	10.09	87,095		52,342	11.46	92,158
2004	12.13	117,641		54,704	11.94	86,828
2005	11.87	144,954	13.85	75,976	10.55	107,748
2006	12.92	180,648	14.95	95,057	11.52	120,607

출처: 지난 몇 년간의 《中国统计年鉴》 수치를 기초로 필자가 작성한 것임.

결론적으로 말해서, 공기업이 비효율적이고 시장경제에서 민간기업의 경쟁 상대가 될 수 없다는 생각은 선입견에 불과하다.

다음 두 번째로, 거시적 측면에서 공기업 비중이 커질 경우 국민경제 전반에 미치는 효과에 대해서 살펴보자. 이 경우도 만약 공기업 비중이 지나치게 커서 시장경제를 운영할 수 없는 상황이 아니라면, **국민경제 전반은 공기업의 존**

---

136 '규모 이상 비 국유 공업기업'이란 연간 제품판매 수입이 500만 위안 이상인 민간기업을 지칭한다.

137 총자산공헌율=(이윤+세금+이자지출)÷연평균자산

재로 인해 사회 전체의 세율을 낮추고도 필요한 세수를 확보할 수 있는 이점을 누릴 수 있으며, 이로부터 기업투자를 촉진 시켜 경제 전반이 활성화되는 결과를 가져올 수 있다.

공공복지의 실행에 필요한 재원의 확보와 세율을 낮추는 일은 시장경제를 실행하는 거의 모든 나라가 공통으로 안고 있는 난제이다. 여기서 공기업은 민간기업과는 달리 국가가 대주주이기 때문에, 대주주 몫으로 돌아오는 이윤을 직접 국가재정으로 귀속시킬 수 있다. 이에 반해 민간기업은 주주들에 대한 이윤 배당 몫에 대해 국가는 '소득세'를 통해 그 일부만을 징수할 수 있을 뿐이다. 이 때문에 기업이 같은 양의 이윤을 남길 경우, 국가는 공기업으로부터 민간기업보다 더 많은 재원을 징수할 수 있다.

이것은 마치 유통단계가 하나 더 늘어날 때마다, 중간의 유통마진 때문에 전체 소비자에게 돌아가는 혜택이 그만큼 적게 되는 원리와 같다. 비록 현실 회계법상엔 기업 이윤에 대해서 국가에 먼저 법인세를 납부한 후 주주 배당을 하는 것이 순서이지만, 그러나 국가는 민간 주주들의 투자 의욕을 고려해야 하기 때문에 이들에 대한 적정 이윤을 반드시 사전에 보장해주어야 하며, 그러한 연후라야 비로서 세금 징수를 시작할 수 있다. 이렇듯 공기업의 존재로 인하여 생기는 차익분이 사회 전체로 볼 때 평균세율을 낮추고 민간기업의 부담을 덜어주는 역할을 하게 된다.

1977년에 '국제무역 및 국제자본이동 이론에 대한 공헌'으로 노벨상을 수상한 영국의 경제학자 제임스 에드워드 미드도 비슷한 생각을 한 적이 있다. 그는 현재 세계 각국에서 사용되고 있는 GDP 계산법인 '국민소득계정'의 개발에 일정한 기여를 하였는데, 그의 사상 중 하나가 바로 **공유자산으로부터 얻는**

시장수익은 세수와 국채에 대한 과도한 의존을 경감시킬 수 있다는 것이다.[138]

국가가 만약 공유자산의 시장수익에 의존할 수 없다면 오로지 세수에만 의존할 수밖에 없고, 그 경우 세율이 자칫 지나치게 높아져 개인이나 기업의 노동과 창조에 대한 적극성을 떨어뜨릴 수 있다. 그렇게 되면 국가는 할 수 없이 세율이 더 이상 높아지는 것을 피하기 위해 필요한 재정수요를 국채 발행을 통해 충당한다. 그러나 국채 발행이 너무 많아지면 시중 이자율을 높이게 되어 생산적 투자에 불리할 뿐만 아니라, 심한 경우 국가부도의 위기를 초래할 수 있다.

이하에서 한국의 재벌경제와 공기업이 주도하는 타국 시장경제와의 비교를 통해 지금까지 논의해 온 내용들을 검증해 보도록 하자. 여기서 후자는 풍부한 경험적 자료를 제공할 수 있는 중국경제를 대상으로 삼았다. 우리가 이데올로기적 선입견에서 벗어난다면 이 같은 비교는 나름의 의미가 있다고 본다.

2010년 8월 3일 중국 국무원 산하 국유자산관리감독위원회(약칭 '국자위')가 대외에 공개한 〈국무원 국자위 2009년 회고〉의 수치들은 여러 측면에서 한국의 재벌경제와 좋은 대조가 된다. 먼저 국유자산의 가치 보존과 증식에 있어, 2002년~2009년 8년 동안 중국의 중앙 국유기업[139] 자산은 7.1조 위안(한국 돈 약 1,212조 원)에서 21조 위안(3,570조 원)으로 연평균 16.7%, 영업 수입은 3.4조 위안에서 12.6조 위안으로 연평균 20.8% 성장하였다. 이를 통해

---

138 미드는 1976년 자신의 저서 『The Just Economy』(제3장 'Social Dividend and Wage Rates')에서 공공자산 활용을 통한 사회적 배당금(social dividend)에 관해 제안하였는데, 원문은 다음과 같다: "A social dividend financed from the revenue of state-owned property would reduce the need for distortionary taxes…."(p.47.)-국유 재산의 수익으로 자금을 조달하는 사회 배당금은 왜곡된 세금의 필요성을 줄일 수 있다.

139 중국 국유기업은 국무원(중앙정부) 산하의 중앙 국유기업과 지방정부 산하의 지방 국유기업의 이원 체제로 되어 있다. 여기선 중앙 단위의 국유기업만을 사례로 들었다.

실현한 이윤은 2,405억 위안(40.9조 원)에서 8,151억 위안(138.6조 원)으로 '**연평균**' 19%의 성장을 이루었다. 그런데 2004년~2009년 6년 동안 한국 30 대 재벌기업의 순이익은 37.8조 원에서 42.6조 원으로, 그 **총성장률**은 12.7% 에 불과하였다. 이것은 중국 국유기업이 1년간 이룬 성장률에도 못 미치는 수치이다.

이 같은 실적향상에 힘입어 중국 국유기업은 2006년부터 그 대주주인 국가에 '이윤 납부'를 재개하였는데(그간 국유기업 개혁으로 잠시 중단되었다), 그 누적액은 2009년까지 1,371억 위안(23.3조 원)이며, 2009년에는 국유주식 중 55.3억 주(株)(당시 시가 429.7억 위안)를 직접 사회보장기금으로 전환하였다. 국무원은 향후 국유기업의 이윤 납부 비율의 상한선을 기존 10%에서 2011년 부터는 15%로 확대함으로써, 앞으로 점차 늘어날 사회복지기금으로 충당할 계획을 발표하였다.[140]

중국 국유기업은 국가에 이윤 납부만 하는 것이 아니라 일반 민간기업과 마찬가지로 세금도 납부한다. 즉 이윤 배당은 국가가 국유기업의 주주 자격으로 수취하는 것이라고 한다면, 세금 징수는 정치권력인 국가가 모든 기업을 대상으로 징수하는 것이다. 그런데 국유기업의 국가에 대한 세금 납부 기여도를 보면 민간기업보다 훨씬 높음을 알 수 있다. 예컨대 2002년에서 2009년 기간 중국 중앙 국유기업의 납세액은 2,915억 위안(약 49.6조 원)에서 11,475억 위안(약 195조 원)으로 증가하였다. 이는 연평균 21.6%의 성장률에 해당하며, 이 기간 총 누적 납세액은 5.4조 위안(약 918조 원)에 이른다. 이러한 국유기업의 세수부담률은 평균 27.3%로, **민간기업 세수부담률 종합평균치의 5배 이상**이

---

140 2016년 3월 전국인민대표자대회(한국의 국회에 해당)에서 제13차 5개년계획(2016~2020년)을 확정 발표하면서 이 비율을 20%로 상향 조정하였다.

었다. 그리고 단위 자산당 국유기업의 세수납부액은 일반 민간기업보다 45%, 국유기업 직원 1인당 제공하는 세수납부액은 190%가 높은 것으로 나타났다. 이 밖에도 중국의 국유기업은 물가안정과 고용안정 등 정부의 거시경제정책이 순조롭게 집행되도록 하는 데서도 특별한 역할을 담당하였다.

이렇듯 강력한 국유기업의 존재는 중국이 시장개혁을 추진하면서 중국경제가 지난 40여 년간 고도성장을 이루는데 결정적인 기여를 하였다. 또한 최근 빠른 속도로 완비되어 가는 중국의 사회보장제도의 건설에 있어서도 국유기업의 기여도는 남다르다. 중국의 사회보장제도는 그 건설과정이 한국과 서구 선진국과는 달리 요란한 '증세 논쟁' 없이 비교적 조용히 진행되는 것이 특징이다. 중국 정부는 이미 2009년 말 도시공상의료보험, 도시저소득층의료보험, 농촌신합작의료보험 등 3개 의료보험망을 통해 14억 인구 대부분을 의료보험 체계에 포함시켰다고 공식 발표한 바 있다.

한국의 국민연금에 해당하는 중국의 양로보험제도는 도시에 이어 2009년부터는 농촌 전역으로 확대 실시되었는데, 2014년 10월부터 공무원양로보험과 일반양로보험의 통합이 이루어졌다. 제13차 경제개발 5개년계획이 종료되는 2020년까지 현재 성(省) 차원에 머물러 있는 이들 사회보장항목의 통합수준을 전국 차원으로 끌어올림으로써 사회보장제도건설을 기본적으로 마무리할 것을 목표로 삼았다.[141]

사회보장제도 분야의 이 같은 순조로운 진척은 그간 노동자들에 대한 지속

---

141 현재 주요 진행 상황은 다음과 같다. 1. 의료보험 통합: 중국은 기본의료보험의 전국적 통합을 추진해 왔으며, 2020년까지 대부분의 성(省)에서 도시와 농촌 간 의료보험의 통합이 완료되었다. 이를 통해 도시와 농촌 주민 간 의료보험 혜택의 격차가 줄어들었다. 2. 연금제도 통합: 2020년까지 도시와 농촌 주민을 위한 통합된 기본연금제도가 전국적으로 시행되었으며, 이를 통해 도시와 농촌 주민 간 연금 수급액의 격차가 점차 줄어들고 있다. 3. 사회보장 카드의 전국화: 중국은 사회보장 카드의 전국적 사용을 추진하면서 2020년까지 대부분의 성에서 사회보장 카드가 발급되고 사용될 수 있도록 했다. 이 카드는 의료보험, 연금, 실업급여 등 다양한 사회보장 서비스를 하나로 통합하는 역할을 한다. [출처: DeepSeek V3]

적인 임금인상(표 10-3 참조)과 함께 중국의 민간 소비를 진작시키는 데 크게 기여하고 있다. 이는 세계 금융위기의 발발 이후 국내 소비가 수출을 제치고 중국경제를 떠받치는 주요 요인으로 부상하는 데 결정적인 기여를 했다.[142]

표 10-3. 최근 몇 년간 중국 도시취업노동자 실질임금상승률

년도	GDP성장률(%)	전국평균임금	실질임금상승률(%)
2002	9.1	13,638(위엔)	15.4
2003	10.0	15,329	11.9
2004	10.1	17,615	10.3
2005	10.4	20,627	12.5
2006	12.7	24,262	12.9
2007	14.2	29,471	13.4
2008	9.7	35,289	10.7
2009	9.4	40,288	12.6
2010	10.6	47,269	9.8
2011	9.5	59,954	8.6
2012	7.9	70,914	9.0
2013	7.8	93,064	7.3
2014	7.3	102,817	7.2
2015	6.9	112,007	8.5

출처: 중화인민공화국 국가통계국사이트의 자료를 참조. www.stats.gov.cn.

---

142 중국 내수시장과 민간 소비의 확대는 중국 자동차시장 규모와 전 세계 관광지의 소위 '유커(游客)' 대오를 통해서도 직관적으로 확인할 수 있다. 중국 자동차시장은 2016년 이미 2.400만 대의 판매 대수를 기록하였다. 이는 '자동차의 나라'라고 하는 미국의 역대 최대 판매 대수 1,500만 대를 훌쩍 넘어서는 수치이다. 지난해인 2024년 중국 자동차 판매 대수는 3,009.4만 대로, 특히 전기차와 하이브리드 차량의 판매가 크게 증가하면서 전체 시장 성장을 이끌었다. 2030년에 이르면 이 수치는 5,000만 대까지 늘어날 것으로 예상된다. 또 매년 증가하고 있는 중국 해외여행자 수는 2016년 대략 1억 2,000만 명을 기록하였다. 이 같은 통계수치는 개혁개방으로 인해 나날이 증가하는 중국 중산층과 중국 시장의 거대한 잠재력을 동시에 보여준다.

10.2. 지구화와 재벌 공기업화

지구화 시대인 오늘날 자본은 국경을 넘어 자유롭게 이동하면서 이윤을 추구하고, 글로벌 경영의 기치를 내걸고 생산 공정의 해외 이전을 도모한다. 이러한 시기에 재벌 공기업화를 주장하는 것은 시대에 맞지 않은 정책이 아닐까? 이하에서 생산 국제화 추세와 재벌 공기업화의 관계를 살펴본다.

10.2.1. 생산 국제화와 자본 국제화

지구화 시대의 재벌 공기업화의 의미를 올바로 이해하기 위해서는 먼저 생산 국제화와 자본 국제화의 관계를 제대로 파악할 필요가 있다. 현재 자본주의가 주도하는 세계 경제에서 생산 국제화는 자본 국제화와 밀접한 관련을 갖지만, 양자는 본질상 엄연히 구분된다. 그 때문에 똑같은 생산의 국제화라 할지라도 만약 그것이 '재벌 공기업화'의 기반 위에서 추진된다면 실제 상황은 많이 달라질 수 있다.

생산 국제화는 본래 인류의 생산력이 새로운 발전단계에 도달했음을 보여주는 매우 고무적인 현상이다. 그러나 그것이 오늘날 부정적인 이미지로 비추어지는 것은 국제독점자본의 초과이윤 추구를 위한 수단으로 사용되기 때문이다. 앞서 상권 제2장에서도 언급하였듯이, 독점자본은 원래 국내에서 전혀이윤을 남길 수 없기 때문이 아니라, '더 높은 이윤을 찾아서' 해외 자본수출에 나선다. 지구화 시대인 오늘날에도 이 같은 사정에는 변함이 없다.

자본은 겉으로는 날로 치열해지는 국제경쟁에 대처하기 위해 공장을 해외로 이전하고 다국적 경영을 펼치는 것처럼 주장한다. 최근 유행하는 '지구적 공급체인' 이론(제2장 참조) 역시도 지구화 시대에 기업들이 일련의 가치사슬을 세계 각지에 배치함으로써 경영효율을 극대화하고 경쟁력을 강화할 수 있다고 주장한다. 예컨대, 연구·개발, 제조, 판매 등의 활동을 서로 분리하여 R&D 기구는 본국에 두고, 제조공정은 인건비가 싼 개발도상국에 이전하는 식이다. 하지만 그렇게 하면 기업으로서는 이윤을 최대화할 수 있을지는 모르지만, 그 대신 사회 전체는 고용이 많이 창출되는 제조공정을 다른 나라로 이전함에 따라 산업 공동화와 심각한 실업문제가 발생한다.

그러나 자세히 보면, 이러한 논리는 사실상 현 국제독점자본의 이윤극대화 행위를 합리화하고, '지구적 공급체인' 이론을 편향되게 해석한 것이라 할 수 있다. 만약 자본이 굳이 단기적인 '이윤극대화'를 목적으로 삼지 않는다면, 설령 경제 일체화가 진행되는 오늘날의 상황에서도 국내 제조업을 공동화시킬 이유는 없다. 그 대신 국내 노동력을 최대한 고용하고 사회 전체의 이익을 충분히 고려하는 등 기업은 정상적인 영업을 하는 가운데 이윤 창출이 가능하다. 이하에서 살펴보겠지만, 이는 또한 지구화 시대에 장기적인 국가경쟁력을 창출하는 길이다.

(1) 연구개발(R&D)과 생산 활동의 긴밀한 연관

본래 이론과 실천은 상호 긴밀한 관련을 갖고 발전하며, 이 같은 원리는 경제

활동에도 적용된다. 지구화 시대에 생산 국제화와 관련하여 볼 때, '연구·개발'과 '생산' 두 개의 범주는 애초 기계적으로 분리될 수 없다. 이는 지구화 시대의 또 다른 특징인 지식경제의 '지식 흐름(知識流)'을 고려하면 매우 자명하다. 어떤 연구소나 생산 현장에서 발생한 기술혁신이 한 사회의 실제적인 생산력으로 전화되기 위해서는 그 전파 속도와 범위가 중요한 변수가 된다. 이와 관련하여 사회적 차원에서 기술혁신의 발생과 전파 및 응용의 전 과정을 파악하기 위한 개념으로 생겨난 것이 바로 **'지식 흐름'**이라는 개념이다

경제혁신이 발생하는 곳은 연구소 외에도 제조 현장이나 혁신 주체 간의 상호작용을 통해서일 경우가 많다. 이것들은 모두 일방적인 '전달 과정'이기 보다는 '상호학습'의 성격을 띤다. 예컨대 '일하면서 배우는'식의 학습인 경우 직접적으로 생산과정 내에서 발생하며, 이는 경제혁신의 중요한 범주 중 하나이다. 또 "사용자와 공급자 간"의 상호학습은 사용자인 고객 기업(혹은 소비자)과 공급업체 간에 발생한다. 기업의 연구·개발 주체는 고객인 사용자(발주기업, 또는 납품 대상 업체)를 만족시키기 위해 그 구체적인 상황과 요구를 충분히 파악할 필요가 있으며, 계속해서 고객과 시장 상황을 추적하고 관련된 정보를 습득하지 않으면 안 된다. 이는 일종의 학습 과정인데, 즉 그것은 연구 개발자 측면에서의 학습이며 기술혁신을 위한 중요한 준비과정에 속한다.

이렇듯 기업의 경제혁신은 사실상 생산과정 및 시장 상황과 매우 밀접한 관련을 갖고서 발생한다. 또 '교역 비용(trade cost)'과 '군집 효과'를 감안하는 경우, 글로벌 경영을 할지라도 연구·개발 중심과 생산제조 중심을 공간상으로 서로 분리시키는 데는 일정한 제한이 따른다. 왜냐하면 양자가 공간적으로 너무 떨어져 있으면 현지 설비와 자원 및 정보를 충분히 활용하는 데 불리하며, 원가 상승을 일으키고 개발 속도 면에서 뒤처지는 결과를 낳을 수 있다. 이는 날로 격심한 지구적 경쟁에서 승자와 패자를 가르는 중요한 요인이 된다. 이 점은

기술 보호를 위해 R&D 기지의 설치를 본국으로 제한하였던 선진국의 다국적 기업들이, 왜 시간이 흐름에 따라 시장과 해외 생산기지 가까이에 R&D 기지를 설치하려 하는지를 설명해 준다.

그간 다국적기업의 글로벌 업무의 확대는 다음 몇 가지 단계를 거쳐 왔다. 처음 해외 제품시장의 개척에 주력하던 것에서, 차츰 운송비용을 낮추고 무역장벽을 회피하기 위한 제품의 현지생산으로 옮겨갔으며, 나중에는 해외의 저렴한 노동력을 이용하기 위해 낮은 비용의 생산기지를 건설하는 데 주력하였다. 특히 1980년대 이후 글로벌 차원에서 생산요소의 조합을 통해 생산자원 배치의 최적화를 실현하려는 경향이 강해졌다. 여기에는 해외 연구·개발 자원의 활용을 통한 R&D 활동의 지구적인 재통합을 포함한다.

이와 관련하여 그간의 자료가 입증해주는 사실은, 일단 **제조업의 이동이 많아지면 곧이어 R&D와 같은 각종 지식밀집형 활동의 이동 또한 이루어지게 된다**는 점이다.[143] 실제로 **글로벌 생산 네트워크**에 부속된 **글로벌 과학기술 네트워크** 또한 신속히 형성되고 있다. 이는 생산과 연구 활동 상호 간에 밀접한 연관이 존재한다는 사실을 확인시켜 준다. 그간 지구화 추진과정에서 선진국의 다국적기업들은 본국의 과학기술이 제공하는 내용과 해외시장으로부터 요구되는 기술 간에 갈수록 명확한 불균형이 존재한다는 사실을 체험해야 했다. 특히 스웨덴과 핀란드와 같은 작은 나라는 매우 일찍부터 그러하였으며, 독일이나 일본 또한 정두는 다르지만 그 같은 불균형을 경험했다.

영국의 경우는 그것이 더욱 심해서, 전자산업의 경우 본국의 과학적 기초와 해외에 진출한 자국 기업 간의 주도적 연계가 거의 사라진 대신에, 외국기업과

---

143 [中] 王春法, 《科技全球化与中国科技发展的战略选择》, p.144.

는 더욱 복잡한 연계가 형성된 것으로 확인되었다. 이는 이들 자본이 진출한 상대방 국가의 경제성장과 그 시장 규모가 확대됨에 따라 그간 성장을 이룩한 현지 본토 기업들과 전반적인 경쟁이 심화되고, 이에 따라 현지 시장의 요구에 발맞춘 제품개발을 신속히 수행해야 할 필요성 때문이다. 이점은 **R&D가 현지 시장과 멀리 떨어진 채 별도로 존재할 수 없음**을 다시 한 번 확인시켜 준다. 상대방 시장의 규모가 클수록, 그리고 그 시장에서 현지 본토 기업과 다국적기업 간의 경쟁이 치열할수록 그러하다.

이렇듯 '지구적 공급체인' 이론에 대한 기존의 잘못된 이해와는 달리, 기실 R&D와 생산 활동 간에는 밀접한 상호 관련이 있음을 확인할 수 있다. 몇 년 전 독일의 헤르만 시몬이 쓴 〈숨은 챔피언(Hidden Champions)〉이란 책이 전 세계적으로 베스트셀러가 된 적이 있다. 이 책은 화려한 글로벌 대기업과 달리 세간에는 잘 알려지지 않았지만 나름의 전문기술을 지니면서 지구화 시대의 숨은 강자로 군림하고 있는 중소규모 다국적기업을 전문적으로 다루었다. 이 책의 저자 헤르만 시몬은 시장과 기술과의 관계에 대해서 다음과 같이 서술한다.

"숨은 챔피언은 오랜 고객 관계와 '고객 근접성'을 자신의 최대 우세로 간주한다. …설령 기업 자신의 강점, 예컨대 선도적 기술도 이 최대한의 우세를 초월할 수 없다고 본다."[144]

독일의 한 연구기관의 조사에 따르면, R&D 능력이 상대적으로 강력한 대기업도 경제혁신에서 시장의 중요성을 단독적인 기술적 요인보다 높게 평가하였

---

144 [德] 赫尔曼·西蒙 , 《隐形冠军-未来全球化的先锋》, pp.174-175.

다. 예컨대 대기업의 경우 혁신 추동력으로 시장(50%), 기술(31%), 시장과 기술(19%) 순으로 그 중요성을 구분했다.[145]

본질적으로 '시장, 생산, 연구·개발' 3자는 결코 기계적으로 분리될 수 없으며, 상호 밀접한 관련성을 갖고 있다. 지구화 시대에도 이 3자는 본국과 해외의 '시장'을 중심으로 삼위일체를 형성한다. 그 때문에 **먼저 본국 시장을 활성화하고 기업은 그 시장에 뿌리를 두는 것을 출발**점으로 삼아야 하며, 그 기반 위에서라야 삼자 간에 건전한 상호관계를 형성할 수 있다.

한 가지 사례를 더 들어보자. 삼성전자가 2000년대 이후 메모리반도체 분야 외에도 휴대폰에서 두각을 나타날 수 있었던 것은, 1990년도 초 한국 정부의 정책에 따라 관련한 이동통신 시장이 개발되어 국내에서 기초실력을 쌓을 수 있었기 때문에 가능했다. 다음 인용문은 그 비슷한 실례인데 참고할 만하다.

"제가 사는 영국 케임브리지에 고급 주문형 반도체 칩을 디자인하는 회사가 하나 있어요. 그 회사는 영국에서는 디자인만 하고 실제 반도체 칩 생산은 한국이나 말레이시아, 대만, 중국에서 한다더군요. 그런데 그곳 사람들 말이 앞으로 20~30년 지나면 회사가 동아시아로 이전할 것 같다는 거예요. 주 고객이 그 나라에 있고 더구나 반도체 제조도 그 나라들에서 하는데, 비행기 타고 열심히 왔다 갔다 한다고는 해도 너무 멀리 떨어져 있어서 커뮤니케이션도 잘 안 되고 하니 결국 자기 회사가 통째로 그 나라들로 옮겨 갈 것 같다는 거죠. 이렇듯 제조업이 기울었는데 관련 고부가가치 서비스업이 흥하기는 어려운 겁니다."[146]

---

145 위의 책, p.241.

146 장하준·정승일·이종태, 《무엇을 선택할 것인가》, pp.300-301.

연구와 생산 활동의 본질적인 통일성을 보여주는 또 다른 중요한 근거는, 지구화 시대에 들어 날로 주목받고 있는 **클러스트(cluster) 현상**을 들 수 있다. 이는 지역 차원의 일종의 혁신체계인데, 이 같은 '지역혁신체계'는 사실상 오늘날 지식시대의 혁신국가 건설에서 담체(擔體) 역할을 한다. 실제로 지구화 경제에서 새로운 국제 분업은 국가 단위가 아닌 '혁신 클러스트'에 입각하여 진행된다고 볼 수 있으며, 지구적 요소는 날로 특색을 갖춘 '지역'을 중심으로 결집하는 추세를 보여준다.

지금까지 출현한 이 같은 지역혁신체계는 유형별로 크게 다음 3종류로 나뉘어 진다.

(1) 자생적 지역혁신체계. 이는 이탈리아의 이미리아 루마니에(Emilia Romagna) 지역처럼 일종의 자생적으로 성장한 전문화된 사업지역의 중소기업 네트워크이다.

(2) 지역성의 혁신네트워크. 이는 위의 자생성에 더해 지역적인 연구기구와 직업훈련기구 등 의식적으로 몇 가지 공공적인 혁신 요소를 보강한 것으로서 독일과 북유럽국가 및 호주 등지에서 많이 볼 수 있다.

(3) 지역화한 국가혁신체계. 이는 가장 계획성이 강한 것으로 미국의 실리콘밸리가 그 대표적이다. 산업과 조직 기초에 있어 국가 혹은 국제적 차원에서 혁신체계의 요소를 많이 결합하고 있다.[147]

이들 지역혁신체계는 하나같이 사업상 상호 관련 있는 기업들의 공간적 집결에 의한 **'인접성'**을 생명으로 삼는다. 고도의 공간적 집결은 대량의 수입과 수출에 유리하며, 이 과정은 또한 자원의 대규모적 사용을 통해 규모의 경제

---

147 [中] 陈劲 张学文 编著, 《创新型国家建设》, pp.240-241.

효과 및 지역 내부의 활발한 상호학습을 수반한다. 이 같은 인접성은 상호 간의 교역 비용을 줄여줄 뿐만 아니라, 또 사회와 문화적 밀접성을 높여주어 지역 내 각각의 행위 주체는 하나의 공동의 사회경제적 환경을 공유하면서 고도의 신임도와 문화적 공감대를 쉽게 형성할 수 있고, 이러한 신임과 공감대는 지식의 생산과 공유에 있어 매우 유리하다. 이 인접성의 기반 위에서 연구개발과 제조공정이 얼마간 의식적으로 결합함으로써, 지역이라는 차원에서 혁신체계가 성립되며, 그것이 일단 성립한 후에는 내부적으로 지속적인 제품과 기술혁신을 이끌 수 있기에 이후 독특한 자기 경쟁력을 축적해가는 원천이 된다.[148]

독일의 제조업이 강한 이유는 바로 이처럼 **연구와 제조공정의 일체화된 체계**를 지금도 본국 내에서 기본적으로 유지하고 있기 때문이다. 미국 또한 실리콘 밸리를 통해서 이 같은 연구와 제조의 결합을 부분적으로 실행하고 있다. 하지만 미국은 확실히 '부분적'으로만 이를 실행하고, 국가 전체적으로는 제조공정의 해외 이전에 적극적인 나라라고 할 수 있다. 이는 미국의 우수한 대학 교육 제도와 국제적인 패권적 지위와 관련이 있다. 이들 요인 때문에 세계의 우수한 인재 및 자금이 많이 몰리는 관계로 미국 기업은 연구와 제조공정이 일정하게 분리된 가운데서도 혁신에 있어 나름의 선도적인 역할을 할 수 있다. 미국의 다국적기업들은 가장 이윤이 많이 나는 연구·개발과 판매 부문에 자신의 역량을 집중한다. 이는 마치 먹이사슬의 정점에 서 있는 사자나 호랑이가 사냥감의 가장 맛있는 부분만 먹고 나머지는 그냥 버리는 것과 같다.

하지만 독일의 제조업이 보여주듯 진짜 이윤은 제조과정의 혁신에서 나온다. 왜냐하면 제품주기로 볼 때 R&D 혁신과 신제품 출시로 인한 '진입기'는 시

간적으로 매우 짧은 반면, 제조공정의 혁신과 관련 있는 '성숙기'는 가장 길기 때문이다. 여기서 제품이 성숙기에 들어섰다는 것은 곧 쇠퇴를 의미하지는 않는다. 대부분 제품의 시장수요는 이후에도 상당 기간 존속한다. 그 때문에 기술혁신도 이 기간에 가장 많이 나온다고 할 수 있다. 일반적으로 시장에 나와 있는 제품들이 처한 생명주기 상의 위치를 보면, 진입기에 있는 것은 5%에 불과하고 나머지는 성장기(36%), 성숙기(58%), 쇠퇴기(1%)에 있다.[149]

최근 '제2의 실리콘밸리'로 떠오르고 있는 중국 선전(深圳)의 사례는 이런 면에서 시사하는 바가 크다. 선전에는 중국의 본토 기업뿐만 아니라 세계 각국의 연구기관과 연구자들이 속속 집결하고 있다. 그 이유는 중국이라는 거대한 시장을 지척에 두고 있다는 점 외에도, 선전과 그 주변 도시에 전자산업과 관련한 완결적인 분업체계가 존재한다는 사실이 크게 작용하고 있다. 이 때문에 '스타트업(startup)' 창업을 꿈꾸는 사람들은 선전에서 자신의 아이디어를 쉽게 제품화하는 것이 가능하며, 또 시장을 통해 이 같은 제품에 대한 소비자들의 반응을 재빨리 확인할 수 있다. 물론 선전의 발달한 금융시장 또한 이러한 '혁신' 성과의 빠른 전파에서 중요한 한몫을 담당하는데, 선전에는 알다시피 중국 양대 주식시장 중의 하나인 선전증권거래소가 있다.

10.2.2. 재벌 공기업화와 생산 국제화

우리는 지금까지 연구개발(R&D)과 생산 활동의 긴밀한 연관에 대해서 살펴

---

149 《隐形冠军-未来全球化的先锋》, pp. 195-196 참조. 이 책에 따르면 실제로 '숨은 챔피언'의 70%는 자신의 기술 수준이 성숙단계에 처한 것이라고 밝혔다.

보았다. 이상의 내용을 고려할 때 '재벌 공기업화'는 지구화 시대의 '생산 국제화'와 관련하여 다음과 같은 의미를 지닌다.

첫째, R&D의 성과를 실현할 수 있는 국내의 완성도 높은 산업 및 지역 분업 구조를 형성하는 데 유리하다.

지식경제에서 R&D의 성과를 '기술혁신'으로 전환하고 고부가가치의 신제품을 만들기 위해서는 수많은 전문화된 중소기업이 필요하다. 오늘날 지식경제 제품이 그러하듯이, 보통 이 같은 제품은 고급 기술과 많은 과학지식이 농축된 경우가 대부분이며, 광학·재료학·정보 통신·생명공학·인공지능 등 제 영역의 지식 및 학문상의 결합이 필수적으로 요구된다. 이 때문에 이런 부분들을 하나의 대기업이 모두 전담하기는 힘들고, 필히 수많은 중소기업과의 관계 속에서 전문화한 발전을 이루어야 한다. 오늘날 '모듈화' 방식의 보급은 더욱 그 같은 전문화 추세를 강화한다.

그런데 현재 한국의 전반적인 기술 수준과 국민경제의 유기적인 분업 관련을 볼 때, 한국에서 전문화된 중소기업들이 출현하는 데는 상당한 시간을 필요로 한다. 한국에서 전문화된 중소기업들이 단기간에 대거 출현하기 어려운 이유는, 오랜 기간 지속된 재벌 중심의 경제구조와 대외 의존적 수출 전략, 그리고 약탈적인 원-하청 관계 때문이다. 재벌 대기업들은 주로 규모의 경제와 가격 경쟁력을 앞세워 해외시장을 공략해 왔으며, 그 과정에서 국내 중소 부품 업체들은 단순 하청 역할에 머무는 경우가 많았다. 이러한 구조하에서는 중소기업들이 독자적으로 연구개발(R&D)에 투자하거나 기술혁신을 추진할 유인과 여력이 부족했다. 또한 대기업과의 불공정한 거래 관행, 기술 탈취, 단가 인하 압력 등으로 인해 중소기업의 수익성과 성장 가능성이 크게 제약되어 왔다. 이로 인해 국내 중소기업들은 고부가가치 신기술 개발이나 융합형 혁신 역량을 축적하는 데 한계가 있었으며, 결과적으로 지식경제 시대에 요구되는 전문화된 중소기업 생태계가 자연스럽게 형성되기까지는 상당한 시간과 구조적 변화가 필요하다.

이 경우 정부와 대기업의 장기적이고 지속적인 지원과 배려가 요구된다. 특히 대기업은 이를 위해 자신의 이윤극대화 욕구를 상당 기간 자제할 필요가 있으며, 당장 실리에 급급해서 해외의 부품회사로 눈을 돌리기보다는 인내를 갖고 기다리는 자세가 필요하다.[150]

이렇듯 '경제적 이익'과 '사회적 이익' 두 개의 가치를 동시적으로 추구하고 조화시키는 일은, 오늘날 격심한 글로벌 경쟁 환경을 고려할 때 생각보다 어려울 수 있다. 하지만 이 점이야말로 공기업의 강점이라 할 수 있으며, 재벌 공기업화를 단행할 경우 비교적 효과적으로 이러한 목적을 달성할 수 있다.

둘째, '재벌 공기업화'는 업종과 지역으로 분산된 경제주체를 하나로 통합하고 규모의 경제를 높이는 데도 유리하다. 만약 일국 내에서 전문화한 중소기업만 존재하고 완성품을 만들어 낼 수 있는 대기업이 없다면, 그 같은 전문화는 결코 오래갈 수 없고 이들 국내 전문기업도 머지않아 타국의 분업구조 속에 흡수되고 만다. 그 때문에 부품 전문 회사와 완성품 제조기업 간의 유기적인 관계 및 이를 위한 국민경제 차원에서의 건전한 '대기업-중소기업' 기업구조의 수립이 실현되어야 한다.

또 이 같은 기업구조는 지구화 시대에는 처음부터 세계시장을 겨냥할 수밖에 없기에, 글로벌 경쟁에서 필수적인 '규모의 경제' 역시 생각지 않을 수 없다.

---

150 이와 관련한 반면 사례가 있다. 1990년대 일찍이 한국 정부는 반도체 칩을 생산하는 대기업과 중소기업 간의 협력을 추진한 바가 있는데, 그 효과는 매우 미미하였다. 양자의 기술격차가 너무 커서, 저급제품 외에는 삼성과 현대, LG 등 반도체 대기업들은 중소기업과의 진정한 협력을 원하지 않았다. 그 대신 이들 대기업은 해외에 공장을 짓거나 선진국 회사와 합작기업을 설립하고 이를 통해 반도체 생산설비와 원자료를 획득하는 데 더욱 힘을 쏟았다. 그 때문에 재벌 대기업들은 반도체의 상류 영역을 향해 한 단계 발전할 수 있었지만, 다른 한편 국내 중소기업과의 전반적인 실력 격차는 더욱 벌어졌다.

국제경쟁력은 제품의 질적인 차별화뿐만 아니라 규모의 경제를 통한 원가절감, 시장지배력, 각종 예기치 못한 위험에 대처할 수 있는 능력, 기업 지명도 등에 많이 좌우된다. 그중에서도 규모의 경제는 다른 경쟁 요소들을 뒷받침하는 가장 기본적인 것이라 할 수 있는데, 그 경우 재벌 공기업화는 이 같은 규모의 경제를 달성하는 데 있어 유리하다. 공기업화 이후 각각의 재벌집단에 속한 대기업들은 국가를 대표하는 전문 공기업 관리기구의 중재 하에서 상호 간의 통합과 분할, 자본의 추가적 투자를 비교적 용이하게 진행할 수 있다.

셋째, 재벌 대기업에 대한 사회적 통제에 유리하다. 지구화 시대에 들어 이미 다국적 기업화한 국내 재벌 대기업들에 대한 정부의 통제 수단이 점점 줄어들고 있다. 그 때문에 설령 이들 대기업으로부터 글로벌 경영의 성과가 나온다고 해도 그것을 전 민중적으로 공유하는 일은 날로 어렵게 되고 있으며, 재벌들은 해외법인의 설립을 통해 탈세와 자금 도피를 용이하게 수행할 수 있다. 이처럼 재벌기업들에 대한 기업 밖에서의 통제는 지구화가 진척될수록 점점 유효성을 상실한다. 이 경우 **기업 내적인 통제, 즉 국가 자신이 공기업의 대주주가 됨으로써** 이들에 대한 사회의지의 관철이 유효할 수 있다.

한국 사회는 현재 '재벌체제'를 대체할 수 있는 근본적인 경제개혁이 절실한 실정이다. '재벌 공기업화'를 통해 한국의 신식민지국가독점자본주의 체제를 근본적으로 개조하지 못한다면, 그간에 애써 이룩한 경제개발의 성과와 함께 현재 얼마 남지 않은 국가경쟁력마저도 머지않아 하나둘씩 사라질 수 있다. 지금의 재벌체제는 그만큼 갈수록 한국 사회의 발전을 저해하고 국가경쟁력을 약화시키는 취약성을 지니고 있다. 현재의 재벌주도 경제를 하루빨리 공기업 주도의 시장경제로 바꾸는 것만이 한국 경제가 거듭날 수 있는 길이며, 한국 사회가 아직 미래에 희망을 걸 수 있는 유일한 길이기도 하다.

　　　　후기 국가독점자본주의론과 한국사회 성격 - 하

참고문헌

제1장

·지주형, 2011년, 《한국 신자유주의의 형성과 기원》, 책세상

·장하준·정승일 지음/이종태 엮음, 2005년, 《쾌도난마 한국경제》, 부키

·마뉴엘 카스텔 지음/김국한, 박행웅, 오은주 번역, 2014년, 《네트워크 사회의 도래》, 한울아카데미

·장석준, 2011년, 《신자유주의의 탄생(왜 우리는 신자유주의를 막을 수 없었나)》, 책세상

·[中]李其庆 主编,《全球化与新自由主义》, 广西师范大学出版社, 2003.

·[中]何秉孟 主编,《新自由主义评析》, 社会科学文献出版社, 2004.

·[法]弗朗索瓦沙奈等,《金融全球化》, 中央编译出版社, 1998.

·[日]桥本寿郎 长谷川信 宫岛英昭 共著, 《现代日本经济》, 上海财经大学出版社, 2001.

·[美]诺姆·乔姆斯基, 《新自由主义和全球秩序》, 江苏人民出版社, 2000.

제2장

·[中]中共中央马克思恩格斯,《马克思恩格斯全集》(第25卷), 人民出版社, 2001.

　　　　　　　　　　　　　　《马克思恩格斯全集》(46卷上), 人民出版社, 2001.

·[中]陈秀英 刘仕国 主编, 《世界经济统计简编 2000》, 社会科学文献出版社, 2000.

·[中]宋则行 樊亢 主编,《世界经济史》中卷, 经济科学出版社, 1998.

·[中]宋则行 樊亢 主编,《世界经济史》下卷, 经济科学出版社, 1998.

·[中]姜春明 佟家栋 主编,《世界经济概论》, 天津人民出版社, 2007.

·[中]张帆, 《美国跨国银行与国际金融》, 中信出版社, 1989.

·[中]郑飞虎, 《全球生产链下的跨国公司研究》, 人民出版社, 2009.

·[中]李琮, 《当代国际垄断—巨型跨国公司综论》, 经济管理出版社, 2007.

·[中]王滨, 《科技革命与社会发展》, 同济大学出版社, 2003.

·[中]宋涛 陈耀庭 主编, 《论国家垄资本主义》, 安徽人民出版社, 1992.

·[中]刘刚 等著, 《后福特制—当代资本主义经济新的发展阶段》, 中国财政经济出版社, 2010.

·[中]谢家平 魏航 共著, 《跨国公司全球供应链运营模式》, 上海财经大学出版社, 2010.

·[中]李慎明 主编, 《美元霸权与经济危机》, 社会科学文献出版社, 2009.

제3장

·[法]弗朗索瓦沙奈,《金融全球化》, 中央编译出版社, 2006.

· [中]张宇 孟捷 卢荻 主编, 《高级政治经济学—马克思主义经济学的最新发展》, 经济科学出版社, 2002.

· [美]迈克尔·赫德森, 《金融帝国—美国金融霸权的来源和基础》, 中央编译出版社, 2008.

· [中]李其庆, 《全球化与新自由主义》, 广西师范大学出版社, 2003.

제4장

· 《새롭게 다르게》 2011 가을호 VOL. 04, 열다섯의 공감.

· [中]中共中央马克思恩格斯列宁斯大林著作编译局, 《列宁选集》 第2卷, 人民出版社, 1960.

· [中]程大为, 《WTO 体系的矛盾分析》, 中国人民大学出版社, 2009.

· [英]戴维·马什(David Marsh), 《欧元的故事——一个新全球货币的激荡岁月》, 机械工业出版社, 2001.

제5장

· 마뉴엘 가스텔, 2001년, 《정보도시》, 한울.

· 성낙인, 2009년, 《헌법학》, 범문사.

· [中]中共中央马克思恩格斯列宁斯大林著作编译局编译, 《列宁全集》(第29卷), 人民出版社, 1985.

· [中]王金存, 《帝国主义历史的终结》, 社会科学文献出版社, 2008.

· [英]保罗·肯尼迪, 《大国的兴衰》(上·下卷), 中信出版社, 2013.

· [美]兹比格纽·布热津斯基, 《大棋局—美国的首要地位及其地缘战略》, 上海世纪出版集团, 2007.

· [中]刘金质, 《冷战史》(上·中·下), 世界知识出版社, 2003.

· [中]樊吉社 张帆 共著, 《美国军事—冷战后的战略调整》, 社会科学文献出版社, 2011.

· [中]刘绪贻 杨生茂 总主编, 《美国通史》(1-6卷), 人民出版社, 2002.

· [中]中国社会科学院世界经济与政治研究所综合统计研究室, 《世界经济统计简编1982》, 三联书店, 1982.

· [英]瓦西利斯·福斯卡斯 [英]比伦特·格卡伊 共著, 《新美帝国主义》, 世界知识出版社, 2006.

· [中]潘锐, 《冷战后美国的外交政策—从老布什到小布什》, 时事出版社, 2004.

· [美]约翰·珀金斯 (John Perkins), 《一个经济杀手的自白》, 重庆出版社, 2011.

· [中]马建行 等共著, 《垄断资本概论—马克思主义的帝国主义理论·历史与当代》, 山东人民出版社, 1993.

·[中]陈波 主编，《国防经济学》, 中国财政经济出版社, 2007.

·[中]贾来喜 谢茜 编著，《国防与维稳经济学》, 西安电子科技大学出版社, 2013.

·[中]顾宝炎 主编，《海外国有企业的管理和改革》

제6장

· 맑스 지음/김대웅 역, 2011년, 《독일이데올로기》, 돌베개

·[中]李若谷，《国际货币体系改革与人民币国际化》, 中国金融出版社, 2009.

·[中]复旦大学金砖国家研究中心，金砖国家合作与全球治理协同创新中心 共编，《金砖国家研究》(第一辑), 上海人民出版社, 2013.

·[中]肖德武, 《科技革命与社会发展》, 山东大学出版社, 2007.

·[中]蔡拓 等著，《国际关系学》, 南开大学出版社, 2005.

·[中]邓小平, 《邓小平文选》 第3卷, 人民出版社, 2001.

·[南非]法扎尔·伊斯梅尔，《改革世界贸易组织：多哈回合中的发展中成员》, 上海人民出版社, 2011.

·[中]中共中央马克思恩格斯列宁斯大林著作编译局, 《马克思恩格斯选集》(第一卷)，(第三卷)，人民出版社, 1995.

·[中]奚广庆 主编，《邓小平理论概论》, 中国人民大学出版社, 1998.

·[中]张卓元 主编，《政治经济学大词典》, 经济科学出版社, 1998.

제7장

· 정성진 외 지음, 경상대학교 사회과학연구원 엮음, 2006년, 《한국 자본주의의 축적체제 변화:1987-2003》, 한울아카데미.

· 장하준·정승일·이종태, 2012년, 《무엇을 선택할 것인가》, 부키.

· 김진업 편, 2001년, 《한국자본주의 발전모델의 형성과 해체》, 나눔의집.

· 편집부 엮음, 1988년, 《신식민지국가독점자본주의 논쟁 I 》, 벼리.

· 편집부 엮음, 1989년, 《국가독점자본주의론 연구-제1분책 드라길레프 논쟁》, 벼리.

· 김석민 편저, 1989년, 《신식민지국가독점자본주의 논쟁—제1분책 비자본주의적 발전의 길을 중심으로》, 새길.

· 유철규 편, 2003년, 《한국자본주의 발전모델의 역사와 위기》, 함께읽는책.

· 편집부 편역, 1986년, 《현대제국주의의 정치경제학》, 미래사.

· 구해근, 2002년, 《한국 노동계급의 형성》, 창작과비평사.

· 미쓰하시 다카아키, 2011년, 《부자삼성 가난한 한국》, 티즈맵.

· 김인준·이창용 편, 2008년, 《외환위기 10년, 한국금융의 변화와 전망》, 서울대학교출판부.

· 《새롭게 다르게》 창간호, 2011년, 열다섯의공감.

· 한국복지연구원 엮음, 2008년, 《한국의 사회복지》, 한울.

· [日]桥本寿郎 长谷川信 宫岛英昭 共著，《现代日本经济》, 上海财经出版社, 2001.

· [中]何勤华 主编，《20世纪西方宪政的发展及其变革》, 法律出版社, 2005.

· [中]王浦劬 主编，《选举的理论与制度》, 高等教育出版社, 2006.

· [中]何传启 主编，《第六次科技革命的战略机遇》, 科学出版社, 2011.

제8장

· 이한구, 1999년, 《한국 재벌형성사》, 比峰出版社.

· 재단법인 시장구조연구원, 2006년, 《시장구조조사》

· 김용철, 2010년, 《삼성을 생각한다》, ㈜사회평론.

· 박상인, 2016년, 《삼성전자가 몰락해도 한국이 사는 길》, 미래를소유한사람들.

· 임종인 · 장화식, 2008년, 《법률사무소 김앤장》, 후마니타스.

· 삼성전자, 2016년, 《지속가능경영 보고서》

· 윤덕균, 2015년, 《포스트삼성》, 매일경제신문사.

· [中]马健行[等] 著，《垄断资本概论—马克思主义的帝国主义理论·历史与当代》, 山东人民出版社,
1993.

· [中]李达昌等，《战后西方国家股份制的新变化》, 商务印书馆, 2000.

· [中]马健行 等，《垄断资本概论》, 山东人民出版社, 1993.

제9장

· 정수일 외, 2010년, 《재생의 담론, 21세기 민족주의》, 통일뉴스.

제10장

· 김성구, 2008년, 《신자유주의 시장절대주의의 위기와 사회화의 전략》, 사회공공연구소 설립 기념 토론

회 자료집 《자본의 신자유주의, 노동의 사회공공성》

· [中]于幼军 等编写, 《十七大报告辅导读本》, 人民出版社, 2007.

· [中]王春法, 《科技全球化与中国科技发展的战略选择》, 中国社会科学出版社, 2008.

· [德]赫尔曼·西蒙, 《隐形冠军—未来全球化的先锋》, 机械工业出版社, 2015.

· [中]陈劲 张学文 编著, 《创新型国家建设》, 科学出版社, 2010.

· [영]Meade, J.E. 1976, The Just Economy, Allen & Unwin.